JN080930

大学入試

英熟語 最前線

The Front Line of English Idioms

1515

イディオム

＋

比喩・ことわざ・口語表現

石橋草侍・里中哲彦・島田浩史

研究社

はじめに

本書の姉妹編である『大学入試 英単語 最前線 2500』の巻頭で，わたしたちは「知識とは語彙(ごい)である」ことを強調しました．少ない語彙では，文章を正しく理解することができないうえに，自分の考えていることを正確に伝えることもできません．語彙が少ないと，「適切な言語化」というスキルは身につかないし，最低限のコミュニケーションさえ成立しないのです．

では，語彙力とは何でしょうか．

簡単に言ってしまえば，思考や事象を明確に説明したり，ある言葉を別の表現に言い換えたりすることでわかりやすく表現する力のことです．それを可能にするのは，その人の持つ言葉の豊富さにほかなりません．要するに，語彙力とは，単語力と熟語力なのです．

単語力＋熟語力 ＝ 語彙力

さて，難関大に合格する学生とはどんな受験生なのでしょうか．

わたしたちはこれまで数多くの学生と接してきましたが，これに関しては確信をもって言えることがあります．それは読解力と作文力をもった学生です．英文がちゃんと読め，英文をきちんと書ける受験生が難関大に受かるのです．

読解力＋作文力 → 難関大合格

読解力と作文力は，文法力と語彙力で支えられています．そしてたいていの場合，難関大志望者は「文法が得意」です．はっきり言ってしまえば，それら志望者の文法力にあまり大きな違いはないのです．では，何が違うのか．難関大に合格する受験生とそうでない学生の差はどこで生まれるのか．

これも自明なことです．明らかに，語彙力（単語力と熟語力の二つ）に差があるのです．飛行機が片翼だけでは飛べないように，文法力と語彙力という両翼があってはじめて高く舞い上がることができるのです．

単語の重要性については，すでにご好評を得ている前著で扱ったので，ここでは熟語の大切さについて述べようと思います．

熟語のことをイディオム (idiom) と呼んでいます．成句とか慣用句と称することもあります．「イディオムは句を構成する各語の意味を分解しても，全体の意味を類推しにくい“独自”の意味をもつ語群のことを指す」というのが一般的な理解です．つまり，「理由はよくわからないけれど，こういう意味になるのがイディオムというもの」というのです．

全部が全部まったく説明もつかないもののカタマリだとするならば，ただひたすら暗記に頼るほかありません．残念ながら，教師も生徒も「熟語は丸暗記するもの」とあきらめているようにすら感じられます．

しかし，たとえば，once in a while を「一定期間で (in a while) 一度 (once) のペースで→ときどき」と覚えたらどうでしょうか．きっとそのイメージが浮かび，容易にその意味を忘れることはないはずです．わたしたちは「熟語の覚え方」に注目しつつも，説明過多にならないように心がけ，「わかりやすさ」を追求しました．

また，「言い換え表現」にも着目しました．ある熟語がどのような単語や言いまわしに言い換えられるのか．たんなる言い換え問題だけでなく，長文の内容一致問題にまでも目をとおし，徹底的にそれらを精査しました．この点における充実度も，きっと満足していただけるものと確信しています．

さらには，長文読解のなかに頻繁に登場し，和文英訳で使わざるをえない「比喩表現」「ことわざ」「口語の決まり文句」も重視しています．短文の空所補充問題や整序問題ばかりを集めて熟語帳を編集してしまえば，長文や作文問題で狙われる表現を，読者の皆さんが学習する機会は失われてしまいます．しかし，難関大合格は長文と作文をいかに攻略するかにかかっているので，これら三つの学習は不可欠と言わざるをえません．そこでわたしたちは，こうした問題で使われている熟語を入念に調べあげ，「ほんとうに入試で役立つ熟語集」の作成に向けて情熱を注ぎ込みました．

本書を手にした皆さんは，難関大受験へのパスポートを手に入れました．これを持って搭乗すれば，大空に向かって飛翔できるはずです．あとは次々に現れる景色 (＝熟語) のひとつひとつを楽しみながら目に焼きつければ，目的地たる志望大にきっと着陸できることでしょう．

Have a nice flight!

＊　　＊　　＊　　＊

本書が完成に至るまでには，三人のご協力が欠かせませんでした．企画段階から刊行に至るまでの道筋は研究社編集部の中川京子氏がつけてくださった．こまかな校閲・校正作業は同編集部の向友里菜氏の手をわずらわせてしまった．キャサリン・クラフト（Kathryn A. Craft）さんにはネイティブスピーカーによるチェックをお引き受けいただいた．こうした方々によるご尽力がなければ，本書の刊行を見ることはなかったであろう．心からお礼を申し述べたい．ありがとうございました．

石橋草侍
里中哲彦
島田浩史

目 次

コラム

本書の構成と学習の手引き

各 Part の特色と内容

本書は「8つのパート」で構成されています.

※(　)内の数字は，各パートおよび各グループに収録された項目数を表しています.

Part 1　最頻出の慣用表現グループ (375)

文法・語法的要素の強い慣用表現および構文をグループ化，さらにはレベル分けを行ない，中堅大から難関大への基礎固めをします．類型表現をグループ化することで整理の効率化を図り，わかりやすく説明することでイディオム力の土台づくりをします.

Group 1　自動詞＋前置詞＋ A (21)

Group 2　他動詞＋ A ＋前置詞＋ B

(1) 他動詞＋ A ＋ with ＋ B —〈供給〉を表す (8)

(2) 他動詞＋ A ＋ from ＋ *doing* —〈妨害〉を表す (9)

(3) 他動詞＋ A ＋ from ＋ B —〈区別〉を表す (4)

(4) 他動詞＋ A ＋ of ＋ B —〈伝達〉を表す (5)

(5) 他動詞＋ A ＋ of ＋ B —〈分離・略奪〉を表す (7)

(6) 他動詞＋ A ＋ of ＋ B —〈要求〉を表す (5)

(7) 他動詞＋ A ＋ for ＋ B —〈称賛・非難〉を表す (10)

(8) 他動詞＋ A ＋ into ＋ B —〈変化〉を表す (8)

(9) 他動詞＋ A ＋ as ＋ B —〈思考・認識〉を表す (17)

Group 3　go ＋形容詞 (12)

Group 4　他動詞＋ A ＋ to *do* (24)

Group 5　by 以外の前置詞を用いる受動態 (22)

Group 6　to *doing* となる慣用表現 (9)

Group 7　(in) *doing* をとる慣用表現 (3)

Group 8　動名詞を用いた慣用表現 (7)

Group 9　不定詞を用いた慣用表現 (4)

Group 10　独立不定詞 (17)

Group 11　慣用的な分詞構文 (12)

Group 12　what を用いた慣用表現 (10)

Part 2　最頻出の基本熟語　（205）

必修の重要熟語を頻度順で取り上げ，丸暗記を強いるのではなく，覚え方をわかりやすく伝授しています．また，これら基本熟語がどんな単語や熟語とイコール関係にあるのか．そこへも注目してください．言い換え表現は入試問題を解くうえでの重要なポイントとなります．

Part 3　読解で狙われる重要熟語 I（1義）　（394）

読解問題ではどのような熟語が狙われているのか．そこに目をつけ，それらの熟語を徹底的に精査しました．本パートでは「一つの意味しかない（1義）熟語」を取り上げ，その成り立ちについて説明しています．

Section 1 自動詞＋前置詞＋ A
Section 2 他動詞＋ A ＋前置詞＋ B
Section 3 3 語以上の動詞句
Section 4 be ＋形容詞＋前置詞＋ A
Section 5 前置詞＋ A
Section 6 群前置詞
Section 7 副詞句を中心とした熟語
Section 8 動詞を中心とした熟語
Section 9 その他の慣用表現および構文

Part 4　読解で狙われる重要熟語 II（多義）　(150)

Part 3 に引き続き，読解問題でよく出題されている熟語を俎上にあげています．Part 3 と異なる点は，ここに並べられたイディオムが「複数の意味をもつ(多義) 熟語」であるという点です．多義であるがゆえに難しいと感じている読者は，熟読に値するパートになることでしょう．多岐にわたるジャンルから精選された例文にも注目してください．

Section 1 自動詞＋前置詞＋ A
Section 2 他動詞＋ A ＋前置詞＋ B
Section 3 3 語以上の動詞句
Section 4 be ＋形容詞＋前置詞＋ A
Section 5 前置詞＋ A
Section 6 群前置詞
Section 7 副詞句を中心とした熟語
Section 8 動詞を中心とした熟語

Part 5　難関大を突破する最前線の熟語　(127)

過去の入試問題を眺めていると，現代ではほとんど用いられることのない熟語がしばしば出題されていました．出題者側でもそのことに気づき始め，近年では，いま現在よく使われている「最前線の熟語」に注目があつまっています．このパートでは難関大受験生にとって欠かすことのできない慣用表現が網羅されています．

Section 1 自動詞＋前置詞＋ A
Section 2 他動詞＋ A ＋前置詞＋ B
Section 3 3 語以上の動詞句
Section 4 be ＋形容詞＋前置詞＋ A
Section 5 前置詞＋ A
Section 6 群前置詞
Section 7 副詞句を中心とした熟語
Section 8 動詞を中心とした熟語

Part 6　難関大を突破する比喩表現　(102)

最近の入試問題では比喩表現が数多く出題されています．しかしながら，従来の受験参考書において，これらがまとめて提示されることはありませんでした．本パートでは，比喩表現にフォーカスして難関大受験に備えます．

Section 1 必出の比喩表現
Section 2 ここで差がつく慣用表現
Section 3 名詞中心の比喩表現
Section 4 口語・読解で狙われる決まり文句

Part 7　合否を分けることわざ・名言　(99)

たとえば京都大学の英作文問題では「生兵法は大怪我のもと」(⇒ 1015) や「転ばぬ先の杖」(⇒ 1004)，大阪大学では「知は力なり」(⇒ 983) などが出題されています．ことわざや名言の知識は，作文のみならず読解問題においても欠かせません．

Section 1 作文で狙われる金言・名句
Section 2 知恵の宝庫
Section 3 長文に見える教訓・戒め
Section 4 先人たちに学ぶ格言・成句

Part 8　合否を分ける口語表現　(149)

最近の入試問題では，コミュニケーションのための英語が重視されています．私大のみならず，国公立大でも口語・会話問題の占める比重は増加の一途をたどっています．本パートでは，口語の決まり文句を 150 近く収載しました．

Section 1 出会い・応対・別れ
Section 2 感嘆・激励・感情
Section 3 相づち・つなぎ・応答
Section 4 依頼・勧誘・提案
Section 5 案内・乗り物・場所
Section 6 買い物・食事・レストラン
Section 7 健康・体調・病気
Section 8 その他

本書を読む前に知っておいてほしいこと

副詞のなかには動詞と結びついて句動詞をつくるものがあります．その句動詞が目的語をとる場合，〈動詞＋副詞＋目的語〉と〈動詞＋目的語＋副詞〉のどちらの語順も可能ですが，目的語が代名詞（you / him / it / us / them など）の場合は〈動詞＋目的語＋副詞〉の語順でしか用いることができません．

たとえば，「彼女は明かりを消した」は，

（○）She turned off the light.

（○）She turned the light off.

とすることができますが，「彼女はそれを消した」は，

（×）She turned off it.

（○）She turned it off.

となります．

音声ダウンロード

語学学習に音読は欠かせません．そして，音読をするためには，英語の音をネイティブスピーカー（母語話者）から習得する必要があります．本熟語集では，音声がダウンロードできるようにしました．

＜ダウンロードの手順＞

① 研究社のホームページ（https://www.kenkyusha.co.jp/）を開き，「音声・各種資料ダウンロード」をクリックします．

② 一覧から『＜大学入試＞英熟語 最前線 1515』を探し，「ダウンロード」ボタンをクリックすると，ユーザー名とパスワードの入力が求められます．ユーザー名とパスワードは以下のように入力してください．

ユーザー名：guest

パスワード：FLoei2024

③ ユーザー名とパスワードが正しく入力されると，ファイルのダウンロードが始まります．ダウンロード完了後，解凍してご利用ください．

［音声ナレーション］

Xanthe Smith

Peter Serafin

水野美和子

本書で用いた記号など

(　)	意味の補足，語法の説明，省略可能であることを示す．
[　]	直前の語句と言い換え可能であることを示す．
〈　〉	まとまりとしての意味概念，または文型を示す．
to *do*	to 不定詞
doing	動名詞・現在分詞
done	過去分詞
=	言い換え（同義・類義）表現
⇔	反意表現
▶，◆	補足説明・関連情報を示す．
⇒	他所参照．数字は見出し番号．
Gr	Part 1 のグループ番号を示す．
S	主語（subject）
V	述語動詞（verb）
O	目的語（object）
C	主格補語（complement）・目的格補語
A, B	①〈自動詞＋前置詞＋目的語〉型の目的語を示す． （例）account for A ②〈他動詞＋副詞＋目的語〉型の目的語を示す．なお，A が代名詞の場合などは，take it off のように「他動詞＋目的語＋副詞」の語順になるため，take off A / take A off のように並列表記してある．また，目的語が連続する場合（たとえば，blame A for B など）は A と B で示してある． ③名詞・代名詞のほか，一部で形容詞を示す場合にも用いている．
one, one's, oneself	*one* は主語と同じものを指す．なお，所有格で主語と同じものを指すとは限らない場合は A's とした．

本書の使い方

※「本書で用いた記号など」参照のこと.

❶ **Group 3　go +形容詞**

go は後ろに補語として形容詞を続けることができるが，続く形容詞が否定的な意味をもつ特定のものに限られる．ここでは〈go +形容詞〉となる表現をグループ化する.

❷ The milk in the fridge has gone sour, so I need to throw it away.
冷蔵庫のミルクは腐っているので捨てる必要がある.

▶ go sour で「すっぱくなる，(食べ物などが) 腐る」という意味を表す.

❸
レベル1
- □ go bad　(飲食物が) 腐る，(計画などが) うまくいかない
- □ go blind　目が見えなくなる (= lose *one's* eyesight)
- □ go sour　すっぱくなる，(食べ物などが) 腐る
- □ go wrong　失敗する，うまくいかない　⇒512

レベル2
- □ go astray　迷子になる
- □ go bankrupt　倒産［破産］する
- □ go blank　(頭が) 真っ白になる，(表情が) うつろになる

Part 1

❶ グループ番号・グループ名

❷ 例文｜そのグループに属する代表的な熟語を使った例文．基本的な例文なので丸ごと覚えましょう.

❸ レベル｜難易度の目安を示しています：レベル 1 →中堅大学／レベル 2 →難関大学

Part 2 ～ 8

❹ セクション番号・セクション名

❺ 見出し番号

❻ 見出し熟語と訳例｜訳例はすべて赤シートで消えるよう工夫.

❼ 言い換え表現｜その熟語が他のどのような単語や熟語で言い換えられるのかを示しています.

❽ 例文｜見出し熟語を使った簡単な例文．訳例が複数ある場合はそれぞれの訳例に対応した例文を掲載しました．見出し該当箇所は赤シートが活用できるよう工夫.

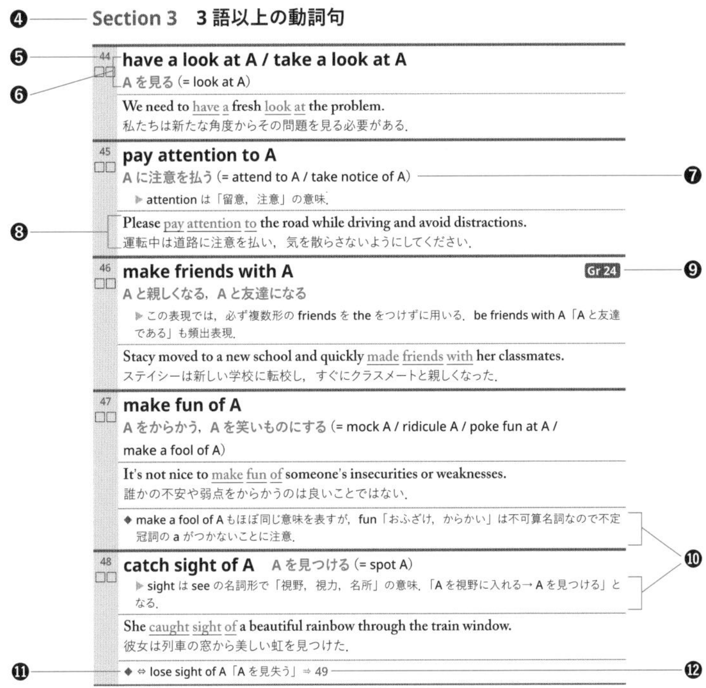

❹ Section 3　3 語以上の動詞句

❺ 44 ❻ □□

have a look at A / take a look at A

A を見る (= look at A)

We need to have a fresh look at the problem.

私たちは新たな角度からその問題を見る必要がある.

45 □□

pay attention to A

A に注意を払う (= attend to A / take notice of A) ❼

▶ attention は「留意, 注意」の意味.

❽ Please pay attention to the road while driving and avoid distractions.

運転中は道路に注意を払い, 気を散らさないようにしてください.

46 □□

make friends with A Gr 24 ❾

A と親しくなる, A と友達になる

▶ この表現では, 必ず複数形の friends を the をつけずに用いる. be friends with A「A と友達である」も頻出表現.

Stacy moved to a new school and quickly made friends with her classmates.

ステイシーは新しい学校に転校し, すぐにクラスメートと親しくなった.

47 □□

make fun of A

A をからかう, A を笑いものにする (= mock A / ridicule A / poke fun at A / make a fool of A)

It's not nice to make fun of someone's insecurities or weaknesses.

誰かの不安や弱点をからかうのは良いことではない.

◆ make a fool of A もほぼ同じ意味を表すが, fun「おふざけ, からかい」は不可算名詞なので不定冠詞の a がつかないことに注意. ❿

48 □□

catch sight of A　A を見つける (= spot A)

▶ sight は see の名詞形で「視野, 視力, 名所」の意味.「A を視野に入れる→ A を見つける」となる. ❿

She caught sight of a beautiful rainbow through the train window.

彼女は列車の窓から美しい虹を見つけた.

⓫ ◆ ⇔ lose sight of A「A を見失う」⇒ 49 ⓬

❾ グループ番号｜その熟語が Part 1 のどのグループに属するかを示しています.

❿ 補足説明・関連情報｜語源を使った記憶のコツや関連表現などを記載しています.

⓫ 反意表現

⓬ 他所参照｜数字は見出し番号を表しています.

Part 1
最頻出の慣用表現グループ

375項目

類型表現をグループ化することでイディオム力の土台づくりをします．このパートで基礎固めをしておけば，新しく出会う熟語も覚えやすくなります．

Group 1　自動詞＋前置詞＋ A

自動詞は後ろに前置詞を続けて特定の意味を表すものがある．ここでは，本体に掲載されたものを含め〈自動詞＋前置詞＋ A〉の慣用句をグループ化する．

I apologized to him for being late.
私は遅れて到着したことを彼に謝罪した．

▶ apologize to A for B で「B のことで A（人）に謝罪する」の意味を表す．to の後ろには人を表す名詞が，for の後ろには謝罪することになる理由が入る．

レベル1

□ agree with A　① A（人）の意見に同意する
② （食べ物・気候などが）A（人）の体質に合う　⇒600

□ apologize to A for B　B のことで A（人）に謝罪する

□ enter into A　① A（仕事・交渉など）を始める（= start A）
② A（契約・同盟など）を結ぶ　⇒231

▶ 他動詞用法の enter A「A（建物など）に入る」（= go into A）と区別すること．

□ get to A　A に着く（= reach A / arrive at [in] A）　⇒18

□ graduate from A　A を卒業する　⇒30

□ leave for A　A（場所・人など）に向けて出発する（= start for A）　⇒224

▶ leave A「A（場所・人のいる所など）を離れる，A を出発する」，leave A for B「B（場所・人のいる所など）に向けて A（場所・人など）を出発する」という表現もある．

□ look after A　A の世話をする（= care for A / attend to A / take care of A）　⇒3

□ recover from A　A（病気・ショックなど）から回復する（= get over A）　⇒9

□ run for A　A に立候補する（= stand for A）　⇒24

□ succeed in A　A に成功する　⇒4

▶ succeed to A「A を継承する」も合わせて覚えておこう．⇒ 5

レベル2

□ argue with A　A（人）と議論する，A に反論する　⇒31

□ attend to A　① A に注意を払う（= pay attention to A）
② A の世話をする（= look after A / care for A / take care of A）
⇒604

▶ 他動詞用法の attend A「A に出席する」も重要．

□ communicate with A　A と連絡を取り合う，A に意思を伝える　⇒32

▶ 他動詞用法の communicate A（to B）「A を（B に）知らせる」も頻出．

□ complain of [about] A　A について文句を言う　⇒214

□ consult with A（about [on] B）　（B について）A（人）に相談する　⇒33

▶ 他動詞用法の consult A「A に意見を求める，A に診察してもらう，A を参照する」（= refer to A）も重要．

□ glance at A　A をちらりと見る（= take a glance at A）　⇒236

□ marvel at A　A に驚く（= wonder at A / be surprised at A）　⇒247

☐ object to A　A に反対する (= oppose A)　⇒211
▶ この to は前置詞なので後ろに動詞の原形ではなく動名詞が続くことに注意．⇒ Gr6
☐ occur to A　(考えなどが) ふと A の心に浮かぶ (= strike A / come to A)　⇒227
☐ participate in A　A に参加する (= join A / take part in A)　⇒12
☐ search for A　A (人・物) をさがす (= look for A)　⇒11
▶ 他動詞用法の search A「A をさがす，A を捜索する，A を (何か隠し持っていないか) 身体検査する」と区別すること．

Group 2　他動詞＋ A ＋前置詞＋ B

〈他動詞＋ A ＋前置詞＋ B〉の型をとる動詞の中で，意味によって同じ前置詞をとるものに分類できるものがある．以下にそれらをグループ化する．

(1) 他動詞＋ A ＋ with ＋ B ―〈供給〉を表す

The company provided the employees with new laptops for their remote work.
その会社はリモートワークのために社員に新しいノートパソコンを提供した．

▶ provide A with B で「A (人・場所など) に B (必要な物) を供給する」(= provide B for A) の意味を表す．このように〈供給〉を表す動詞は，後ろに〈A with B〉の形をとることがある．上記の文は，The company provided new laptops for the employees for their remote work. としても同意．なお，provide A B という第 4 文型でも同じ意味を表す場合がある．

レベル1

☐ provide A with B　A (人・場所など) に B (必要な物) を供給する (= provide B for A)
☐ supply A with B　A (人) に B (必要な物) を供給する (= supply B to A)

レベル2

☐ burden A with B　A (人) に B (重荷・責任など) を負わせる
☐ equip A with B　A (人・場所) に B (必要な機器など) を備え付ける，A に B (知識など) を身につけさせる　⇒362
▶ equip A for B「A を B のために装備する」も重要．
☐ feed A with B　A (人・動植物) に B (器具・食べ物) を与える
▶ feed は food「食料」の動詞形．「A (動植物) に B (えさ・肥料) をやる」場合は，feed A B (= feed B to A) を用いるのがふつう．
☐ furnish A with B　A (家など) に B (家具など) を備え付ける，A (人・会社など) に B (必要なもの) を供給する (= furnish B to A)
☐ present A with B　A (人) に B (物) を贈呈する (= present B to A)
▶ 公的で高額な品物を暗示するため，日常的なプレゼントには give などを用い，present は用いない．
☐ serve A with B　A (人) に B (食べ物) を出す，A (人・町など) に B (必要な物) を供給する

(2) 他動詞＋ A ＋ from ＋ *doing* —〈妨害〉を表す

The security system prevented the thief from entering the building.
そのセキュリティシステムのおかげで泥棒はビルに侵入できなかった.

▶ prevent A from B で「A の B を妨げる」の意味を表す. このように〈妨害〉を表す動詞は,〈他動詞＋ A ＋ from ＋ *doing*〉の形をとることが多く,「A が…するのを妨げる」の意味になる. 上記例文のように主語が無生物になると理由を表し,「S のせいで［おかげで］, A は…できない」という意味になる. stop［keep］A from *doing* とほぼ同意だが, これらはより堅い表現.

レベル1

- □ keep A from *doing*　A が…するのを妨げる
- □ prevent A from *doing*　A が…するのを妨げる
- □ stop A from *doing*　A が…するのを妨げる

レベル2

- □ ban A from *doing*　A が…するのを禁止する
  - ▶ 通例, S is banned from *doing*「S は…するのを禁止されている」という受動態で用いられる.
- □ discourage A from *doing*　A が…するのをやめさせる
  - ▶ ⇔ encourage A to *do*「A が…するのを促す」
- □ dissuade A from *doing*　A を説得して…することを思いとどまらせる
  - ▶ ⇔ persuade A to *do*「A を説得して…させる」
- □ forbid A from *doing*　A が…するのを禁止する
- □ hinder A from *doing*　A が…するのを妨げる
- □ prohibit A from *doing*　A が…するのを禁止する

(3) 他動詞＋ A ＋ from ＋ B —〈区別〉を表す

Can you distinguish the scent of vanilla from that of cinnamon?
あなたはバニラの香りとシナモンの香りを区別できますか.

▶ distinguish A from B で「A を B と区別する」の意味を表す. このように〈区別〉を表す動詞は,〈他動詞＋ A ＋ from ＋ B〉の形をとることがある. この表現は, distinguish (between) A and B としても同じ意味を表す: Can you distinguish (between) the scent of vanilla and that of cinnamon? なお, この表現形式は know や tell にはない.

レベル1

- □ distinguish A from B　A を B と区別する (= distinguish (between) A and B)

レベル2

- □ know A from B　A と B の見分けがつく
- □ tell A from B　A と B を識別する　⇒36
- □ discern A from B　A と B を識別する

(4) 他動詞+ A + of + B ―〈伝達〉を表す

Please inform your boss of the change in our meeting time tomorrow.
あなたの上司に明日の会議時間の変更を伝えておいてください.

▶ inform A of B で「A（人）に B を知らせる」の意味を表す. このように〈伝達〉を表す動詞は,〈他動詞+ A + of + B〉の形をとることがある. この表現は inform A that S V としても同じ意味を表す. 上記の例文は, Please inform your boss that our meeting time tomorrow will be changed. としてもほぼ同意.

レベル1

☐ inform A of B　A に B を知らせる（= inform A that S V）
☐ remind A of B　A に B（過去の事柄など）を思い出させる
　▶ remind A to *do*「A に…することを気づかせる」という表現もある.

レベル2

☐convince A of B　A に B を確信させる（= convince A that S V）　⇒355
　▶ convince A to *do*「A を説得して…させる」（= persuade A to *do*）という表現もある.
☐persuade A of B　A に B を納得させる（= persuade A that S V）
　▶ persuade A to *do*「A を説得して…させる」（= convince A to *do*）という表現もある.
☐warn A of [about] B　A に B を警告する（= warn A that S V）
　▶ warn A to *do*「A に…するよう警告する」という表現もある.

(5) 他動詞+ A + of + B ―〈分離・略奪〉を表す

The thief robbed the woman walking down the street of her purse.
泥棒は通りを歩いている女性からハンドバッグを奪った.

▶ rob A of B で「A（人・場所）から B（お金や物）を奪う」の意味を表す. このように〈分離・略奪〉を表す動詞は,〈他動詞+ A + of + B〉の形をとることがある. この of 以降の部分はその内容が明らかな場合には明示されない場合がある. たとえば rob the bank「銀行を襲う」は rob the bank of its money から of its money が省略されていると考えられる.

レベル1

☐ deprive A of B　A（人）から B（権利・能力など）を奪う
☐ rob A of B　A（人・場所）から B（金品など）を奪う
☐ relieve A of B　A（人）から B（不安や苦痛など）を取り除く　⇒272

レベル2

☐ clear A of B　A（場所）から B（邪魔なもの）を取り除く（= clear B from A）　⇒271
☐ cure A of B　A（病人）の B（病気）を治す
☐ empty A of B　A（容器）から B（中身）を空ける（= empty B out of A）
☐ strip A of B　A（人・物）から B（覆っているもの）をはぎとる

(6) 他動詞＋ A ＋ of ＋ B —〈要求〉を表す

May I ask a favor of you?
お願いがあるのですが.

▶ ask A of B で「B（人）に A を頼む」(= ask A from B) の意味を表す．このように〈要求〉を表す動詞は，〈他動詞＋ A ＋ of ＋ B〉の形をとることがある．「お願いがあるのですが」は，May I ask you a favor? / Will [Would] you do me a favor? としてもよい．なお，ask には ask A to *do*「A に…するよう頼む」という表現もある．

レベル1

☐ ask A of B　**B**（人）に **A** を頼む (= ask A from B)
☐ request A of B　**B**（人）に **A** を頼む (= request A from B)
▶ request A to *do*「A（人）に…するように頼む」という表現もある．

レベル2

☐ beg A of B　**B**（人）に **A** を懇願する (= beg A from B)
▶ beg A to *do*「A（人）に…してくれと頼む」という表現もある．
☐ expect A of B　**B**（人）に **A** を期待する (= expect A from B)
▶ expect A to *do*「A（人）に…するのを期待する」という表現もある．
☐ require A of B　**B**（人）に **A** を要求する (= require A from B)
▶ require A to *do*「A が…することを必要とする，A に…するよう要求する」という表現もある．

(7) 他動詞＋ A ＋ for ＋ B —〈称賛・非難〉を表す

He blamed his coworker for the failure.
彼はその失敗のことで同僚を責めた.

▶ blame A for B で「B のことで A を責める」の意味を表す．このように〈称賛・非難〉を表す動詞は，〈他動詞＋ A ＋ for ＋ B〉の形をとることがある．blame A on B「A を B の責任にする」や be to blame for A「A に対して責任がある」という表現も重要．

レベル1

☐ blame A for B　**B** のことで **A**（人）を責める　⇒203
▶ accuse A of B や charge A with B が類似表現．⇒ 267 / 637
☐ praise A for B　**B** のことで **A**（人）を称賛する
☐ scold A for B　**B** のことで **A**（人）を叱る
☐ thank A for B　**B** のことで **A**（人）に感謝する
▶ thank は「人」を目的語にとるが，appreciate「感謝する」は「人以外のもの」や「事・行為」を目的語にとることに注意．

レベル2

☐ admire A for B　**B** のことで **A**（人）に感心する
☐ criticize A for B　**B** のことで **A**（人）を非難する

☐ excuse A for B	A（人）の B（過ちや失礼な行為など）を許す
☐ forgive A for B	A（人）の B（罪など）を許す
☐ punish A for B	B のことで A（人）を罰する
☐ reward A for B	B のことで A（人）に報酬［ほうび］を与える

(8) 他動詞＋ A ＋ into ＋ B ―〈変化〉を表す

The sun changes matter into energy.
太陽は物質をエネルギーに変える．

▶ change A into B で「A を B に変える」の意味を表す．このように〈変化〉を表す動詞は，〈他動詞＋ A ＋ into ＋ B〉の形をとることが多い．

レベル1

☐ change A into B	A を B に変える
☐ translate A into B	A を B に翻訳する
☐ turn A into B	A を B に変える　⇒40

レベル2

☐ classify A into B	A を B に分類する
☐ convert A into B	A を B に転換する
▶ convert A to B「A を B に改宗させる」も重要表現．	
☐ divide A into B	A を B に分ける
☐ make A into B	A（材料）を B（製品）にする（= make B from A）
☐ transform A into B	A を B に変形させる

(9) 他動詞＋ A ＋ as ＋ B ―〈思考・認識〉を表す

Everyone regards her as a talented actor in the film industry.
誰もが彼女を映画界では才能のある俳優だとみなしている．
Scientists regard the discovery as important.
科学者たちはその発見を重要なものだとみなしている．

▶ regard A as B で「A を B とみなす」の意味を表す．このように〈思考・認識〉を表す動詞は，〈他動詞＋ A ＋ as ＋ B〉の形をとることがある．この as は第 5 文型の補語を表す前置詞と考えられ，上記の第 2 文のように as の後ろは名詞だけでなく形容詞が続く場合がある．

レベル1

☐ regard A as B	A を B とみなす　⇒34
☐ see A as B	A を B とみなす
☐ view A as B	A を B とみなす

☐ think of A as B　A を B とみなす
☐ look on [upon] A as B　A を B とみなす

レベル2

☐ acknowledge A as B　A を B と認める (= acknowledge A to be B)
☐ appoint A as B　A を B に任命する (= appoint A B)
☐ count A as B　A を B と考える (= count A B)
☐ define A as B　A を B と定義する
☐ describe A as B　A を B だと言う
☐ identify A as B　A を B であると確認する

▶ identify A with B「A を B と同一視する」という表現もある． ⇒ 273

☐ imagine A as B　A が B であると想像する (= imagine A to be B)
☐ know A as B　A を B だと考える (= know A to be B)
☐ recognize A as B　A を B として認める (= recognize A to be B)
☐ refer to A as B　A を B と呼ぶ (= call A B)

▶ refer to A で「A に言及する (= mention A)，A を参照する (= consult A)」という意味を表すこともある． ⇒ 628

☐ strike A as B　A (人) に B という印象を与える (= impress A as B)　⇒760
☐ treat A as B　A を B とみなす

▶ consider A as B「A を B とみなす」という表現もあるが，as は省略される場合が多い．また，consider A to be B と不定詞を用いた表現も同じ意味を表す．

Group 3　go ＋形容詞

go は後ろに補語として形容詞を続けることができるが，続く形容詞が否定的な意味をもつ特定のものに限られる．ここでは〈go ＋形容詞〉となる表現をグループ化する．

The milk in the fridge has gone sour, so I need to throw it away.
冷蔵庫のミルクは腐っているので捨てる必要がある．

▶ go sour で「すっぱくなる，(食べ物などが) 腐る」という意味を表す．

レベル1

☐ go bad　(飲食物が) 腐る，(計画などが) うまくいかない
☐ go blind　目が見えなくなる (= lose *one's* eyesight)
☐ go sour　すっぱくなる，(食べ物などが) 腐る
☐ go wrong　失敗する，うまくいかない　⇒512

レベル2

☐ go astray　迷子になる
☐ go bankrupt　倒産 [破産] する
☐ go blank　(頭が) 真っ白になる，(表情が) うつろになる

☐ go broke　文なしになる，破産する
☐ go crazy　気が狂う
☐ go flat　（タイヤが）パンクする，（炭酸飲料の）気がぬける
☐ go mad　気が狂う
☐ go missing　行方不明になる

Group 4　他動詞＋ A ＋ to *do*

第 5 文型の補語に不定詞をとり，〈他動詞＋ A ＋ to *do*〉という形で用いる動詞がある．ここではその型をとる動詞をグループ化する．この型では目的語の A が to *do* の意味上の主語として働くこと，またこの型をとる動詞は〈発言・使役・願望〉の意味合いをもつものが多いということに注意する．

My parents allow me to stay out late on weekends.
両親は私が週末夜遅くまで外出することを許してくれている．

▶ allow A to *do* で「A が…するのを許す，A が…するのを可能にする」という意味．上記例文では目的語の me が不定詞句の意味上の主語として働いていることに注意．

レベル1

☐ advise A to *do*　A に…するよう忠告する
☐ allow A to *do*　A が…するのを許す，A が…するのを可能にする
☐ cause A to *do*　A に…させる，A が…する原因となる
☐ enable A to *do*　A が…することを可能にする
☐ get A to *do*　（説得して）A に…させる
☐ lead A to *do*　A に…させる
☐ order A to *do*　A に…せよと命令する
☐ permit A to *do*　A が…するのを許す，A が…するのを可能にする
☐ tell A to *do*　A に…するよう言う
☐ want A to *do*　A に…してもらいたい
☐ would like A to *do*　A に…してほしいと願っている
☐ help A (to) *do*　A が…するのを助ける，A が…するのに役立つ
▶ help A to *do* の to は省略することが多い．

レベル2

☐ command A to *do*　A に…するよう命令する
☐ compel A to *do*　A に無理やり…させる
☐ encourage A to *do*　A に…するよう勧める
☐ force A to *do*　A に…することを強制する
☐ induce A to *do*　A に…するよう勧める
☐ invite A to *do*　A に…するよう勧める
☐ oblige A to *do*　A に余儀なく…させる，A に義務として…させる

☐ push A to *do*　　A に…するよう強要する
☐ require A to *do*　　A に…するよう要求する，A が…することを必要とする
☐ tempt A to *do*　　A に…する気にさせる
☐ urge A to *do*　　A を…するよう説得する
☐ wish A to *do*　　A に…してほしいと願う

Group 5　by 以外の前置詞を用いる受動態

受動態の行為者を示す場合には，前置詞の by を用いるが，受動態の中には by 以外の前置詞とつながるものがある．ここでは by 以外の前置詞を用いる受動態をグループ化する．

He was caught in a shower and got drenched on his way home.
彼はにわか雨に見舞われ，帰宅途中にずぶ濡れになった．

▶ be caught in A で「A（嵐や渋滞など不快な状況）にあう」という意味を表す．

レベル1

☐ be caught in A　　A（嵐や渋滞など不快な状況）にあう　⇒344
☐ be covered with A　　A で覆われている
☐ be filled with A　　A でいっぱいである
☐ be interested in A　　A に興味をもっている
☐ be known as A　　A として知られている　⇒76
☐ be known for A　　A で知られている，A で有名である（= be famous for A）　⇒76
☐ be known to A　　A に知られている　⇒76
☐ be made from A　　A（原料）から作られる
☐ be made into A　　A（製品）に作り替えられる
☐ be made of A　　A（材料）でできている
☐ be surprised at [by] A　　A に驚いている
☐ be tired from A　　A で疲れている
☐ be tired of A　　A に飽きている，A にうんざりしている　⇒88

レベル2

☐ be absorbed in A　　A に夢中である（= be lost in A / be deeply involved in A）　⇒334
☐ be amazed at A　　A にびっくりする，A にとても驚く（= be astonished at A）
☐ be astonished at A　　A にひどく驚いている（= be amazed at A）
☐ be astounded at A　　A にびっくり仰天する
☐ be disappointed at [with / by] A　　A に失望する
☐ be excited about [at] A　　A に興奮している，A にわくわくしている
☐ be involved in A　　① A に関わりがある（= be engaged in A）
② A の巻き添えになっている

③ A に夢中である（= be absorbed in A） ⇒651

▶ be involved with A「A と関連をもっている，A と恋愛関係にある」という表現もある．

☐ be pleased with A　A に喜んでいる，A に満足している

☐ be satisfied with A　A に満足している

Group 6　to *doing* となる慣用表現

to の後ろに動詞が続く場合，不定詞の to だと動詞の原形がくるが，前置詞の to の場合は動名詞を後続させる．ここでは，前置詞の to の後ろに動名詞が続く慣用句をグループ化する．

She is used to driving long distances for work.
彼女は仕事で長距離を運転するのに慣れている．

▶ be used to *doing* で「…するのに慣れている」という意味を表す．この表現は be accustomed to *doing* としても同意．また，get used［accustomed］to *doing* と be 動詞の代わりに get を用いると，「…することに慣れる」という動作性の強い意味になり，状況が変化したことを示す表現となる．なお，助動詞の used to *do*「よく…したものだ，以前…だった」と混同しないように気をつけること．

レベル1

☐ be used to *doing*　…することに慣れている（= be accustomed to *doing*）

☐ look forward to *doing*　…することを楽しみに待つ

☐ What do you say to［about］*doing*?　…するのはどうですか

▶ この表現は〈提案・勧誘〉を表し，How about *doing*? / What would you say to *doing*? としても同意．

レベル2

☐ be opposed to *doing*　…するのに反対する（= object to *doing*） ⇒652

▶ as opposed to A「A とは対照的に」という表現にも注意．

☐ come near（to）*doing*　今にも…しそうになる（= come close to *doing* / be about to *do*） ⇒531

☐ devote *oneself* to *doing*　…することに専念する

☐ object to *doing*　…することに反対する（= be opposed to *doing*） ⇒211

☐ when it comes to *doing*　…するということとなると ⇒564

☐ with a view to *doing*　…するために，…する目的で（= with the intention of *doing* / for the purpose of *doing*）

Group 7　(in) *doing* をとる慣用表現

動名詞を用いた重要な表現の中で in *doing* を用いるものをここではグループ化する．なお，これらの表現は in を省略することが多い．

After changing departments, he had difficulty adjusting to the new work environment.
部署を異動したあと，彼は新しい職場環境に適応するのに苦労した．

▶ have difficulty［trouble / a hard time］(in) *doing* で「…するのに苦労する」という意味を表す．この in は一般的に省略されることが多い．

□ have difficulty［trouble / a hard time］(in) *doing*　…するのに苦労する

□ be busy (in) *doing*　…するのに忙しい

She couldn't join us for lunch because she was busy doing errands.
彼女は用事をこなすのに忙しくて，私たちとの昼食に参加できなかった．

□ spend A (in) *doing*　…するのに A（時間）を使う

She spends a lot of her free time volunteering at the local animal shelter.
彼女は自由な時間の多くを地元の動物保護施設でボランティア活動に費やしている．

Group 8　動名詞を用いた慣用表現

動名詞を用いた慣用表現は数多くあり，入試ではよく狙われる．ここでは，動名詞を用いた重要な表現をグループ化する．

□ be worth *doing*　…する価値がある

This hotel is worth staying at for its excellent customer service.
このホテルは顧客サービスがとてもよいので宿泊する価値がある．

▶ この表現では主語が動名詞句内の他動詞や前置詞の目的語として働くことに注意．上記例文だと，主語の this hotel が staying at の目的語として関連づけられている．なお，A is worth *doing* は It is worth *doing* A / It is worth while［worthwhile］*doing* A / It is worth while［worthwhile］to *do* A で書き換えることができる．上記例文は，It is worth staying at this hotel for its excellent customer service. = It is worth while［worthwhile］staying［to stay］at this hotel for its excellent customer service. としても同意．

□ cannot help *doing*　…しないではいられない，思わず…してしまう
(= cannot help but *do* / cannot but *do*)

I couldn't help laughing at the funny story.
そのおもしろい話を聞いて思わず笑ってしまった．

▶ 上記例文は，I couldn't help but laugh at the funny story. / I couldn't but laugh at the funny story. と同意である．

□ feel like *doing*　…したい気がする

I feel like singing whenever I hear my favorite song.
大好きな歌を聴くと，いつだって歌いたくなります．

□ It goes without saying that S V　…は言うまでもない

It goes without saying that hard work is essential for success.

一生懸命仕事をすることが成功に不可欠なのは言うまでもない.

▶ この表現は，needless to say, S V「言うまでもなく…」で書き換え可能．上記例文は，Needless to say, hard work is essential for success. としてもよい.

□ It is no use［good］*doing*　…してもむだである

It is no use［good］worrying about the weather, because we can't control it.

天候はコントロールができないのだから，心配してもむだである.

▶ この表現の it は形式主語で動名詞句が真主語である．また，There is no use［point / sense］(in) *doing* で書き換え可能．上記例文は，There is no use［point / sense］(in) worrying about the weather, because we can't control it. としても同意である.

□ of A's own *doing*　A 自身で…した

It was a crisis of his own making.

それは彼自身が引き起こした危機だった.

▶ of A's own *doing* は補語として用いられる場合があり，The crisis was of his own making.「その危機は彼が自分で引き起こしたものだった」という表現も可能.

□ There is no *doing*　…できない (= It is impossible to *do*)

There is no knowing what will happen tomorrow.

明日何が起こるかわからない.

▶ 上記例文は，形式主語の it を用いた It is impossible to know what will happen tomorrow. と同意.

Group 9　不定詞を用いた慣用表現

不定詞には名詞用法，形容詞用法，副詞用法の 3 つの用法があるが，それ以外に様々な語とあわせて用いた慣用句が数多く存在する．ここでは不定詞を用いた慣用句をグループ化する.

□ 形容詞［副詞］+enough to *do*　～するほど…，…なので～する

The child is naive enough to believe in Santa.

その子はサンタを信じるほど純真だ.

▶ この表現は〈so +形容詞［副詞］+ as to *do*〉「～するほど…，…なので～する」を用いて同じ意味を表すことができる．上記例文は，The child is so naive as to believe in Santa. としても同意.

□ too+形容詞［副詞］+to *do*　あまりに…なので～できない［しない］，～するには…すぎる

The box was too heavy for me to lift by myself.

その箱はあまりに重いので，私は一人で持ち上げることはできなかった.

▶ 上記例文の for me は不定詞の意味上の主語．この表現は〈so +形容詞［副詞］+ that S can't *do*〉を用いて同じ意味を表すことができる．上記例文は，The box was so heavy that I couldn't lift it by myself. としても同意．〈too +形容詞［副詞］+ to *do*〉で主語と同一の目的語が不定詞句内に出現する際はふつう省略され，The box was too heavy for me to lift it (×) by myself. とすることはできないが，〈so +形容詞［副詞］+ that S can't *do*〉で表現する場合には目的語を置かねばならない.

□ in order to *do*　…するために (= so as to *do*)

I woke up early in order [so as] to catch the first train.
私は始発電車に乗るために早起きした.

▶ ここで挙げた in order [so as] to *do* の否定は in order [so as] not to *do* となり,「…しないように」という意味を表す. in order や so as のつかない否定形の not to *do* は目的の意味の否定にはふつう用いない. また, in order to *do* は文頭に置けるが, so as to *do* は文頭に置くことができない.

☐ have no choice [alternative] but to *do*　…するより他ない
We had no choice [alternative] but to cancel our outdoor plans due to the sudden thunderstorm.
突然の雷雨のため, 私たちは戸外での計画を中止するより他なかった.

▶ この but は「…を除いて」と〈除外〉の意味を表す前置詞であり, have no choice [alternative] but to *do* は「…する以外の選択肢がない」が原義.

Group 10　独立不定詞

不定詞を用いた慣用句の中で,〈独立不定詞〉と呼ばれる頻出の表現がある. ここでは, 独立不定詞をグループ化する.

The store sells clothes and accessories, not to mention shoes.
その店は靴は言うまでもなく, 衣類やアクセサリーも売っている.

▶ not to mention A で「A は言うまでもなく」(= to say nothing of A / not to speak of A) という意味を表す. なお, needless to say「言うまでもなく」は say の後ろに A にあたる名詞を続けることはできないことに注意.

レベル1

☐ needless to say　言うまでもなく
☐ not to mention A　A は言うまでもなく (= to say nothing of A / not to speak of A)
☐ so to speak　いわば (= as it were)
☐ to be frank (with you)　率直に言うと
☐ to be honest　正直に言うと
☐ to make matters [the matter] worse　さらに悪いことには
☐ to tell (you) the truth　実は, 実を言うと

レベル2

☐ A, not to say B　B とは言わないまでも A
☐ strange to say　奇妙なことに
☐ to be brief　手短に言えば
☐ to begin [start] with　まず第一に
☐ to be sure　確かに
☐ to do A justice　A を公平に評価すれば
☐ to put it briefly [shortly]　手短に言えば
☐ to put it mildly　控えめに言っても

☐ to put it in another way　言い換えれば，別の言い方をすれば
☐ to say the least of it　控えめに言っても

Group 11　慣用的な分詞構文

慣用的に用いる分詞構文がある．ここでは，覚えておくべき慣用的な分詞構文をグループ化する．

Judging from the dark clouds gathering in the sky, it looks like it's going to rain soon.
空に集まってくる黒い雲から判断すると，すぐに雨が降りそうですね．

レベル1
☐ frankly speaking　率直に言えば（= to speak frankly）
☐ generally speaking　一般的に言って，概して（= to speak generally）
☐ judging from A　A から判断すると
☐ strictly speaking　厳密に言えば（= to speak strictly）

レベル2
☐ assuming（that）S V　…であると想定して
☐ broadly speaking　大ざっぱに言えば
☐ considering（that）S V　…であることを考えると
▶ considering には「…を考えると，…のわりには」という意味の前置詞としての用法もある．
☐ given（that）S V　…であることを考慮に入れると，…であると仮定すると
▶ given には，given A「A を考慮に入れると」のような前置詞としての用法もある．
☐ granted that S V　仮に…だとしても（= granting that S V）
☐ relatively speaking　相対的に言えば（= to speak relatively）
☐ seeing（that）S V　…という事実からみると，…であるから
☐ speaking［talking］of A　A と言えば（新たな話題を切り出すときに用いる），A のことだが
▶ 分詞構文に意味上の主語のついた，all things considered「すべてを考慮すると」，such being the case「そういう事情なので」，weather permitting「天気がよければ」も慣用句として重要．

Group 12　what を用いた慣用表現

関係代名詞や疑問代名詞の what を用いた名詞節は「…こと［もの］，何が…か」といった意味になるが，what を用いた慣用句もいくつかあり，ここではそれらをグループ化する．

That experience made me what I am today.
その経験が今現在の私をつくってくれた．

▶ what S is [am / are] で「現在の S（の姿），今の S」という意味を表す．上記例文の what I am は「今の私」の意味．what S was [were] だと「以前の S（の姿），昔の S」（= what S used to be）という意味になる．

レベル1

☐ what S is [am / are]　現在の S（の姿），今の S
☐ what S was [were]　以前の S（の姿），昔の S（= what S used to be）
☐ what is more　さらに，そのうえ
☐ what is better　さらによいことに
☐ what is worse　さらに悪いことに
☐ what is called A　いわゆる A

▶ 一般人称の we / you / they を用いた what we [you / they] call A も同意表現．

レベル2

☐ what S will be　将来の S（の姿）
☐ what S should be　あるべき S（の姿）（= what S ought to be）
☐ what S seem to be　見かけの S（の姿）
☐ what is more important　さらに重要なことに

Group 13　so / such を用いた慣用表現

ここでは，so that / so ... that / such ... that / such that といった so / such を用いた表現をグループ化する．読解問題でもポイントとなる重要表現なので，しっかり覚えておこう．

☐ so that S can [will / may] *do*　S が…できるように，…するように〈目的〉
（= in order that S can [will / may] *do*）

Buy a new laptop so that you can work more efficiently. =
Buy a new laptop in order that you can work more efficiently.
もっと効率よく仕事ができるように新しいノートパソコンを買いなさい．

▶ so that には「…の結果～，…なので～」という〈結果〉を表す用法もある．〈結果〉を表す so that は，その直前にカンマを伴うことが多い：I overslept, so that I missed the train.（寝過ごした結果，そのために電車に乗り遅れてしまった）

▶ また，否定表現の so that S can [will / may] not *do*「…しないために，…しないように」（= in order that S can [will / may] not *do*）は，for fear (that) S should [may / will] *do*「…を恐れて，…しないように」や lest S should *do* / lest S *do*「…しないように」でも同様の意味を表すことができる：She set multiple alarms for fear (that) she should miss her flight.= She set multiple alarms lest she should miss her flight.（彼女はフライトに乗り遅れないように，複数のアラームをセットした）

☐ so＋形容詞 [副詞] ＋that S V　ひじょうに…なので～〈結果〉，～するほど…〈程度〉

The music was so loud that it could be heard from several blocks away.
その音楽はひじょうに大きな音だったので，数ブロック向こうから聞こえた．／その音楽は数ブロック向こうから聞こえるほど大きな音だった．

▶ 同様の意味を，such (a [an]) ＋形容詞＋名詞＋ that S V「ひじょうに…なので～〈結果〉，～するほど…〈程度〉」の形を用いて表現できる：It was such a loud music that it could be heard from several blocks away.（それはひじょうに大きな音楽だったので，数ブロック向こうから聞こえた．／それは数ブロック向こうから聞こえるほど大きな音楽だった）

▶ 不定冠詞のついた，such a［an］+形容詞+名詞+ that S V は so +形容詞+ a［an］+名詞+ that S V と表現することも可能．上記例文は，It was so loud a music that it could be heard from several blocks away. としても同意となる．

☐ S is such that S' V'　**S は大変なものなので…，S は…するほどのものである**

His talent is such that he effortlessly plays multiple musical instruments.

彼の才能は大変なものなので複数の楽器を苦もなく演奏する．

▶ S is such that S' V' は，such が文頭に出てその後の S と be 動詞が倒置となった Such is S that S' V' となる場合もあることにも注意．上記例文は，Such is his talent that he effortlessly plays multiple musical instruments. としてもほぼ同意．

Group 14　同等比較を用いた慣用表現

as ... as ～とそれに類する同等比較を用いた重要な表現がいくつかある．ここでは，その中でも特に頻出のものをグループ化しておく．

☐ as many A（複数名詞）　（先行する数詞と）**同数の A**

The president visited five countries in as many days.

大統領は 5 日間で 5 カ国訪問した．

▶ この表現では先行する数詞と「同数の」という意味になるので，この例文の in as many days は in five days と考えることができる．

☐ like so many A（複数名詞）　**あたかも（同数の）A のように**

The stars, like so many twinkling diamonds, illuminated the night sky.

星が，あたかもまばゆく輝くダイヤモンドのように夜空を照らしていた．

☐ as many as A　**A ほども（多くの数の）**（= no less［fewer］than A）

She received as many as ten job offers after graduating from college.

大学を卒業すると，彼女は 10 もの仕事のオファーを受けた．

▶ A に入る数値が「数的に多い」ことを表す表現．no less［fewer］than A が同意表現．

☐ as much as A　**A ほども（多くの量の）**（= no less than A）

The handbag costs as much as 500 dollars.

そのハンドバッグは 500 ドルもする．

▶ A に入る数値が「量的に多い」ことを表す表現．no less than A が同意表現．

☐ as+原級+as possible　**できるだけ…**

I tried to complete my assignments as quickly as possible.

私はできるだけ早く課題を終わらせようとした．

▶〈as +原級+ as S can〉としても同じ意味を表すことができる．上記例文は，I tried to complete my assignments as quickly as I could. としても同意．

☐ as+原級+as any A　**どの A にも負けないくらい…**

She can run as fast as any athlete on the team.

彼女はチームのどの選手にも負けないくらい速く走ることができる．

☐ as+原級+as ever　**相変わらず…**

She looked as beautiful as ever in her elegant evening dress.

彼女は優雅なイブニングドレスを着ており，相変わらずきれいに見えた．

☐ as+原級+as ever lived　並はずれた…，かつてないほど …
This composer is as talented as ever lived.
この作曲家は並はずれた才能がある.

☐ as good as+形容詞　…も同然である　⇒585
After its repairs, my car looked as good as new.
私の車は修理したあと，新品同様に見えた.

☐ go so far as to *do*　…しさえする
They would go so far as to sacrifice their own comfort to help those in need.
彼らは困っている人を助けるためなら，自分の快適さを犠牲にしさえする.
▶ as［so］far as A で「A のところまで」という意味があり，go so far as to *do* は「…するところまでいく→…しさえする」と考えるとよい.

☐ not so much as *do*　…さえしない，…すらしない
He did not so much as utter a single word during the entire meeting.
彼は会議の間中，一言も口に出すことすらしなかった.
▶ これと同様の表現に，without so much as *doing*「…さえしないで，…すらしないで」がある: She left without so much as saying goodbye.（彼女はさよならも言わずに立ち去った）

Group 15　ラテン比較級など

前置詞の to を用いて比較の対象を示す junior のように単語の最後が，-or の形の比較級を「ラテン（系）比較級」と呼ぶ場合がある. ここでは，ラテン（系）比較級だけでなく to を用いて比較対象を表す表現をグループ化する.

Her talent is much superior to mine in playing the piano.
ピアノの腕前においては，彼女の才能は私よりもはるかにすぐれている.

▶ superior to A で「A よりすぐれている」という意味を表す. この文での mine は my talent のことで，「彼女の才能は私より優れている」という日本語に引っ張られて，superior to me（×）としないように注意しよう.

レベル1

☐ superior to A　A よりすぐれている
☐ inferior to A　A より劣っている
☐ senior to A　A より年上の，A より地位が上の
☐ junior to A　A より年下の，A より地位が下の

レベル2

☐ posterior to A　A よりあとの
☐ prior to A　A より前の　⇒433
☐ prefer A to B　B よりも A を好む（= like A better than B）　⇒38
☐ preferable to A　A より望ましい　⇒340

Group 16　no more than などの慣用表現

more than や less than などを no や not で否定した表現は数多くある．ここでは，そうした慣用句をグループ化する．

□ more than A　**A より多い，A を超える**
The box weighed more than 20 kilograms, making it difficult to carry.
その箱は 20 キロを超える重さがあり，運ぶのが難しい．

□ less than A　**A より少ない，A を下回る**
She had less than five dollars in her wallet, so she couldn't buy the item.
彼女の財布には 5 ドルより少ない額しか入っていなかったので，その商品を買うことができなかった．

▶ more than A や less than A は数・量両方に使えるが，fewer than A「A より少ない，A 以下の」は数にしか使えない．

□ no more than A　（数や量の少なさを強調して）**A しか…ない**（= only A / as few as A「（数の少なさを強調して）Aしか…ない」/ as little as A「（量の少なさを強調して）Aしか…ない」）
I can spend no more than 30 minutes on this task.
この仕事には 30 分しか時間をかけられない．

□ no less than A　（数や量の多さを強調して）**A も**（= as many as A「（数の多さを強調して）Aも」/ as much as A「（量の多さを強調して）Aも」）
She earns a salary of no less than $50,000 per year.
彼女は年間 5 万ドルもの給料を稼いでいる．

▶ no less than A は，数にも量にも使えるが，次の no fewer than A は数にしか使えない．

□ no fewer than A　（数の多さを強調して）**A も**（= as many as A）
The concert attracted no fewer than a thousand enthusiastic fans.
そのコンサートは 1000 人もの熱狂的なファンを魅了した．

□ not more than A　**多くても A，せいぜい A**（= at most A）
The assignment will take not more than one hour to complete.
その課題は終わらせるのにせいぜい 1 時間かかるだけでしょう．

□ not less than A　**少なくとも A**（= at least A）
I need not less than eight hours of sleep to feel well-rested.
十分に休んだと感じるためには，私は少なくとも 8 時間は寝る必要がある．

▶ not less than A は数・量両方に使えるが，次の not fewer than A は数にしか使えない．

□ not fewer than A　**少なくとも A**（= at least A）
The school library has not fewer than 10,000 books available for students to borrow.
その学校の図書館は生徒が借りるのに利用できる本が少なくとも 1 万冊はある．

□ no better than A　**A（良くないこと）も同然である**
Some people say capital punishment is no better than murder.
死刑は殺人も同然だと言う人もいる．

▶ not better than A だと「A よりもよくない」の意味．

□ no longer　**もはや…でない**（= not ... any longer）

I can wait no longer for your response.
あなたからの返事をもう待ちきれない.

Group 17　比較級を用いた慣用表現

比較級を用いた重要な表現がいくつかある. ここでは, その中でも特に頻出のものをグループ化しておく.

☐ 否定文, much [still] less ...　(否定文に付加して) ましてや…はない
I can't speak English, much [still] less French.
私は英語がしゃべれないし, ましてやフランス語はしゃべれない.

☐ more A than B　B というよりもむしろ A
He's more clever than wise when it comes to business.
ビジネスと言うことになると, 彼は賢明というよりむしろずる賢い.
▶ この表現では A と B は文法的に対等なものがくることに注意. 上記例文では clever という形容詞が A, wise という形容詞が B となっている. 一人の人物の中で, 二つの性格を比較しているこういったケースで, He is cleverer (×) than wise. と cleverer という比較級を用いて表現することはできない. また, A, B が名詞の場合には more of A than B「B というよりもむしろ A」と of を用いた形になることがある. なお, more A than B には様々な書き換え表現があり, A rather than B / rather A than B / not so much B as A / not B so much as A / less B than A「B というよりもむしろ A」を用いても同様の意味になる.

☐ 比較級+and+比較級　ますます…
The car accelerated, going faster and faster down the highway.
その車は加速し, ますます速い速度でハイウェイを進んでいった.

☐ know better than to *do*　…するほど馬鹿ではない (= be wise enough not to *do* / be not so foolish as to *do*)　⇒556
She is on a diet, but she knows better than to skip meals.
彼女はダイエット中だが, 食事を抜くほど愚かではない.

☐ couldn't be better　これ以上ないくらいだ [最高だ]　⇒1083
The weather couldn't be better for a day at the beach.
ビーチで 1 日過ごすにはこれ以上ないくらいの天気だ.
▶ couldn't be worse「これ以上ないくらい最悪だ」という表現もある.

☐ more or less　だいたい, 多かれ少なかれ　⇒159
He was satisfied with the results of the test, more or less.
彼はそのテストの結果にはおおよそ満足していた.

☐ sooner or later　遅かれ早かれ, いつかは
Sooner or later, technology will revolutionize the way we live.
遅かれ早かれ, テクノロジーは私たちの生活様式に革命をもたらすだろう.
▶ 日本語では「遅かれ早かれ」というが, 英語では (×) later or sooner という語順では用いない.

Group 18　最上級を用いた慣用表現

最上級を用いた重要な表現がいくつかある．ここでは，その中でも特に頻出のものをグループ化しておく．

□ the＋序数＋最上級　…番目に～な

Mount K2 is the second highest mountain in the world, after Mount Everest.

K2 はエベレストに次いで世界で 2 番目に高い山である．

□ at *one's* best　最もよい状態で，真っ盛りで

The cherry blossoms are at their best now.

サクラの花は今が満開だ．

▶ at *one's* worst「最も悪い状態で」，at (the) best「せいぜい」，at (the) worst「悪くとも」といった関連表現がある．

□ make the most of A　A を最大限に利用する

In order to succeed, it's important to make the most of your opportunities.

成功するためには，チャンスを最大限に利用することが重要だ．

Group 19　it を主語に用いた重要構文

ここでは主語に it を使った重要な表現をグループ化する．以下の it は状況を表す it であったり形式主語の it であったりするが，it を含めた 1 つの表現として覚えてしまうのが得策であろう．

□ It won't [will not] be long before S V.　まもなく…（= Soon, S V.）

It won't be long before the sun sets.

まもなく太陽が沈む．

▶ It will be a long time before S V「…するのに（時間が）長くかかるだろう」という表現にも注意．It will be long（×）before S V という表現は原則使えない：It will be a long time before the sun starts to rise.（太陽が昇り始めるのにまだ時間がかかるだろう）

□ It makes no difference (to A) wh節.

…かは（A にとって）どうでもいい［違いはない］

It makes no difference to me whether we take the bus or the train.

バスに乗るか電車に乗るかは私にとってどうでもよい．

▶ It doesn't matter (to A) wh 節 / It's all the same (to A) wh 節 / I don't care wh 節も同様の意味を表す．上記例文は以下のように書き換え可能．= It doesn't matter to me whether we take the bus or the train. / It's all the same to me whether we take the bus or the train. / I don't care whether we take the bus or the train.

□ It is not too much to say that S V.　…と言っても過言ではない

It is not too much to say that the book changed my life.

その本が私の人生を変えたと言っても過言ではない．

▶ It is no exaggeration to say that S V も同様の意味を表す．上記例文は以下のように書き換え可能．= It is no exaggeration to say that the book changed my life.

□ It follows that S V.　（必然的に）…ということになる　⇒567

It follows from what the witness says that he is guilty.
その証人の証言から考えると彼は有罪ということになる.

☐ It may be that S V.　…ということかもしれない
It may be that the restaurant is closed today; I called but no one answered.
今日はそのレストランは閉まっているかもしれない. 電話しても誰も出てくれなかったんだ.
▶ It must be that S V「…ということに違いない」, It can't be that S V「…ということはありえない」といった表現も重要.

Group 20　形式目的語の it を用いた慣用表現

ここでは形式目的語の it を用いた慣用句をグループ化する. 以下の it は後続する不定詞句や that 節を指す形式目的語である.

☐ make it a rule to *do*　…することにしている　⇒555
I make it a rule to exercise for at least 30 minutes every day.
私は毎日少なくとも 30 分運動することにしている.

☐ see to it that S V　…するように注意する, …になるように取り計らう　⇒615
See to it that the windows are closed before leaving the house.
家を出る前に窓が閉まっているか確かめてください.

☐ depend on [upon] it that S V　…ということを当てにする
You can depend on [upon] it that he will be punctual.
彼は時間厳守であると思ってくれていいよ.

☐ have it that S V　(うわさなどが)…だと言う　⇒562
Rumor has it that they are getting married next month.
うわさによると, 彼らは来月結婚するとのことだ.
▶ take it that S V「…と理解する, …と思う」という表現も that 節を指す形式目的語 it を用いた重要表現.

Group 21　強意の否定表現

「決して…ない」や「少しも…ない」といった強い否定表現には様々な形がある. ここでは, 強意の否定表現をグループ化する.

☐ by no means　まったく…ない, 決して…ない (= not ... by any means)　⇒391
He is by no means qualified for the position because he lacks the necessary experience.
彼には必要な経験が欠けているので, その立場にいる資格はまったくない.
▶「決して…ない」という強意の否定は, on no account (= not ... on any account) / in no sense (= not ... in any sense) / in no way (= not ... in any way) / under no circumstances (= not ... under any circumstances) / in no respect (= not ... in any respect) といった表現でも言い表せる.

☐ no+名詞+whatever [whatsoever]　少しの…も～ない
The rumor circulating on social media has no scientific basis whatever and should not be taken seriously.

SNS で広まっているうわさはまったく科学的な根拠がなく，真剣に受け取るべきではない．

▶ この whatever / whatsoever は副詞であり，名詞節や副詞節を導く複合関係代名詞や複合関係形容詞の whatever と区別すること．

□ **not ... a bit　決して［少しも，まったく］…ない**

He's not interested in politics a bit.

彼はまったく政治には関心がない．

▶ not ... in the least / not ... in the slightest / not ... at all でも同様の意味を表すことができる．

Group 22　否定語を含まない否定表現

not や never といった否定語を用いて否定文を作ることはよくあるが，否定語を含まずに否定的な意味になる表現がある．ここでは，そういった表現をグループ化する．

□ **far from A　決して A ではない**

His performance in the exam was far from satisfactory.

その試験の彼の成績はまったく満足のゆくものではなかった．

▶ far from A は A からの距離が離れていることを表す表現．「A からほど遠いところにある」ことから「決して A ではない」という意味になったと考える．もともとは far from being A の形であったが，being はしばしば省略される． この例文の far from satisfactory も，far from being satisfactory の形から being を省略したものであり，from という前置詞の後ろに形容詞の satisfactory が続いている．

□ **anything but A　決して A ではない**

Despite his confidence, his presentation was anything but clear.

自信に満ちていたにもかかわらず，彼のプレゼンテーションはまったく明快なものではなかった．

▶ anything but A の but は「…を除いた」という意味の除外の前置詞である．「A 以外のどんなものでもありうる」という意味から「決して A ではない」という意味になったと考えよう．

□ **free from A　A がない**　⇒81

The student's essay was free from errors, and the teacher praised her for her excellent writing skills.

その生徒の小論文は誤りがなく，教師は彼女のすぐれた文章力を称賛した．

▶ free には，「カロリーフリー」や「アルコールフリー」のように，「…がない」という意味があり，free from A は「A がない」という意味になる．

□ **have［be］yet to *do*　まだ…していない**

I have［am］yet to finish reading the last chapter of the book.

私はまだその本の最終章を読み終えていない．

□ **remain to be *done*　まだ…されていない**

Several questions remain to be answered regarding the investigation.

その調査に関してはまだいくつかの疑問が解決されずに残っている．

□ **be more than S can *do*　S には…できない**

This noise is more than I can stand.

この騒音には我慢できない．

▶ more than S can *do* は「S が…できるのを超えている→ S には…できない」と考えるとよい．

Group 23　省略を用いた慣用表現

文中のある部分を省略して生じた慣用句がある．ここではそれらをグループ化する．

□ seldom [rarely], if ever　**たとえあるにしてもめったに…しない**

He is a devout Christian, but he seldom, if ever, goes to church.

彼は敬けんなクリスチャンだが，教会に行くことは，たとえあるにしてもめったにない．

□ little, if any, A / little A, if any　**たとえあるにしてもほとんど A が…ない**

He has little, if any, interest in sports.

彼はスポーツにはたとえあるにしてもほとんど興味がない．

▶ A が不可算名詞の場合は little を用いるが，複数名詞の場合，few, if any, A（複数名詞）/ few A（複数名詞）, if any のように few を用いる．

□ if any　**もしあれば**

Please correct the mistakes in the document, if any.

その資料に間違いがあれば訂正してください．

□ if anything　**どちらかと言えば，むしろ**

She is, if anything, conservative.

彼女はどちらかと言えば保守的である．

□ if possible　**可能ならば**

Please try to arrive early for the meeting, if possible.

もし可能ならその会議には早めに到着するようにしてください．

▶ if possible は if it is possible から it is（この it は主節文の内容を指す）が省略されていると考える．同様の表現として if necessary「必要ならば」も重要．

□ What for?　**何のために／なぜ**

You always study so hard during the weekend. What for?

いつも週末はすごく一生懸命勉強してますよね．何のためですか．

▶ 上記例文の What for? は What do you always study so hard during the weekend for? から前文の繰り返し部分の do you always study so hard during the weekend が省略されていると考える．

□ Why not *do*?　**…しませんか**

The weather is beautiful today. Why not go for a picnic in the park?

今日は快晴だ．公園にピクニックにいきませんか．

Group 24　複数形を用いた重要表現

ここでは必ず複数名詞を使う重要な表現をグループ化する．以下の表現で用いられる名詞はすべて複数形を用い，原則として the もつかないということに注意する．

I had to change trains at the next station to reach my final destination.

私は最終目的地に到着するために次の駅で電車を乗り換えなければならなかった．

レベル1

☐ change trains　列車を乗り換える

▶ change planes［buses］「飛行機［バス］を乗り換える」のように，他の交通手段でも「乗り換える」ことを表す場合には複数名詞を用いる．

☐ make friends（with A）　（Aと）友だちになる　⇒46

☐ shake hands（with A）　（Aと）握手をする

レベル2

☐ be in high spirits　上機嫌である

☐ be on ... terms（with A）　（Aとは）…の間柄である　⇒575

☐ give A my（best）regards［wishes］/
give my（best）regards［wishes］to A　Aによろしくと伝える

☐ make ends meet　収支を合わせる　⇒902

☐ put on airs　気取る，えらそうにする

☐ read between the lines　行間を読む，言外の意味を読み取る　⇒897

▶ この表現では，lines に the がつく．

☐ take pains　苦労する　⇒551

☐ take turns（in［at］）*doing* / take turns to *do*　交替で…する

Group 25　one / another / other / others などを用いた慣用表現

代名詞は one / another / other / others など多種に及ぶが，それらを用いたさまざまな表現がある．ここでは，代名詞を用いた重要な表現をグループ化する．

☐ A is one thing,（and）B（is）（quite）another.　AとBは（まったく）別物である

To know is one thing and to teach another. 知っていることと教えることは別物である．

☐ for one thing, ...; for another , ～　一つには…，もう一つには～

For one thing, travel exposes you to new cultures; for another, it provides valuable experiences.

一つには，旅行は新しい文化に触れる機会を提供します．もう一つには，それは貴重な経験をもたらします．

☐ A of one sort or another　何らかのA

In every city, you'll find street performers of one sort or another.

どこの町にも何らかの大道芸人がいる．

☐ among others　とりわけ，（数ある中で）たとえば

He studied hard when young, and he liked history, among others.

彼は若いとき熱心に勉強したが，とりわけ歴史が好きだった．

☐ each other　お互い（= one another）

If we help each other, we will finish our report.

お互いに助け合えば，報告書を完成させることができる．

▶ one another も同じ意味を表す．= If we help one another, we will finish our report.

□ every other [second] A（単数名詞）　**一つおきの A**

He must take this medicine every other day.

彼は1日おきにこの薬を飲まなければならない．

▶ この表現は，every two A（複数名詞）としても同じ意味になる．= He must take this medicine every two days.

□ have nothing to do with A　**A と何の関係もない**

My decision to leave the company has nothing to do with my coworkers; it's purely based on personal reasons.

私が会社を辞めることに決めたのは，同僚たちとはまったく関係ありません．純粋に個人的な理由によるものです．

▶ have little to do with A「A とほとんど関係がない」，have something to do with A「A と何らかの関係がある」，have to do with A「A と関係がある」といった表現もある．⇒ 553

□ none other than A　**他ならぬまさに A**

He was none other than the president of the country.

彼は他ならぬその国の大統領その人であった．

□ other than A　**A 以外の**

I want to learn a language other than English.

英語以外の言語を学びたい．

□ nothing but A　**A だけ，A にすぎない**（= only A）

What he said was nothing but a joke.

彼が言ったことは冗談にすぎなかった．

▶ この but は前置詞で「…を除いて」という〈除外〉の意味．nothing but A は「A 以外の何ものでもない」が原義となる．

□ one A（名詞）after another　**次から次へと A，次々に A**
（= one A（名詞）after the other）

She read one book after another during her summer vacation.

彼女は夏休みの間に次から次へと本を読んだ．

▶ one after another だけで「次から次へと」（= one after the other）という意味を表す場合がある：When the train arrived at the platform, passengers started boarding one after another.（電車がホームに到着すると，乗客たちは次から次へと乗り込み始めた）

□ Something is wrong [the matter] with A.　**A はどこかおかしい／A には異常がある**

Something is wrong with the car's engine; it's making strange noises.

車のエンジンがどこかおかしいな．変な音を立てている．

▶ There is something wrong [the matter] with A.「A はどこか調子が悪い」も同意．

□ something of a A　**ちょっとした A**　⇒588

John is something of a genius when it comes to playing the piano.

ジョンはピアノを弾くということになると，ちょっとした天才です．

□ There is nothing like A.　**A にまさるものはない／A に限る**

There is nothing like a warm cup of coffee on a cold winter morning.

寒い冬の朝には温かい一杯のコーヒーにまさるものはない．

▶ There is nothing better than A.「A ほどよいものはない」という表現もある.

Group 26 再帰代名詞（-self / -selves）を用いた慣用表現

再帰代名詞は一般に *oneself* と表記されるが，myself / yourself / yourselves / himself / herself / itself / ourselves / themselves などの活用形がある．ここでは再帰代名詞を用いた慣用句をグループ化する．

The old woman lives by herself.
その老婦人は一人暮らしをしている．

▶ by *oneself* で「ひとりぼっちで（= alone），独力で（= for *oneself*），ひとりでに（= of *oneself*）」という意味を表す．

レベル1

- □ by *oneself* ひとりぼっちで（= alone），独力で（= for *oneself*），ひとりでに（= of *oneself*）
- □ for *oneself* 独力で（= by *oneself*），自分のために
- □ help *oneself* to A 自由に A を食べる［飲む］
- □ in *oneself* それ自体で
- □ of *oneself* ひとりでに，それ自体で

レベル2

- □ beside *oneself* 取り乱して，われを忘れて ⇒583
- □ between ourselves ここだけの話だが
- □ in spite of *oneself* 思わず，意に反して
  ▶「自分自身の意思にかかわらず」と考えてみよう．
- □ keep to *oneself* 人付き合いを避ける
- □ keep A to *oneself* ① A を胸に秘めておく，A を秘密にしておく ② A を自分だけのものにしておく
- □ lose *oneself* in A A に夢中になる

Group 27 他動詞＋ A ＋前置詞＋ the ＋身体の部位

〈他動詞＋ A ＋前置詞＋ the ＋身体の部位〉の形で「人の身体の部位を…する」という意味になる表現をここではグループ化する．以下の表現では，動詞によってきまった前置詞をとること，前置詞の後ろに続く身体の部位を表す名詞には the が原則としてつくことが重要である．

The child was about to run into the street, but his mother quickly caught him by the arm.
その子供は道路に走り出そうとしていたが，母親が素早く腕をつかんだ．

▶ catch A by the arm で「A の腕をつかむ」という意味．

レベル1

☐ catch A by the arm　**A の腕をつかむ**

▶ by は〈規定・関連〉を表す．そばに (by) あるものに言及して用いられる．

☐ pull A by the sleeve　**A のそでをひっぱる**

☐ grab A by the hand　**A の手をつかむ**

☐ seize A by the collar　**A のえりをつかむ**

レベル2

☐ look A in the eye(s)　**A の目をじっと見る**

▶ in は「中」をのぞき込むというイメージ．

▶ この look は他動詞で、look at (×) A in the eye(s) とは言わない．

☐ stare A in the face　**A の顔をじろじろと見る**

▶ この stare は他動詞で、stare at (×) A in the face とは言わない．

☐ slap A on the cheek　**A の頬をピシャリとたたく**

▶ on は〈接触〉を表す．この場合は，手のひらと頬の瞬間的接触がイメージされている．

☐ pat A on the shoulder　**A の肩を軽くたたく**

☐ kiss A on the forehead　**A の額にキスをする**

Group 28　群前置詞

文法系熟語表現のグループ化の最後は群前置詞である．こういった群前置詞は長文の空所補充問題でもよく出題されるので，繰り返し見直してきちんと覚えておこう．

レベル1

☐ according to A　① **A (第三者からの情報) によれば**，② **A に応じて**　⇒684

☐ as a result of A　**A の結果として** (= as a consequence of A / in consequence of A / in the wake of A)　⇒104

☐ as for A　**A について言えば** (= about A / as to A / as regards A / with respect [regard] to A)　⇒431

☐ because of A　**A が理由で** (= due to A / owing to A / on account of A / by [in] virtue of A)

☐ by means of A　**A を (手段として) 用いて**　⇒149

☐ by way of A　① **A 経由で** (= via A)，② **A のつもりで**　⇒685

☐ for all A　**A にもかかわらず** (= despite A / notwithstanding A / with all A / in spite of A)　⇒816

☐ for the sake of A　**A のために**〈利益〉(= for A's sake / on [in] behalf of A / for the benefit [good] of A)　⇒442

☐ in addition to A　**A に加えて** (= besides A / along with A / on top of A)　⇒148

☐ in case of A　**A の場合には** (= in the event of A)　⇒822

☐ in favor of A　① **A に賛成して** (= for A / in support of A)
② **A に有利になるように**　⇒687

- □ next to A　①Aの隣に，②ほとんどAで（= almost / virtually / practically）　⇒683
- □ thanks to A　Aのおかげで　⇒140
- □ with a view to A　Aのために〈目的〉（= for the purpose of A）　⇒447

レベル2

- □ ahead of A　Aの前に，Aより先に，Aより進んで　⇒448
- □ along with A　Aと一緒に（= together with A）　⇒439
- □ apart from A　Aは別にして（= aside from A）　⇒686
- □ as far as A　A（場所）まで
- □ as of A　A時点で　⇒432
- □ at the cost of A　Aを犠牲にして（= at the expense [price / sacrifice] of A）　⇒141
- □ at the mercy of A　Aのなすがままで　⇒144
- □ at the risk of A　Aの危険を冒して　⇒152
- □ beyond the reach of A　Aの及ばないところで　⇒449
- □ contrary to A　Aに反して　⇒451
- □ except for A　①Aを除いて，Aは別として（= apart [aside] from A / other than A）
②（仮定法で）Aがなければ（= without A / but for A）　⇒682
- □ for fear of A　Aを恐れて　⇒150
- □ for [from] want of A　Aの不足のために（= for [from] lack of A）　⇒438
- □ in accordance with A　Aに従って　⇒817
- □ in honor of A　Aに敬意を表して　⇒443
- □ in place of A　Aの代わりに（= in A's place / instead of A）　⇒147
- □ in search of A　Aを探して　⇒139
- □ instead of A　Aの代わりに（= in place of A / in A's place）　⇒147
- □ in terms of A　Aの観点から（言うと）（= from the viewpoint of A）　⇒151
- □ in the company of A　A（人）と一緒に（= with A / in A's company）　⇒812
- □ in the course of A　Aの間に（= during A）　⇒818
- □ in the eyes of A　Aの目から見れば（= in the sight of A / in A's sight）　⇒446
- □ in the face of A　①Aに直面して
②Aにもかかわらず（= despite A / notwithstanding A / for all A / with all A / in spite of A）　⇒680
- □ in (the) light of A　Aを考慮して（= considering A / in view of A）　⇒434
- □ in the presence of A　A（人）のいるところで　⇒435
▶ ⇔ in the absence of A「A（人）のいないところで」
- □ in token of A　Aの印として　⇒823
- □ in view of A　Aを考慮して（= considering A / in (the) light of A）　⇒434
- □ in want of A　Aを必要として
- □ on [in] behalf of A　①Aを代表して
②Aのために（= for the good [sake] of A）　⇒690

☐ on the part of A　A の側で
☐ on [at] the point of A　A しようとして (= on the brink of A / on the verge of A) ⇒819
☐ prior to A　A より前に (= before A)　⇒433
☐ regardless of A　A には関係なく (= irrespective of A / without regard to A) ⇒427
☐ up to A　① A (時間・地点) まで, ② A (水準・基準など) に達して, ③ A 次第で　⇒688
☐ with [in] regard to A　A に関して (= regarding A / in respect [relation] to A / as to A)　⇒429

コラム of＋抽象名詞

〈of＋抽象名詞〉は多くの場合，形容詞に言い換えられる．この of は〈構成〉を表し，「…で構成されて，…で成り立って」の意味をもつ．

◇ of ability　「有能な」(= able)
◇ of courage「勇気がある」(= courageous)
◇ of culture　「教養のある」(= cultured)
◇ of help　「役立って」(= helpful)
　▶ of great help「大いに役立って」(= very helpful)
◇ of importance　「重要な」(= important)
◇ of interest　「興味深い」(= interesting)
◇ of learning　「学識のある」(= learned)
◇ of promise　「前途有望な」(= promising)
◇ of sense　「良識のある」(= sensible)
◇ of service　「役立って」(= useful / helpful)
　▶ of little service「ほとんど役立たなくて」
◇ of use　「役立って」(= useful)
　▶ of no use「役に立たない」(= useless)
◇ of value　「価値のある」(= valuable)
◇ of worth　「価値のある」(= worthy)

Part 2
最頻出の基本熟語

205項目

必修の重要熟語を頻度順で取り上げました．覚え方のコツや言い換え表現も豊富に掲載しています．

Section 1　自動詞＋前置詞＋ A

1
□□
differ from A　A とは異なる (= be different from A)

▶ differ from A in B「B の点で A とは異なる」(= be different from A in B) にも注意.

Placebos don't differ from other pills in the appearance.
プラシーボ（比較実験用の偽薬）は見た目が他の薬と変わらない.

2
□□
believe in A　A（の存在）を信じる，A をよいことだと信じる

▶ この in は〈領域〉を表す．あえて in を入れることによって A という存在を限定的に際立たせている.

I believe in love at first sight.　一目惚れはあると信じています.

◆ believe A で A が人間を表す名詞や代名詞の場合は「A の言うことを信じる」という意味になる.

3
□□
look after A　Gr 1

A の世話をする (= attend to A / care for A / take care of A)

▶ この after は〈追跡〉を表す用法で，look after は「誰かの後を追いかけて見ている→ A の世話をする」と考える.

She looks after her younger brother while their parents are at work.
彼女は両親が仕事に出ている間，弟の世話をします.

4
□□
succeed in A　Gr 1

A に成功する，A に合格する

▶「A において成功する」が原義.

We succeeded in finding a solution to the problem.
私たちはその問題の解決策を見つけることに成功した.

5
□□
succeed to A　A のあとを継ぐ，A を継承する (= take over A)

The new queen succeeded to her mother's throne.
新しい女王は母親の王位を継承した.

◆ succeed については，派生語の名詞が success「成功」，succession「継承」，形容詞が successful「成功している」，successive「連続する」と形によって意味が異なることにも注意.

6
□□
hear from A　A から連絡をもらう

▶ 連絡方法については，手紙，電話，メールなど様々なものに使用可能.「A から手紙［電話・メールなど］をもらう」と覚えておいてもよい．hear of A「A のことをうわさで聞く」と区別する.

Did you hear from the company about the job interview?
その仕事の面接について，会社から連絡をもらいましたか.

7
□□
hear of A　A のことを耳にする，A のことをうわさに聞く

▶ 単に耳にしたことがあるという場合には hear of A を使い，より具体的な詳細を聞くという場合には hear about A「A について聞く」を用いる.

I have never heard of a flying ostrich.　空飛ぶダチョウなど耳にしたことがない.

8 □□ **suffer from A**　A（病気など）にかかる，A で（精神的・肉体的に）苦しむ

▶ この from は〈原因〉を表す.

He is still suffering from jet lag.
彼はまだ時差ぼけで苦しんでいる.

◆ suffer には他動詞の用法もあり，suffer A で「A（苦痛など）を経験する，A（損害など）をこうむる」といった意味を表す：She suffers terrible pain.（彼女はひどい痛みに苦しんでいる）

9 □□ **recover from A**　Gr 1

A（病気・ショックなど）から回復する（= get over A）

The company is working diligently to recover from the financial losses incurred during the economic downturn.
その企業は，経済的な低迷期に発生した損失から回復するために熱心に取り組んでいる.

10 □□ **prepare for A**　A に備える，A の準備をする（= get ready for A）

In anticipation of the impending storm, the residents prepared for the worst by stocking up on essential supplies.
迫りくる嵐を前にして，住民たちは必要な物資を備蓄して最悪の事態に備えた.

11 □□ **search for A**　Gr 1

A（人・物）をさがす，A をさがし求める（= look for A）

The police have been searching for a missing girl.
警察は行方不明の少女をさがしている.

◆ search A「A（場所など）を捜索する，A（人）の身体検査をする」，search A for B「B を求めて A（場所）を捜索する」という表現もある：I searched the drawer for the key.（カギはどこかと引き出しをさがした）

12 □□ **participate in A**　Gr 1

A に参加する，A に加わる（= join A / go in for A / take part in A）

▶「A（活動・行事など）に関与する」が原義.

He enthusiastically participated in the charity event to help those in need.
彼は困っている人々に援助の手を差し伸べるために慈善イベントに熱心に参加した.

◆ take part in A「A に参加する」（= participate in A / go in for A）も重要：Lisa will take part in the school choir performance.（リサは学校の合唱団の演奏会に参加します）⇒ 647

13 □□ **insist on [upon] A**　A を（強く）要求する，A を主張する

▶ この on は強い〈接触・関わり〉を表す.

The customer insisted on a full refund for the defective product.
その顧客は不良品に対して全額返金を強く要求した.

◆ insist には他動詞用法もあり，insist that S should *do* / *do*（動詞の原形）「S が…するように要求［主張］する」の用法が重要：She insisted that he should apologize for his rude behavior. / She insisted that he apologize for his rude behavior.（彼女は彼に，無礼な態度について謝るべきだと主張した）

14 □□
long for A
A を切望する，A を思い焦がれる（= hope for A / wish for A / yearn for A / be anxious for A / be eager for A）

▶ for は〈願望〉を表す．

Who doesn't long for peace and security?
平和と安全を切望しない人がいるでしょうか．

◆ long for A to *do* で「A が…することを切望する」（= be anxious for A to *do*）という意味を表す：He longs for his vacation to start.（彼は休暇が始まるのを切望している）

15 □□
run across A
A（人）に偶然出会う（= come across A / run into A / meet A by chance / happen to meet A），
A（物）を偶然見つける（= come across A / discover A by chance / happen to discover A）

▶ 前置詞の across には「二者が交差して」の意味がある．A には普段見かけない人や物が置かれる．

I ran across an old friend of mine.
私は旧友の一人に偶然出くわした．

16 □□
stand by A
A の味方をする（= help A / speak up for A），**A を支持する**（= support A）

▶ この by は「…のそばに」という意味を表し，stand by A は「A のそばに立つ→ A の味方をする」と考える．目的語をとらない stand by は「傍観する，待機する」の意味．

She always stood by her friends when they needed her.
友人が彼女を必要としたとき，彼女はいつも友人の味方をした．

17 □□
die of A
A（が原因）で死ぬ

▶ この of は〈原因〉を表す．

He died of a heart attack.
彼は心臓発作で亡くなった．

◆ die from A でも「A（が原因）で死ぬ」という意味を表すことができるが，die of は直接的な原因で死ぬ場合に使われ，die from は間接的な事柄が原因となり死に至った場合に使われることが多い：Some people say you can die from a broken heart.（失恋が原因で死ぬことがあると言う人もいる）

18 □□
get to A
Gr 1

A に着く（= reach A / arrive at [in] A），**A（仕事など）を始める**

If you get to the restaurant before us, just wait at the bar.
もし私たちよりも早くレストランに着いたら，バーで待っていて．

19 □□
look into A
A（事件・問題など）を調査する（= investigate A / examine A / inquire into A），
A の中を覗き込む

▶ into は「外から中へ」の意味を表す前置詞．何かの中を覗き込むイメージから「…を調査する」という意味となる．

I will look into the matter and find out what happened.
私はその件について調査し，何が起こったのかを突き止めるつもりだ．

20 □□
aim at A
A をねらう（= target A）

▶ この at は「1点の目標」を表す用法．

The government aims at reducing carbon emissions to combat climate change.
政府は気候変動への対策として，二酸化炭素排出量の削減を目指している．

◆ 他動詞の aim を用いた aim A at B「A を B に向ける」という表現もある：He aimed the arrow at the target and released it.（彼は矢を的に向けて放った）

21 □□
apply for A
A（仕事や許可など）を求める，A に応募する

▶ この for は〈願望〉を表す．

She applied for a job at the local radio station. 彼女は地元のラジオ局の仕事に応募した．

◆ apply to A for B「A（人や組織など）に B（仕事や許可など）を申請［応募］する」という表現も重要：I need to apply to the university for a scholarship.（私は大学に奨学金を申請する必要がある）

22 □□
apply to A
（規則などが）A に当てはまる，A に適用される

▶ to は〈適合・適用〉を表す．

The discount applies to all items in the store.
割引は店内のすべての商品に適用されます．

◆ apply には他動詞用法もあり，apply A to B「A（規則・方法・技術など）を B に適用［応用］する」も重要：They applied the medicine to his back to alleviate his pain.（痛みを軽減するために，彼の背中に治療を施した）

23 □□
major in A
A を専攻する（= specialize in A）

At many universities, you can major in a variety of subjects, from biology to psychology.
多くの大学では，生物学から心理学までさまざまな科目を専攻できる．

◆ 名詞の major は「専攻科目，専攻学生」の意味．

24 □□
run for A
Gr 1

A に立候補する（= stand for A）

The incumbent mayor announced that he would run for re-election in the next term.
現職の市長は，次の任期で再選に立候補することを発表した．

25 □□
approve of A
A を（妥当だと）認める，A に賛成する

▶「A（行動・提案など）に関して賛成する」が原義.

The committee will only approve of the project if it meets all the required criteria.
委員会はすべての必要な基準を満たした場合にのみ，そのプロジェクトを承認します.

◆ ⇔ disapprove of A「A に不賛成である，A が気に入らない」

26 □□
derive from A
（名前やデータなどが）**A に由来する，A から派生する**（= come from A）

▶ de（…から）+ rive（小川），つまり「小川から水を引く」が原義. 日常語では come from A を用いるのがふつう.

The novel's plot derives from a true story.
その小説のプロットは実話に由来している.

◆ derive には他動詞用法もあり，derive A from B「B から A（満足や利益など）を得る」も重要. また，be derived from A という受動態でも「A に由来する」という意味を表す：The novel's plot is derived from real-life events that the author experienced.（その小説の筋立ては，著者が経験した実際の出来事に由来している）

27 □□
do without A
A なしで済ます（= go without A / dispense with A），**A なしで暮らす**（= live without A）

▶ この表現は，can / could とあわせて用いることが多い.

To my surprise, she is able to do without a smartphone.
驚くことに，彼女はスマホなしで暮らしていける.

28 □□
feed on A
（動物が）**A を餌（えさ）にする，A を常食とする**（= live on A）

▶ feed は food「食料」から派生した動詞である.

Lions in the wild feed on zebras and other herbivores.
野生のライオンはシマウマや他の草食動物を餌にしている.

◆ feed A with B「A に B（食べ物）を食べさせる，A に B（餌や肥料など）を与える」も重要：She lovingly feeds her baby with milk every few hours.（彼女は愛情をもって数時間ごとに赤ちゃんにミルクを与えている）

29 □□
get over A
A（困難など）を乗り越える（= overcome A），
A（病気など）から回復する（= recover from A）

▶ この over は「…を越えて」という意味で，get over A は「A を越えて何かを獲得する→ A を乗り越える」とイメージするとよい.

He managed to get over the loss of his beloved pet.
彼は愛しいペットの死をなんとか乗り越えることができた.

30 □□
graduate from A
Gr 1

A を卒業する

▶ 他動詞と間違って（×）graduate A と前置詞なしで名詞を続けないように注意.

She will graduate from Harvard University with a degree in economics next year.
彼女は来年，経済学の学位を取得してハーバード大学を卒業する.

31 □□
argue with A
Gr 1

A と議論する，A に反論する

▶ argue with A about B で，「B について A と議論する」の意味.

I often argue with my sister about politics.
私は姉と政治についてよく議論する.

32 □□
communicate with A
Gr 1

A と連絡を取り合う，A に意思を伝える

She communicates with her colleagues through email for work-related matters.
仕事関連の問題については，彼女は同僚とメールで連絡を取り合う.

◆ 他動詞用法の communicate A（to B）「A を（B に）知らせる」も頻出.

33 □□
consult with A（about [on] B）
Gr 1

（B について）A（人）に相談する

John wants to consult with his lawyer about the legal issues he's facing.
ジョンは，自分の抱えている法的問題について，弁護士と相談したいと思っている.

◆ 他動詞用法の consult A「A に意見を求める，A に診察してもらう，A を参照する」（= refer to A）も重要.

MEMO

Section 2　他動詞＋ A ＋前置詞＋ B

34 □□
regard A as B
Gr 2 (9)

A を B とみなす，A を B だと考える（= see A as B / view A as B / look on [upon] A as B / think of A as B / consider A (as / to be) B）

He is regarded as a pioneer in the field of technology due to his groundbreaking inventions.
画期的な発明により，彼はテクノロジーの分野で先駆者とみなされている．

35 □□
associate A with B
A から B を連想する，A を B と結びつけて考える

In this culture, they associate the owl with wisdom and knowledge.
この文化では，フクロウといえば知恵と知識を思い浮かべる．

◆ associate with A「A（人）と付き合う」という表現もある．

36 □□
tell A from B
Gr 2 (3)

A と B を識別する，A と B を見分ける（= discern A from B / distinguish A from B / distinguish between A and B）

The girl is not old enough to tell right from wrong.
その少女はまだ善悪の区別ができない年齢だ．

◆ tell A apart「A を区別する，A を見分ける」という表現もある．通例，can，cannot を伴い A は複数名詞：I cannot tell the twins apart.（私はあの双子を見分けられない）

37 □□
congratulate A on [for] B　B のことで A を祝う

I would like to congratulate you on your graduation.
ご卒業をお祝い申し上げます．

◆ Congratulations on A!「A（成功・幸福など）おめでとう」という表現もあるが，その際には congratulations と複数形を用いることに注意：Congratulations on your graduation!（卒業おめでとう）⇒ 1098

38 □□
prefer A to B
Gr 15

B よりも A を好む（= like A better than B）

▶ この to は「…よりも」という意味の前置詞．

I prefer the former painting to the latter.
私は後者の絵より前者を好む．

39 □□
order A from B　A を B から取り寄せる，A を B に注文する
▶（×）order A to B としないように注意する．

The professor ordered five books on psychology from Austria.
その教授は心理学に関する本を 5 冊オーストリアから取り寄せた．

40 □□
turn A into B
Gr 2 (8)

A を B に変える (= change A into B)

There are plans to turn his latest book into a film.
彼の最新の著作を映画化するという計画がある.

◆ 変化を表す動詞は into を伴うことがある. turn into A「A へと変わる」という表現もある.

41 □□
suspect A of B　A に B (悪事・罪) の容疑をかける

The police suspected the man of theft due to his suspicious behavior near the crime scene.
警察は, 犯行現場近くでの怪しい行動から, その男性を窃盗の容疑者と疑った.

42 □□
look up A in B / look A up in B
A (単語など) を B (辞書・本など) で調べる

You should look up that word in the dictionary.
その単語は辞書で調べるべきだ.

◆「辞書を調べる」は, consult a dictionary / refer to a dictionary という.

43 □□
free A from [of] B
A を B から解放する (= release A from B)

The U.S. Army freed a kidnapped American citizen from confinement.
アメリカ軍は誘拐されていたアメリカ人を監禁状態から解放した.

コラム　as is often the case with A という冗漫

多くの受験参考書は, 主節の一部や全体を先行詞とする関係代名詞 (=as) を使った慣用表現として, as is often the case with A「Aにはよくあることであるが」を挙げている.

As is often the case with Ann, she left her wallet at home today.
「よくあることだが, アンはきょうも財布を家に忘れてきた」

しかし, 多くの英語母語話者によれば, 冗漫な (wordy) ため, この熟語を「日常会話では使うことはまずない」という. 少なくとも彼らが慣れ親しんでいるイディオムではないのである.

As usual, Ann left her wallet at home today.
As Ann often does, she left her wallet at home today.

このように, ネイティブスピーカーは as usual「いつものように, 例のごとく」/ as S often do「S がよくするように」という表現を好んで用いる. 短くて簡便な言い方をするのが現代英語の特徴である.

Section 3　3 語以上の動詞句

44 □□ **have a look at A / take a look at A**

A を見る (= look at A)

We need to have a fresh look at the problem.
私たちは新たな角度からその問題を見る必要がある.

45 □□ **pay attention to A**

A に注意を払う (= attend to A / take notice of A)

▶ attention は「留意，注意」の意味.

Please pay attention to the road while driving and avoid distractions.
運転中は道路に注意を払い，気を散らさないようにしてください.

46 □□ **make friends with A** Gr 24

A と親しくなる，A と友達になる

▶ この表現では，必ず複数形の friends を the をつけずに用いる. be friends with A「A と友達である」も頻出表現.

Stacy moved to a new school and quickly made friends with her classmates.
ステイシーは新しい学校に転校し，すぐにクラスメートと親しくなった.

47 □□ **make fun of A**

A をからかう，A を笑いものにする (= mock A / ridicule A / poke fun at A / make a fool of A)

It's not nice to make fun of someone's insecurities or weaknesses.
誰かの不安や弱点をからかうのは良いことではない.

◆ make a fool of A もほぼ同じ意味を表すが，fun「おふざけ，からかい」は不可算名詞なので不定冠詞の a がつかないことに注意.

48 □□ **catch sight of A**　A を見つける (= spot A)

▶ sight は see の名詞形で「視野，視力，名所」の意味.「A を視野に入れる→ A を見つける」となる.

She caught sight of a beautiful rainbow through the train window.
彼女は列車の窓から美しい虹を見つけた.

◆ ⇔ lose sight of A「A を見失う」⇒ 49

49 □□ **lose sight of A**　A を見失う

In the pursuit of success, he has lost sight of his personal values and what truly matters in life.
成功を追求する過程で，彼は自身の価値観と，人生で本当に重要なことを見失った.

◆ ⇔ catch sight of A「A を見つける」⇒ 48

50 □□
do the sights of A / see the sights of A
A（の名所）を見物する

▶ sights と複数形で用いる．

When I visited Paris, I saw the sights of the Eiffel Tower and the Louvre Museum.
パリを訪れた際，エッフェル塔やルーヴル美術館を見物した．

51 □□
look out for A
A に気をつける（= watch out for A）

▶ look out「あたりを見る」+ look for A「A を探す」=「A を探してあたりを見る→ A に気をつける」

Look out for cars when you cross the street.
道路を渡るときは車に気をつけて．

52 □□
look down on［upon］A
A（人や言動など）を見下す，A を軽蔑する（= despise A / scorn A）

My boss has a tendency to look down on his subordinates.
私の上司は部下を見下す傾向がある．

◆ 反意表現の look up to A「A（人）を尊敬する」（= respect A）も重要：I look up to her as a pioneer of women's sports.（私は彼女を女性スポーツのパイオニアとして尊敬している）

53 □□
take care of A
A の世話をする（= attend to A / care for A / look after A）

▶ care は「世話，気づかい」の意味．

Can you take care of my dog while I'm on vacation?
私の休暇中，犬の世話をしてもらえますか．

◆ Take care. だけで，「じゃあね／元気でね」という別れ際のあいさつとして用いられる．

54 □□
catch up with［to］A
A（人・車など）に追いつく（= overtake A）

I ran as fast as possible to catch up with the others.
他の人々に追いつくためにできる限り速く走った．

◆ catch up A / catch A up でも「A に追いつく」という意味になる場合がある．keep up with A「A に遅れないでついていく」と混同しないこと．⇒ 55

55 □□
keep up with A
A に（遅れずに）ついていく（= keep pace with A / keep abreast of［with］A）

I find it challenging to keep up with the fast pace of technological advancements in this field.
この分野における技術の進歩の速さについていくのは難しいと感じている．

◆ catch up with A「A に追いつく」と区別すること．⇒ 54

56
□□
come up with A
A（考えなど）を思いつく（= hit on［upon］A / think of A），**A を提案する**（= propose A）

▶ この表現は〈人〉を主語にすることに注意．〈考え〉を主語にする場合は，A strike［occur to］B.「A（考えなど）が B（人）の心に浮かぶ」．⇒ 227

She came up with a brilliant solution to the problem.
彼女はその問題に対して素晴らしい解決策を思いついた．

57
□□
feel at ease
くつろぐ（= feel at home）

The doctor is good at making patients feel at ease.
その医者は患者をくつろがせるのが上手である．

◆ at ease だけで「くつろいで，気楽で」という意味を表す：He is at ease.（彼はくつろいでいる）

58
□□
feel ill at ease
気持ちが落ち着かない（= feel uncomfortable）

▶ ill-matched「不釣り合いな」のように，ill は後ろの表現を打ち消す働きをする．

I always feel ill at ease in his presence.
彼の前だといつも気持ちが落ち着かない．

◆ ⇔ feel at ease「気持ちが落ち着く」⇒ 57

59
□□
find fault with A
A について文句を言う，A を非難する（= criticize A / complain about A）

▶ fault は「欠点」の意味．「A に関して欠点を見つける→ A を非難する」と考える．

The customer found fault with the restaurant's service and demanded a refund for their meal.
その客はレストランのサービスに文句を言い，食事代の返金を要求した．

60
□□
do away with A
A を廃止する（= abolish A），**A を取り除く**（= remove A）

▶ away は「離れて」という意味を持つ副詞．「A に関して離れるようにする」が原義．

The government did away with outdated regulations to promote business growth.
政府はビジネスの成長を促進するため，時代遅れの規制を廃止した．

61
□□
get along with A　**A とうまくやっていく**

The children seem to get along with their new teacher.
子供たちは新しい先生とうまくやっているようだ．

◆ 同じ表現で「A（仕事など）がうまくいく」という意味で用いられる場合もある：How are you getting along with your work?（仕事はうまくいっていますか）
◆ go along with A「A に従う，A に賛成する」と区別すること：She decided to go along with the plan to maintain harmony in the team.（彼女はチーム内の調和を保つためにその計画に従うことにした）

62 □□ **get in touch (with A)**

(A と) 連絡をとる (= get in contact (with A))

▶ in touch は「接触があって，連絡があって」の意味.

If you have any questions, feel free to get in touch with our customer service team.
質問があれば，お気軽にカスタマーサービスチームと連絡を取ってください.

◆ keep in touch with A「A と連絡を保つ」と区別すること. ⇒ 284

63 □□ **take notice of A**

A に注目する (= notice A / pay attention to A)

▶ take notice だけで「注目する」の意味. この of は「…について」という〈関連〉を表す.

They took notice of the new employee's exceptional skills and promoted her to a higher position.
彼らはその新入社員のすぐれたスキルに気づき，彼女を昇進させた.

64 □□ **take A into account [consideration]**

A を考慮する (= take account of A / consider A)

▶ account も consideration もここでは「考慮」の意味.

When planning the budget, we need to take unexpected expenses into account.
予算を計画する際には，予期しない出費も考慮に入れる必要がある.

65 □□ **make use of A**

A を使う，A を利用する (= use A / utilize A / put A to use / take advantage of A)

▶「A の使用状態を作り上げる」が原義.

I always make use of my smartphone's GPS to find my way around unfamiliar places when I'm traveling.
旅行中，見知らぬ場所で道に迷わないように，私はつねにスマートフォンの GPS を使う.

66 □□ **make the best of A**

A (不利な状況) を何とか切り抜ける，A でなんとかやりくりする

They made the best of their small income.
彼らは少ない収入でなんとかやりくりした.

◆ make the most of A「A (有利な条件や機会) を最大限に利用する」と混同しないこと: She decided to make the most of her talents. (彼女は自分の才能を最大限に活かすことに決めた)

67 □□ **take advantage of A**

A を利用する (= avail *oneself* of A / make use of A)，A につけ込む (= exploit A)

▶ advantage は「利点，優位」の意味.

I decided to take advantage of the sale and buy a new laptop at a discounted price.
セールを利用して，割引価格で新しいノートパソコンを買うことにした.

68 

keep A in mind / bear A in mind

A を心に留めておく，A を肝に銘じる

When writing your essay, keep the main thesis in mind to ensure that your arguments remain focused.

エッセイを書く際には，主題を念頭に置いて，論点が焦点を保つようにしなさい.

◆ A が節などで長くなる場合は keep［bear］in mind A の形で表現する：You must keep in mind that there is no royal road to learning.（学問に王道はないということを肝に銘じなさい）

コラム 交換･代用･代理を表す for

for nothing が「何とも引き換えにしないで→無料で」という意味になるように，〈交換〉を表す for がある.

◇ for nothing　「無料で，ただで」(= for free)
◇ for the asking　「請求するだけで，欲しいと言えば」
◇ barter A for B　「A と B を物々交換する」
◇ buy A for B　「A を B（金額）で買う」
◇ change A for B　「A を B と替える」
◇ exchange A for B　「A を B に交換する」
◇ pay A for B　「B に A（金額）を支払う」
◇ sell A for B　「A を B（金額）で売る」
◇ substitute (A) for B「B の代わりに（A を）使う」
◇ use A for B　「A を B の代わりに使う」

また，GDP stands for gross domestic product.「GDP は国内総生産のことだ」のように，〈代用・代理〉を表すこともある.〈交換〉も含め，こうした for は「…と引き換えに，…の代わりに，…を表して」などの意味をもつ.

◇ speak for A「A を代表してスピーチをする」
◇ stand for A「A を表す，A の略である」

Section 4 be＋形容詞＋前置詞＋ A

69 □□ **be aware of A**

A に気づいている（= be conscious of A），A を知っている（= know about A）

▶ of は「…について」〈対象〉を表す.

They are aware of the potential risks involved in the project.
彼らはプロジェクトに伴う潜在的なリスクに気づいている.

◆ be aware that S V「…ということに気づいている，…であることを知っている」も重要：They are aware that the potential risks are involved in the project.（彼らは潜在的なリスクがそのプロジェクトにあることに気づいている）

70 □□ **be dependent on［upon］A**　A に依存している，A 次第である

▶ depend on［upon］A「A に依存する」という動作に対してこの表現は状態を表す．on は〈依存〉を表す.

His success is dependent on both effort and luck.
彼の成功は努力と運の両方にかかっている.

◆ 反意表現である be independent of A「A から独立している，A とは無関係である」（= be irrespective of A）も重要：His decision-making is independent of others' opinions.（彼の意思決定は他人の意見に依拠していない）

71 □□ **be common to A**　A に共通している

▶ common は「共通の，ありふれた，よくある」の意味.

The challenges faced by students are common to schools worldwide.
生徒たちが直面する課題は世界中の学校に共通のものだ.

72 □□ **be similar to A**　A に似ている（= be like A）

The architecture of the historic building is similar to that of the neighboring structures, reflecting the style of the era.
その歴史的な建物の建築技術は，近隣の建造物と似ており，その時代の様式を反映している.

73 □□ **be faced with A**

A（問題・困難など）に直面している（= be confronted with A）

The company is faced with imminent bankruptcy.
その会社は差し迫った倒産に直面している.

74 □□ **be dressed in A**　A を着ている（= wear A）

▶ dressed は「服を着ている」の意味.

The children were dressed in their Halloween costumes, ready for trick-or-treating.
子供たちはハロウィンの衣装を着て，トリック・オア・トリートの準備をととのえた.

◆ get dressed in A は「A を着る」（= put on A）という動作を示す表現になる.

75 □□
be sure of [about] A
A を確信している (= be certain of [about] A)

▶ sure が「自信がある，確信している」という意味．

They were sure of their team's victory and celebrated in advance.
彼らはチームの勝利を確信して，前祝いをした．

◆ be sure [certain] that S V「…することを確信している」という表現も重要．また，be sure [certain] to *do* で「きっと…する，必ず…する」という意味を表すが，この表現は主語の確信を表す be sure [certain] of *doing* と違って話し手（書き手）の確信を表している．He is sure [certain] of succeeding.（彼は成功することを確信している）では，彼の成功を確信しているのは主語の He であるが，He is sure [certain] to succeed.（彼はきっと成功する）では，彼の成功を確信しているのはこの英文の話し手（書き手）であることに注意．

76 □□
be known for A
Gr 5

A で知られている，A で有名である (= be famous for A)

Italy is known for its delicious cuisine, including pizza and pasta.
イタリアは，ピザやパスタをはじめとするおいしい料理で知られている．

◆ be known to A「A に知られている」，be known as A「A として知られている」，be known by A「A によって識別される」との区別が重要：The historic battle that took place here is known to everyone in the country.（ここで起こった歴史的な戦闘は，この国の誰もが知っている）/ She is known as a pioneer in the field of environmental conservation.（彼女は環境保護の分野の先駆者として知られている）/ A person is known by the company he or she keeps.（人はつき合っている仲間でわかる）

77 □□
be famous for A
A で有名である (= be known for A / be noted for A)

▶ A には主語が何で有名なのかを示す語句が置かれる．

Marie Curie is famous for her work on radioactivity.
マリー・キュリーは放射能の研究で有名だ．

◆ be famous as A「A として有名で」という表現も重要．A には主語の別名，愛称などが置かれる：Vienna is famous as the City of Music.（ウィーンは音楽の都として知られている）

78 □□
be infamous for A
A で悪名高い (= be notorious for A)

▶ infamous の発音に注意．[**イ**ンファマス] と読む．

The dictator was infamous for his brutal regime and widespread human rights abuse.
その独裁者は残忍な政権と広範な人権侵害によって悪名高い．

79 □□
be familiar to A　A（人）によく知られている

▶ この to は「…にとっては」という〈判断の主体〉を表す．

Chopin's music is familiar to music lovers of all generations.
ショパンの音楽はあらゆる世代の音楽愛好家によく知られている．

80 □□
be familiar with A （人が）A に精通している
▶ with は「…に関して」という〈関連〉を表す.

She is familiar with computer programming languages.
彼女はコンピューターのプログラミング言語に精通している.

81 □□
be free from [of] A
A（不快なものなど）がない，A を免れている（= be clear [exempt] from A），A に悩まされない

Our goal is to promote a culture that is free from discrimination.
私たちの目標は，差別がない文化を促進することである.

◆ a person free from prejudice「偏見のない人」のように free from A が名詞を直接修飾する場合もある.

82 □□
be ignorant of A A を知らない（= be unaware of A）

Some students are ignorant of current world events.
最近の世界の出来事を知らない学生たちがいる.

◆ be ignorant about A「A について知らない」，be ignorant that S V「…ということを知らない」といった表現もある.

83 □□
be rich in A A が豊富である（= be abundant in A）
▶ This wine is excellent in flavor.「このワインは香りが素晴らしい」のように，前置詞 in には「…の点において」という意味になる〈項目や範囲の限定〉の働きがある.

Potatoes are rich in nutrients.
ジャガイモは栄養分が豊富である.

◆ ⇔ be poor in A「A（資源など）が乏しい」: The soil in that area is poor in nutrients, making it difficult to grow crops.（その地域の土壌は栄養分が不足しており，作物を育てるのが難しい）

84 □□
be lacking in A
A が足りていない，A が欠けている（= be deficient in A / be short of A）

This dish is delicious, but it is lacking in seasoning.
この料理はおいしいが，調味料が足りていない.

◆ be wanting in A でも同じ意味を表すことができる．この wanting も「欠けている」という意味の形容詞だが，lacking を使うほうがふつう.

85 □□
be poor at A
A が苦手である，A が下手である（= be bad at A）

She is poor at public speaking and becomes nervous when she addresses a large audience.
彼女は公の場で話すのが苦手で，大勢の聴衆の前でスピーチするときには緊張してしまう.

◆ ⇔ be good at A「A が得意である，A が上手である」

86 □□
be typical of A
A の特徴である (= be characteristic of A),
A を代表している (= be representative of A)

▶ type「型，典型」の形容詞形が typical「典型である」である．of A は「A について」〈関連〉の意味．

Her attitude is typical of someone who is passionate about their work.
彼女の態度は自分の仕事に情熱を持っている人に典型的なものだ．

87 □□
be based on [upon] A
A に基づいている (= be grounded on A)

▶ base A on [upon] B「B に A の基礎を置く」の A を主語とした受動態の表現と考える．

This movie is based on a true story. この映画は実話に基づいている．

88 □□
be tired of A
Gr 5

A に飽きている，A にうんざりしている (= be sick of A / be fed up with A)

▶ この tired は「うんざりしている，飽きている」の意味．

I'm tired of eating the same meal every day.
毎日同じ食事を食べるのに飽きた．

◆ be tired from A は「A で疲れている」という意味になる：We are still a little tired from the long plane trip.（長い飛行機の旅で私たちはまだ少し疲れている）

89 □□
be sick of A
A にうんざりしている (= be tired of A / be fed up with A)

I'm sick of his constant complaining.
彼の絶え間ない不平不満にうんざりしている．

◆ 口語では，tired を加えて，be sick and tired of A ということもある．

90 □□
be proud of A
A を誇りに思う (= pride *oneself* on A / take (a) pride in A)，A を自慢する

I am proud of my daughter's artistic talents.
娘の芸術的な才能を誇りに思います．

◆ 形容詞の proud を使った be proud は of，動詞の pride を使った pride *oneself* は on，名詞の pride を使った take pride は in と前置詞が異なることに注意．

91 □□
be bound for A
（列車や飛行機などが）A 行きである

▶ bound は「用意ができて→向かう準備ができて→…行きの」の意味．

The train at Platform 2 is bound for Tokyo.
2 番ホームの列車は東京行きです．

◆ be bound to *do*「…する義務がある，きっと…する」も頻出：We are bound to obey law.（私たちは法律に従う義務がある）⇒ 742

92 □□
be engaged in A
A に従事している，A に携わっている（= be occupied in A / engage *oneself* in A / occupy *oneself* in A）

▶ engage の gage は「担保」の意味で，en- は動詞化する接頭辞.「担保に入れる→それに縛られる→従事させる」と考える.

He is currently engaged in a research project at the university.
彼は現在，大学で，ある研究プロジェクトに従事している.

93 □□
be sensitive to A　A に敏感である
▶ sensitive は「(感情・問題・要求などに) 敏感な」の意味.

Jane is sensitive to other people's emotions and always knows when someone is feeling down.
ジェーンは他人の感情に敏感で，誰かが落ち込んでいるといつもわかる.

◆ be sensible of A「A に気づいている」と区別すること.

94 □□
be eager for A
A を熱望する（= long for A / be anxious for A / be dying for A）

▶ for は〈願望〉を表す.

Second generation immigrants are often eager for success.
移民二世は成功を熱望することが多い.

◆ be eager to *do*「…したいと思う，…するのに熱心である」(= be keen [anxious] to *do*) も頻出表現：She is eager to learn new languages and explore different cultures.（彼女は新しい言語を学び，異なる文化を探求したいと思っている）

95 □□
be anxious about A
A を心配している（= be concerned about A / be worried about A）

She is anxious about her upcoming job interview.
彼女は今度の就職面接のことを心配している.

◆ be anxious that S V「…であることを心配している，…であることを切望する」にも注意：He was anxious that his flight would be delayed due to bad weather.（彼は悪天候のために飛行機が遅延するのではないかと心配していた）

96 □□
be anxious for A
A を切望する（= long for A / be dying for A / be eager for A）

She is anxious for her vacation.
彼女は休暇が始まるのを切望している.

◆ be anxious to *do*「…したくてたまらない」(= be eager to *do* / be dying to *do*) もよく使われる：He was anxious to be popular in class.（彼はクラスの人気ものになりたくてたまらなかった）

Section 5　前置詞＋A

97 □□ **on business**　商用で，出張で，仕事が目的で

▶ on は〈従事・関わり〉を示す．

The CEO is in London on business to negotiate a new deal.
CEO（経営最高責任者）は新しい取引を交渉するために出張でロンドンにいる．

◆ ⇔ for pleasure / on vacation「遊びで」

98 □□ **for free**
無料で（= for nothing / free of charge）

▶ for は「…と引き換えに」〈交換〉を表す．

You can download the e-book for free from the publisher's website.
出版社のウェブサイトからその電子書籍を無料でダウンロードできる．

99 □□ **in a hurry**
急いで（= in haste / in a rush）

▶ in は「…になって」〈状態〉を表す．

He ate his breakfast in a hurry to catch the early bus.
彼は早いバスに乗るために急いで朝食を食べた．

100 □□ **at the moment**
現在のところ，目下のところ（= at present）

▶「今という瞬間の一点において」が原義．

She's not available to talk at the moment. Can you call back later?
彼女はただ今話をすることができません．あとでかけ直していただけますか？

101 □□ **in a sense**
ある意味で，ある点において（= in a manner / in a way）

▶ in は〈領域〉を表す．

In a sense, doing nothing is more challenging than taking action.
ある意味では，何もしないことは行動することより困難だ．

102 □□ **to A's surprise**　A が驚いたことに

▶ この to は，後続の文で述べられる事柄の結果を表し，その事柄が to のあとにある感情につながっていくことを示している．

To my surprise, I won the lottery and became an instant millionaire.
驚いたことに，私は宝くじに当選し，一瞬にして百万長者になった．

◆ to A's disappointment「A が失望したことに」，to A's joy「A が喜んだことに」，to A's dismay「A が狼狽（ろうばい）したことに」，to A's satisfaction「A が満足したことに」，to A's sorrow「A が悲しんだことに」など様々な感情名詞を用いた類似表現がある．

◆〈much to A's ＋感情名詞 / to A's great ＋感情名詞〉「A がたいへん…したことに」という強意表現も押さえておこう．

103 □□
in short
要するに，手短に言えば (= in brief / in conclusion / in sum / in a word / to sum it up)

▶ in short はまとめとしての〈結論〉を述べる際に用いる表現．単なる「短い表現」を意味しない．

In short, beer doesn't agree with me. 要するに，ビールは私の体質に合わないのです．

104 □□
as a result (of A)
Gr 28

(A の) 結果として (= as a consequence (of A) / in consequence (of A))

The company implemented cost-cutting measures, and as a result, its profits increased significantly.
その会社は経費削減策を実施し，その結果，利益が大幅に増加した．

◆ with the result that S V「その結果…となって」も重要表現．主節が原因となり，that 節が結果になることに注意：He neglected his studies, with the result that he failed the exam.（彼は勉強を怠った結果，試験に落ちた）

105 □□
in common　共通の，共通して

We have several interests in common, including photography and hiking.
私たちは，写真撮影やハイキングなど，共通の興味をいくつか持っている．

◆ have A in common (with B)「A を（B と）共有する，A を（B と）共通に持つ」も頻出：They at first seemed to have nothing in common.（彼らは最初，共通点がまったくないように思えた）

106 □□
on the increase / on the rise　増加中で

▶ この on は「…している最中で」の意味．

Crime rates in the city have been on the increase in recent months, leading to concerns about public safety.
最近の数か月間，この町の犯罪率が増加しており，公共安全に関する懸念が生じている．

◆ ⇔ on the decrease「減少中で」

107 □□
as a matter of course　当然のこととして，もちろん (= naturally)

▶ course には「自然の成り行き」という意味があり，「自然の成り行きの問題として」が原義．

As a matter of course, she thanked everyone who helped her with the project.
当然のことながら，彼女はプロジェクトに力を貸してくれた全員に感謝した．

108 □□
as a matter of fact　実際は，実は (= actually / in fact / in reality)

▶「事実の問題として」が原義．前言の〈補足・強化・訂正・弁解〉のために用いる．

The movie received mixed reviews, but as a matter of fact, it was a commercial success.
その映画は評価が分かれたが，実のところ，興行的には成功した．

109 □□
for a while　しばらくの間，少しの間

Let me think for a while. しばらく考えさせてください．

◆ while は「時間，（しばらくの）間」という名詞用法がある．after a while「しばらくしてから」，once in a while「ときどき」，all the while「その間じゅう」なども重要表現．

110 □□

at any rate

とにかく，いずれにしても (= anyway / in any case / in any event / at all events)

▶ rate は「割合」の意味.「どんな割合でも→とにかく」と考える. 前言の〈整理・強調〉のために用いる.

We should bring umbrellas, at any rate, in case it rains.
雨に備えてとにかく傘を持っていくべきだ.

111 □□

in any case［event］ とにかく，いずれにしても (= anyway / at any rate)

▶ case には「場合」の意味があり，in any case は「どんな場合においても→とにかく，いずれにしても」と考えるとよい.

I will attend the meeting tomorrow, but in any case, I will send you my report beforehand.
明日の会議には出席しますが，いずれにしても，あらかじめレポートを送ります.

112 □□

at first hand 直接に，じかに (= directly / firsthand / in person)

▶「まず最初に手にして→直接に，じかに」と考えると理解しやすい.

I heard about the accident at first hand from an eyewitness.
私はその事故のニュースを目撃者から直接聞いた.

113 □□

in general 一般に，概して (= generally / usually / on the whole)

In general, exercise is beneficial for maintaining good health and well-being.
一般に，運動は健康と幸福を維持するのに役立つ.

◆ the community in general「一般的な社会」のように，名詞の後ろに置く用法もある.

114 □□

on purpose 故意に，わざと (= deliberately / intentionally)

▶ purpose は「目的，意図」の意味. on purpose は「意図を持って→故意に」と理解する.

He spilled his drink on purpose to get her attention.
彼は彼女の注意を引くためにわざと飲み物をこぼしました.

◆ 反意語の by accident「偶然に」(= accidentally / by chance) も押さえておこう：I spilled coffee on my shirt by accident this morning.（今朝，コーヒーを服に偶然こぼしてしまった）

115 □□

by chance たまたま，偶然に (= accidentally / by accident)

▶ chance には「機会，可能性」以外に，「偶然」という意味もある.

I ran into my old friend at the supermarket by chance.
スーパーマーケットでたまたま昔の友人に会った.

◆ 反意語の on purpose「わざと，故意に」(= intentionally) も重要. ⇒ 114

116 □□

in public 公然と，人前で (= publicly)

He proposed to her in public, kneeling down in the middle of the crowded restaurant.
彼は大勢の人がいるレストランの真ん中でひざまずいて彼女に公然とプロポーズした.

◆ ⇔ in private「内密に，非公式に」(= secretly)

117 **from a ... point of view**　…の観点からすると，…の見地からすれば

▶ from は〈判断の基準〉を表す．

From a historical point of view, the event marked a significant turning point.
歴史的な観点からすると，その出来事は重要な転換点を示していた．

118 **by degrees**

徐々に，次第に，だんだん（= gradually / little by little）

▶ この by は「…の単位で」という〈単位・基準〉を表す．degree は「程度，度合い」の意味．この表現では degrees と複数形を必ず用いる．

The sky turned from bright orange to deep purple by degrees.
空は徐々に明るいオレンジ色から濃い紫色に変わった．

◆ to [in] some [a] degree「ある程度まで」（= to some [an] extent）も重要表現：The study found that genetics may influence intelligence to some degree.（その研究は遺伝子が知能にある程度影響を与える可能性があることを示した）

119 **for sure**　確実に，確かに（= certainly / surely / for certain）

▶ この for は「…として」の意味を持つ．「確かなものとして→確実に」と考えてみよう．

The detective wasn't sure about the suspect's alibi, but he couldn't prove it for sure.
刑事は容疑者のアリバイについて確信が持てなかったが，それを確実に証明することはできなかった．

120 **for the first time in A**　A ぶりに，A してはじめて

▶ for the first time だけなら「はじめて」という意味になる．for the first time in ten years は「過去 10 年間においてはじめて→ 10 年ぶりに」と考える．

The company achieved record profits for the first time in ten years.
10 年ぶりに，会社は過去最高の利益を達成しました．

◆ for the first time in ages「久しぶりに」（= for the first time in a long time）という表現も押さえておこう．

121 **in advance**　あらかじめ，前もって（= beforehand / ahead of time）

Don't forget to submit your report to your supervisor in advance.
上司にレポートをあらかじめ提出するのを忘れないでください．

◆ Thank you in advance.「あらかじめお礼申し上げます」のように用いた場合は，言外の意味として強い依頼を表す．

122 **on time**　時間通りに

▶ on は〈接触〉を表す．on time は「決められた時間に接触して→時間通りに」と考えるとよい．

The plane arrived on time, and I was able to catch my connecting flight.
飛行機は時間通りに到着し，乗り継ぎの飛行機に間に合った．

◆ in time は「時間に間に合って，そのうちに」の意味．in time for A「A に間に合うように，A に遅れずに」も重要な表現：I had to run to get there in time for my appointment.（約束の時間に間に合うようそこに到着するために私は走らなければならなかった）

123 **for the time being**

当分の間，さしあたり (= for the moment / for the present)

▶「さしあたって存在している時間の間→目下のところ」が原義.

I'll be staying with my parents for the time being until I find a new apartment.

新しいアパートを見つけるまで，当分の間，両親と一緒に暮らすつもりだ.

124 **in detail**

(説明などが) **詳しく，詳細に** (= fully / minutely / at full [great] length)

▶「細かな点において」が原義.

The detective examined the crime scene in detail, taking photographs.

刑事は犯罪現場を詳細に調査し，写真を撮った.

125 **against *one's* will** (自分の) **意に反して**

▶ この will は名詞で「意志，意思」の意味.

She was forced to sign the contract against her will.

彼女は自分の意志に反して契約にサインさせられた.

126 **in person** (代理ではなく) **本人で，じきじきに** (= personally)

▶ in は〈関与・限定〉を表す.

I want to discuss important matters in person rather than over the phone or by email.

重要なことは，電話やメールではなく，本人同士で直接話し合いたい.

127 **on the other hand** **その一方で，他方では，これに反して**

▶「もう片方の別の手で」が原義. 2つの対照的な事柄を対比させる際に用いる.

The restaurant has delicious food, but on the other hand, the service is quite slow.

そのレストランは，料理はおいしいが，その一方で，サービス提供はかなり遅い.

◆ on the one hand と一緒に使われることもある：On the one hand, the new job offers a higher salary, but on the other hand, it requires longer working hours. (一方では，その新しい仕事は高い給与を提供するが，他方では，より長い勤務時間を必要とする)

128 **in the long run** **結局** (= in the end)，**長い目で見れば**

▶「長い間走った末に→結局」と考えると理解しやすい.

Regular exercise might be challenging at first, but it significantly improves your health in the long run.

規則正しい運動は最初は難しいかもしれないが，結局は健康が大きく増進する.

129 **in the [A's] way** (A の) **邪魔になって**

▶「通り道の中にあって→邪魔になって」と考える.

That tree is really in the way.

あの木は本当に邪魔だ.

◆ get in the way of A「A の邪魔になっている」も重要表現：Her constant complaints about work are getting in the way of our friendship. (彼女の仕事に関する絶え間ない不満が，私たちの友情の邪魔になっている)

130 **under way**　（計画などが）**進行中で**（= in progress）

▶ この under は under construction「建設中で」と同じで，「…する中で」という〈状況下〉を表す.

The renovation project for the old theater is currently under way.
古い劇場の改修プロジェクトが現在進行中だ.

131 **in turn**

順番に，交代で（= by turns），（変わって）**今度は**（= in *one's* turn）

▶ この turn は「順番」の意味.

Each team member presented their ideas in turn during the meeting.
会議で各チームのメンバーは順番に自分のアイデアを発表した.

132 **on end**　**続けて**（= continuously / in succession / in a row）

▶「終わりが継続して→終わることなく」と考える.

She practiced playing the piano for hours on end.
彼女は何時間もピアノの練習を続けた.

◆ on end で「まっすぐ」という意味になる場合にも注意：Her hair stood on end at the sight of the accident.（その事故を見て，彼女は身の毛がよだった）

133 **on the spot**　**その場で，即座に**（= immediately）

▶ この on は〈接触・関わり〉を表す.「その場所を離れないで→その場で」と考えてみよう.

During the interview, I was asked a difficult question and had to come up with an answer on the spot.
面接中，難しい質問をされ，その場で回答を考えなければならなかった.

134 **as a rule**

概して，普通は，一般に（= generally / usually / generally speaking / by and large / as a general rule）

▶「ひとつの原則として」が文字どおりの意味.

As a rule, it's better to get a good night's sleep before an important exam.
概して，重要な試験の前には十分な睡眠をとるほうがよい.

135 **at a time**

同時に，一度に（= simultaneously / all at once）

Only six people are allowed on the elevator at a time for safety reasons.
安全上の理由から，そのエレベーターには一度に6人しか乗ることができない.

◆ at times「ときどき」（= sometimes / occasionally）と混同しないこと. ⇒ 459

136 **without fail**　（約束・命令を強めて）**必ず，いつも**（= always / inevitably）

▶「怠るということはなく」が文字どおりの意味. ここから「必ず」という訳語となる.

He goes to the gym every day without fail.
彼は毎日必ずジムに行く.

Section 6　群前置詞

137 □□ **in spite of A**

A にもかかわらず（= despite A / notwithstanding A / for all A / with all A）

In spite of the challenging economic conditions, the small business managed to thrive.
困難な経済状況にもかかわらず，その小さなビジネスはなんとか繁盛した.

◆ in spite of *oneself*「思わず，意に反して」という表現もある.

138 □□ **in danger of A**

A の危険性があって

▶「A という危険の中にあって」が原義.

The company is in danger of bankruptcy if they don't improve their financial situation.
その企業は財務状況を改善しない限り，倒産の危険性がある.

139 □□ **in search of A** Gr 28

A を探して，A を求めて

Many job seekers are in search of opportunities for career advancement and personal growth.
多くの求職者はキャリアの向上と個人の成長の機会を探し求めている.

140 □□ **thanks to A** Gr 28

A のおかげで，A の結果

▶ 皮肉を含んで「A のせいで」の意味で用いられることもある.

I got the job thanks to my previous work experience.
以前の職務経験のおかげでその仕事を手に入れることができた.

141 □□ **at the cost of A** Gr 28

A を犠牲にして（= at the expense of A / at the price of A / at the sacrifice of A）

▶ cost や price には「対価，犠牲」の意味がある.

A new shopping mall flourishes at the cost of small stores in town.
新しいショッピングモールが町の小さな店舗を犠牲にして繁盛している.

◆ at all costs「ぜひとも，どんな犠牲を払っても」という表現も重要.

142 □□ **at the sight of A**

A を見て

My wife screamed at the sight of a cicada in her room.
部屋の中でセミを見て，妻は悲鳴をあげた.

◆ in the sight of A「A の目から見れば」と混同しないように．catch sight of A「A を見つける」，lose sight of A「A を見失う」という表現もある．⇒ 48 / 49

143 □□
at the thought of A
A を考えて

At the thought of the upcoming family reunion, she felt a sense of excitement and anticipation.
家族の再会が迫っていることを考えた瞬間，彼女は興奮と期待感を感じた.

144 □□
at the mercy of A / at A's mercy　Gr 28
A のなすがままで，A に左右されて

▶ mercy は「慈悲」という意味．神の慈悲のように自分ではコントロールできないことに翻弄されているイメージの表現.

After the shipwreck, they were left at the mercy of the rough sea, clinging to pieces of debris for their lives.
船が難破したあと，彼らは荒れた海に翻弄され，命がけで破片にしがみついた.

145 □□
in exchange for A
A の代わりに，A と引き換えに

They were given food and shelter in exchange for work.
彼らは労働の代わりに食べ物と住む場所を与えられた.

◆ in exchange「(前文を受けて) そのお返しに」という表現もある.

146 □□
in return for A
A のお返しに，A の見返りに

▶ この return は「返礼，お返し」の意味.

Officials reduced the punishment in return for his cooperation.
彼の協力の見返りに，当局は罰を軽くした.

◆ in return「(前文を受けて) そのお返しに」という表現もある.

147 □□
in place of A　Gr 28
A の代わりに (= in A's place / instead of A)

▶ in place of A は「A のあった場所で→ A の代わりに」と考えるとわかりやすい.

Our company decided to use email in place of traditional paper memos for internal communication.
わが社は社内コミュニケーションに，従来の紙メモの代わりに e メールを使用することに決めた.

148 □□
in addition to A　Gr 28
A に加えて (= besides A)

We have a wide selection of desserts in addition to our main courses.
当店はメイン料理に加えて，多種多様なデザートをご用意しています.

◆ in addition で「さらに」(= besides) という意味を表す副詞句になることにも注意.

149 □□ **by means of A** Gr 28

A を（手段として）用いて，A によって

▶ この means は「手段」の意味で，「A という手段によって」となる．

I was able to fix the issue by means of a software update.
ソフトウェアの更新によって，問題を修正することができた．

150 □□ **for fear of A** Gr 28

A を恐れて，A しないように

▶ for は〈理由〉を表す．fear は「恐れ」の意味．

She avoided eating seafood for fear of an allergic reaction.
彼女はアレルギー反応を起こすことを恐れて，シーフードを食べるのを避けた．

151 □□ **in terms of A** Gr 28

A の観点から（言うと）(= from the viewpoint of A)，A に関して

▶ terms は「言葉」の意味．「A の言葉で→ A の視点から見ると」と考えてみよう．

In terms of experience, she is the most qualified candidate for the job.
経験の点から言えば，彼女はその仕事に最も適任な候補者だ．

152 □□ **at the risk of A** Gr 28

A の危険を冒して，A を犠牲にして

▶ この risk は「危険，犠牲」の意味．

He invested all his savings in the stock market at the risk of losing everything.
すべてを失う危険を冒して，彼はすべての貯金を株式市場に投資した．

MEMO

Section 7　副詞句を中心とした熟語

153 □□ **before long**　まもなく，すぐに（= soon）

▶「長い時間（がかかる）より前に」が原義．

Train services will resume before long. 電車の運行はまもなく再開いたします．

◆ long before S V「…となるずっと前に」との区別に注意：He got up long before the sun rose.（彼は太陽が昇るずっと前に起きた）

154 □□ **from now on**　これからは，ここから先は

▶ この on は「ずっと」の意味で〈継続〉の用法．

From now on, I will be more considerate of others.
これからは，他人にもっと配慮いたします．

◆ from then on「その時から」という表現もある．

155 □□ **on（an / the）average**　平均して

On average, more than 600 Canadians are diagnosed with cancer every day.
平均して，毎日 600 を超すカナダ人がガンと診断されている．

156 □□ **as usual**　いつものように，相変わらず

She arrived late for the meeting, as usual.
彼女はいつものようにミーティングに遅れて到着した．

◆ 類似の表現に as always「いつも通り」があるが，相手を褒めるといった状況で用いる傾向が強い：As always, your presentation is great.（いつもながら，君のプレゼンはすばらしいね）

157 □□ **right away**
すぐに，ただちに（= immediately / at once / right off / on the spot）

▶「今やっていることからただちに離れて」が原義．

He realized he had forgotten his keys and went back home right away.
彼は自分が鍵を忘れていたことに気づき，すぐに家に戻った．

158 □□ **from time to time**
ときどき（= occasionally / sometimes / at intervals / at times / on occasion）

▶「一定期間のある時から次の時に（起こる）→不定期に→ときどき」とイメージしてみよう．

From time to time, I treat myself to a relaxing spa day.
ときどき，リラックスできるスパの日を自分へのご褒美としている．

159 □□ **more or less**　Gr 17
だいたい，多かれ少なかれ

▶「もっと多いにせよ，もっと少ないにせよ」が原義．

She finished her assignment in an hour, more or less.
彼女はだいたい 1 時間で課題を終えた．

160 □□ **as it were** いわば (= so to speak)

▶ この were は仮定法過去で，as if it were so「まるでそれがそうであるかのように」から if と so が省略されて生じたと考えられている．堅い表現であり so to speak の方がよく使われる．

The building was, as it were, a masterpiece of modern architecture.
その建物は，いわば現代建築の傑作だった．

161 □□ **by and large**
概して，一般的に見て (= generally / in general / on the whole)

▶ もともと航海用語で，by the wind は「逆風で」，large は「順風の」という意味があり，by and large は「逆風でも順風でも→どちらにしても，概して」となったという説がある．

By and large, the weather in this region is mild and pleasant throughout the year.
概して，この地域の気候は一年を通じて温暖で快適です．

162 □□ **first of all**
まず最初に，まず第一に (= to begin with / to start with / in the first place)

▶「すべてのなかで一番に」が原義．

First of all, let me ask you some questions.
まず最初に，いくつか質問させてください．

163 □□ **for good** 永久に (= forever / permanently / for ever)

▶ for good は習慣などを金輪際 (こんりんざい) やらないという意味で使われることが多く，forever は続けてきた状況をこれからも変わらず続けるというニュアンスで用いられることが多い．

She decided to quit smoking for good.
彼女は二度とタバコを吸わないことに決めた．

MEMO

Section 8　動詞を中心とした熟語

164 **see A off**　**A を見送る**

▶「離れていく A を眺める」が原義．この表現では原則として，A が名詞の場合でも see A off の形をとることが多い．

I went to the airport to see my friend off as she boarded her flight to Paris.
私は友達がパリ行きの飛行機に乗るのを見送るために空港に行った．

165 **call off A / call A off**
A を中止する (= cancel A)，**A を解消する**

▶「途切れた (off) と大声で言う」が原義．この意味から，何らかの理由で審判が打ち切りを命じた試合のことを called game「コールドゲーム」という．

We had to call off the picnic due to rain.
雨のため，私たちはピクニックを中止しなければならなかった．

166 **put off A / put A off**
A を延期する (= postpone A)，**A を遅らせる** (= delay A)

▶「予定から離れたところに置く」が原義．

They've decided to put off the wedding until next year due to financial concerns.
お金のことが心配で，彼らは結婚式を来年まで延期することに決めた．

167 **carry out A / carry A out**
A をやり遂げる (= execute A / put A into practice)，**A (実験など) を行なう** (= perform A)

▶ burn out「燃え尽きる」のように副詞の out には「最後まで」という〈完了〉の働きがある．「A を最後まで運ぶ」から「A をやり遂げる」という意味が派生する．

She carried out her mission.
彼女は自分の任務をやり遂げた．

168 **find out A / find A out**
A (情報・真相など) を見つけ出す (= discover A)，**A を知る**

▶ find out の out は〈中から外への移動〉のイメージを持つ副詞であり，知られていなかった情報を外に出すことから「A を見つけ出す」という意味になると考えるとよい．なお，find out には「情報を得る，事実を知る」という自動詞の用法もある．

The linguist wanted to find out how language works.
その言語学者は，言葉の機能を見つけ出したいと思っていた．

169 **point out A / point A out**　**A を指摘する** (= indicate A / show A)

▶ point が「指さす，指し示す」，副詞 out が「外へ」の意味で用いられている．〈(中に隠れているものを) 外へ向けて指さす〉というイメージから「指摘する」という意味が派生する．

He pointed out how important it is to observe the law.
彼は法を守ることがいかに大切かを指摘した．

170 **hand in A / hand A in**

A を提出する (= submit A / turn in A [turn A in] / give in A [give A in])

▶「手の中に入るように A を手渡す」が原義.

Please make sure to hand in your assignments by Friday.
金曜日までに課題を提出するようにしてください.

171 **put on A / put A on**

A (服・靴など) を着る, A (雰囲気・態度など) を身につける

▶ この on は〈接触〉の用法で「(身に) つけて」の意味.

▶ put on A は「A を着る」という動作を, wear A / have A on は「A を着ている」の意味で状態を表す.

She put on false eyelashes and looked in the mirror.
彼女は, つけまつ毛をつけて鏡を見た.

◆ ⇔ take off A「A (服・靴など) を脱ぐ」

◆ put on airs「気取る」という表現もある. ⇒ 895

172 **put on weight** **太る, 体重が増える** (= gain weight)

The doctor advised him to monitor his diet and exercise regularly to avoid putting on weight.
その医師は, 体重が増えるのを避けるために, 食事を管理して定期的に運動するように彼に勧めた.

◆ put on a few kilos (数キロ太る) のように weight の位置に具体的な増加分を置くこともある.

◆ ⇔ lose weight「やせる」

173 **try on A / try A on** **A を試着する, A を試しに着てみる**

I tried on a fur coat, but it was much too heavy.
毛皮のコートを試着したが, あまりに重すぎた.

174 **take off A / take A off** **A (服・靴など) を脱ぐ**

▶ 自動詞用法として, take off「(飛行機が) 離陸する」という表現もある.

▶ これらの off は「離れて」の意味. 服が体から, 飛行機が地面から離れてゆく様子がイメージできる.

Once inside a Japanese house, you have to take off your shoes.
日本の家に入ったら, 靴を脱がなくてはならない.

◆ take on A「A (責任・色など) を帯びる」については ⇒ 730

175 **set free A / set A free**

A (人) を解放する (= free A / liberate A / release A / let A free), **A に自由を与える** (= grant freedom to A)

▶ 以下の例文のように受動態で用いられることも多い.

The criminals were set free under an amnesty. 恩赦により, 犯人たちは釈放された.

176 □□
carry on A / carry A on
A（仕事など）を続ける（= continue A / carry on with A / go on with A）

▶ この on は〈継続〉の用法.

He is resigning, but I will carry on his work. 彼は退任するが，彼の仕事は私が引き継ぐ.

177 □□
leave A alone / let A alone　**A に干渉しない，A を放っておく**

The investigation is ongoing, so it's better to leave this matter alone until we have more information.
捜査は進行中なので，さらなる情報が得られるまでこの問題は様子見するほうがよいだろう.

178 □□
give up A
A（悪習など）をやめる，A（考え・希望など）をあきらめる（= forsake A / abandon A）

▶「A を献上する→ A を譲り渡す→ A を断念する」とイメージしてみよう.

Don't give up your goals, even if you face setbacks along the way.
途中で逆境に出くわしても，目標をあきらめるな.

◆ give up は不定詞ではなく動名詞を目的語に取る動詞であり，give up *doing* で「…するのをやめる」の意味を表す：After hours of searching, he decided to give up looking for the lost keys.（数時間探し続けたあと，彼はなくした鍵を探すのをあきらめることにした）
◆ give up A for lost「A をなくなったものとしてあきらめる」や give up A for dead「A を死んだものとしてあきらめる」も押さえておこう.

179 □□
kill off A / kill A off
A（生物）を大量に殺す，A を絶滅させる（= wipe out A / exterminate A / eradicate A）

▶ pay off the debts「借金を全額返す」のように，この off は「すっかり，完全に」の意味.

Killing off predators such as grizzly bears could throw the ecosystem out of balance.
グリズリーのような捕食動物を大量に殺すと，生態系の均衡が崩れかねない.

◆ die out「絶滅する」（= become extinct）という表現も重要.

180 □□
bring about A / bring A about
A をもたらす（= cause A / lead to A / result in A / give rise to A）

▶ この about は「近くに，そのあたりに」の意味.「A を近くに持ってくる→ A をもたらす」となる.

The Foehn effect brings about dry winds and high temperatures.
フェーン現象は乾いた風と高温をもたらす.

◆ S come about.「S が起こる，S が生じる」という表現もある.

181 □□
come about
（予想外のことが）**起こる**（= happen / occur / take place）

▶「やってくる（come）＋あたりに（about）」と考える.

The change in weather came about suddenly, and it started raining heavily.
天候の変化が突然起こり，大雨が降り始めた.

◆ bring about A / bring A about「A を引き起こす」（= cause A）という表現もある.

182 □□

die out

絶滅する，（風習などが）廃れる（= become extinct）

▶ out には「完全に，徹底的に」という強調の意味がある．

Many endangered species could die out if we don't take immediate conservation measures.

早急に保護策を講じないと，多くの絶滅危惧種が絶滅する可能性がある．

183 □□

break out （戦争や災害などが）起こる，勃発する

▶「通常の状態を壊して（break）突然に出現（out）する」とイメージしよう．

The war broke out when diplomatic negotiations failed to reach a resolution.

外交交渉が解決に至らず，戦争が勃発した．

184 □□

turn up / show up

現れる（= appear / come）

▶ up は〈出現〉を表す．

I waited for him at the party, but he didn't show up.

パーティーで彼を待っていたが，現れなかった．

◆ turn up A「A（の音量など）を大きくする」（⇔ turn down A「A（の音量など）を下げる」）という他動詞の用法もある．

185 □□

hang up

電話を切る（= hang up the phone），中断する

▶ hang up はもともと壁に取り付けてあった電話の受話器台に受話器をかける動作を表したもの．「受話器をとる」と勘違いしないこと．

I accidentally hung up before the conversation was finished, so I had to call back.

会話が終わる前にうっかり電話を切ってしまったので，もう一度電話をかけなければならなかった．

186 □□

stand out 目立つ，卓越する

▶ out は「外側に」という意味の副詞．「皆からはみだして外側に立つ」から「目立つ」という意味になったと考えよう．

Her bright red dress made her stand out in the crowd.

彼女のあざやかな赤いドレスは，人ごみの中で目立っていた．

187 □□

stay up

夜遅くまで起きている（= sit up），徹夜する

▶ この up は「活動的で」の意味．つまり「（眠らないで）活動中である」という状態を表す．

She stayed up late watching her favorite TV show.

彼女は好きなテレビ番組を見るために遅くまで起きていた．

188 □□
go on *doing*
…し続ける（= keep（on）*doing* / continue to *do*）

Despite the pain, he went on running until he crossed the finish line.
苦痛にもかかわらず，彼はゴールラインを越えるまで走り続けた．

◆ go on to *do*「次に（続けて）…する」と混同しないこと：The actor started his career in theater and later went on to do several blockbuster movies.（その俳優は演劇でキャリアをスタートさせ，のちにいくつかの映画を大ヒットさせた）
◆ go on with A「A（仕事など）を続ける」も重要．⇒ 314

189 □□
get lost　迷子になる，道に迷う（= lose *one's* way）
▶ lost は「道に迷う」という意味の形容詞．

When we got lost in the woods, it took us hours to find our way back to the right trail.
森で迷子になったとき，私たちは正しい道に戻るのに数時間要した．

190 □□
come true
（夢などが）実現する，本当になる（= be realized）
▶ この true は come の補語として働き，come ＋形容詞は「…になる」という意味．しかし，become true（×）とは言わない．

Her lifelong dream of becoming a novelist finally came true when her book was released.
小説家になるという彼女の一生の夢が，本が売り出されることでついに実現した．

191 □□
come to an end / come to a close　終了する，止まる
▶「終わりに至る」が原義．

After a long discussion, the meeting finally came to an end.
長時間の議論の末，会議はやっと終了した．

192 □□
come to light　（秘密などが）明るみに出る，ばれる
▶「明かりのところにやって来る→明るみに出る」と考えよう．

During the trial, new evidence came to light.
裁判中に新たな証拠が明るみに出た．

193 □□
take place
（行事・試合など予定されていることが）行なわれる（= be held），
（事が）起こる（= happen / occur）
▶「空間（place）を自分のものにする（take）→行事が行なわれる→事が発生する」とイメージする．

The meeting will take place tomorrow at 10 a.m.
会議は明日午前 10 時に行なわれます．

194 □□
play a ... role［part］in A　A において…な役割を果たす
▶ この role や part は「役割」の意味．

He played a leading role in prosecuting the tax evasion case.
その脱税事件を起訴するにあたって，彼は主要な役割を果たした．

195 □□
gain weight 体重が増える（= put on weight）

▶「重量を増す」が原義．

Some medications can cause people to gain weight as a side effect.
一部の薬は，副作用として体重が増加することがある．

◆ 反意表現の lose weight「体重が減る」も重要：She's been trying to lose weight for her upcoming wedding.（彼女は今度の結婚式のために体重を減らそうとしている）

196 □□
happen to *do*
偶然…する，たまたま…する（= chance to *do*）

▶ Do you happen to have a pen?「もしかしてペンを持っていたりしますか」のように丁寧に尋ねる場合に用いることが多い．

We happened to be from the same town but didn't know each other until now.
私たちは偶然にも同じ町の出身だったが，今までまったくお互いを知らなかった．

◆ It happens that S V「偶然…ということになる」という表現もある．

197 □□
manage to *do* なんとか…する，やっとのことで…する

She managed to make ends meet.
彼女はなんとか家計のやりくりをした．

◆ 例文中の make ends meet「生活の収支を合わせる，家計をやりくりする」も重要表現．⇒ 902

198 □□
never fail to *do* 必ず…する

He never fails to meet deadlines and deliver high-quality work.
彼は必ず締切を守り，質の高い仕事を提供する．

◆ without fail「間違いなく，必ず」という表現もある．⇒ 136

199 □□
be about to *do* まさに…しようとしている

▶ about は〈周辺〉を表す．be about to *do* は「…する周辺にいる→まさに…しようとしている」という意味になると考える．

She was about to leave for work when her phone rang.
電話が鳴ったとき，彼女はまさに仕事に出かけようとしていた．

◆ 同意表現に be on the verge of *doing* があるが，これは verge が「境界」の意味なので，「…する境界のところまできている→まさに…しようとしている」という意味になると考えるとよい：She was on the verge of leaving for work when her phone rang.（電話が鳴ったとき，彼女はまさに仕事に出かけようとしていた）

200 □□
be free to *do* 自由に…できる，…するのは勝手である

Students are free to express their opinions during class discussions.
学生は授業での討論中に意見を自由に表明することができる．

◆ be free from A「A（悩みなど）に悩まされていない，A（束縛など）から免れている」や be free of A「A（の支払いなど）を免除されている」と混同しないこと．

201 □□
be supposed to *do*
(規則などで)…することになっている,(本当は)…しなければならない

▶ suppose は本来「…だと思う,…を前提とする」という意味で,be supposed to *do* は「…することが前提とされている→…することになっている」という意味になる.

Students are supposed to wear their school uniforms during school hours.
学生たちは学校の修学時間中は制服を着用することになっている.

202 □□
be apt to *do*
…しがちである,…する傾向がある(= tend to *do* / be liable to *do* / be prone to *do*)

▶ be apt to *do* は人や物のもつ本質的な傾向を述べる際に用い,一般に好ましくないことに使われる.

John is apt to oversleep if he doesn't set an alarm.
ジョンは目覚ましをセットしないと寝過ごしがちだ.

◆ 類似表現に be likely to *do*「…しそうである,…する可能性が高い」があるが,これはある特別な場合に何かが起こる可能性が高いことを示唆する表現:According to the weather forecast, it is likely to rain tomorrow.(天気予報によると,明日は雨になりそうだ)

203 □□
be to blame for A
A について責任がある(= be responsible for A)

▶ 本来は blame A for B「B のことで A を責める」の受動態を be to 不定詞に続けた表現なので,文法的には be to be blamed for A の形になるべきであるが,慣用的に be to blame for A とするのがふつう. ⇒ Gr2 (7)

The company is to blame for the late delivery.
遅配の責任は会社にある.

204 □□
make up *one's* mind (to *do*)
(…することを) 決心する(= decide (to *do*))

▶「自分自身の意向をしっかりと作り上げる」が原義.

I have made up my mind to start living a healthier lifestyle and exercise regularly.
健康的な生活を送り,定期的に運動することに決めた.

205 □□
that is (to say)
すなわち,言い換えれば(= namely / in other words)

▶ 前言を受けて,「そのことをより正確に言えば」というときに用いる.

She will come to visit us next Sunday, that is to say May 16th.
彼女は次の日曜日 , つまり 5 月 16 日に私たちのところに来るだろう.

コラム 願望・目標・目的を表す for

ある動詞の直後におかれた for は〈願望・目標・目的〉を表す．「A を求めて，A を得るために，A の目的で」などの意味があることをイメージしよう．

◇ apply for A 「A（仕事など）を申し込む」
◇ ask for A 「A（物）を求める」
◇ call for A 「A（助けなど）を（大声で）求める」
◇ feel for A 「A を手探りでさがす」
◇ go for a walk 「散歩に出かける」
◇ go for a swim 「泳ぎに出かける」
◇ hope for A 「A を望む」
◇ long for A 「A を切望する」
◇ wish for A 「A を望む」
◇ yearn for A 「A を恋しく思う」
◇ reach (out) for A 「A を取ろうとして手をのばす」
◇ run [stand] for A 「A に立候補する」
◇ seek for A 「A を求める」

また，〈願望・目標・目的〉の for を含む以下のようなイディオムもある．

◇ ask A for B 「A に B を求める」
◇ compete with A for B 「B を求めて A と競う」
◇ contend with A for B 「B を求めて A と争う」
◇ depend on A for B 「A に B を頼る」
◇ look to A for B 「A に B を期待する」
◇ search A for B 「B を求めて A を探す」
◇ turn to A for B 「A に B を期待する」
◇ be anxious for A 「A を切望している」(= be eager for A)
◇ be impatient for A 「A を待ちかねている」
◇ What (...) for ? 「なぜ（…）／どういう目的で（…）」

Part 3
読解で狙われる重要熟語I（1義）

394項目

読解問題でどのような熟語が狙われているのか，徹底的に精査しました．このパートでは「一つの意味しかない熟語」を取り上げました．

Section 1　自動詞＋前置詞＋ A

206 **pay for A**　A の代償を払う，A の償いをする，A の代金を支払う

If you neglect your health, you'll pay for it in the course of time.
不摂生をすると，そのうちに代償を払うことになる.

◆ pay the price「代償を払う」という表現もある.

207 **hope for A**
A を望む（= wish for A / long for A / yearn for A / crave（for）A / have a craving for A），A を期待する

We all hope for a secure old age.　我々はみな，不安のない老後を望んでいる.

◆ hope for A to *do*「A が…することを望む」という表現もある：Citizens of this country are hoping for the war to end soon.（この国の国民は戦争がすぐに終結することを望んでいる）
◆ hope A to *do*（×）という表現はないことに注意.

208 **add to A**　A を増やす（= increase A）

His arrival added to the excitement of the party.
彼の到着でパーティーの興奮はさらに増した.

◆ add A to B「A を B に加える，A（数字など）を B（数字など）に足す」という表現もある：She likes to add fresh vegetables to her pasta dishes.（彼女はパスタ料理に新鮮な野菜を加えるのが好みだ）

209 **hit on［upon］A**　A を思いつく，A を考えつく（= think up A）

I finally hit on a solution to the problem.
私はその問題についての解決策をついに思いついた.

◆ hit on A は原則として主語が人になるが，人を目的語にする表現である strike［occur to］A（人）「A の心に浮かぶ」でも同様の意味を表すことができる．上記の例文は，A solution to the problem finally struck［occurred to］me. としても同意.

210 **consist in A**　A にある，A に存在する（= lie in A / exist in A）
▶「A の中に成り立っている」が原義.

Success consists in hard work and perseverance.　成功とは努力と忍耐にある.

◆ consist of A「A で構成される，A から成る」（= be made up of A）という表現も重要：The board consists of five members.（委員会は 5 人のメンバーで構成されている）

211 **object to A**　Gr 1
A に反対する（= oppose A）
▶ この to は前置詞なので，後ろには（動）名詞が置かれる.

They objected to your proposal to increase the working hours without additional pay.
彼らは，追加の給与なしで労働時間を増やす提案に反対した.

◆ be opposed to A「A に反対している」（= be against A）という表現はあるが be objected to A（×）という表現はない.

212 **go without A**　A なしで済ます（= do without A / dispense with A）

During the war, the civilians in the region had to go without electricity for months on end.
戦争中，その地域の住民は何か月もの間，電気なしで過ごさなければならなかった．

213 **concentrate on A**
A に集中する（= focus on A），A に専念する

He is so hooked on gambling that he cannot concentrate on his business.
彼は賭け事に夢中で商売に集中できない．

◆ concentrate A on B「A を B に集中させる」（= focus A on B）という表現もある：I need to concentrate my efforts on this project.（私は自分の努力をこの企画に集中する必要がある）

214 **complain of [about] A**　Gr 1
A について文句を言う，A（痛みなど）を訴える

Many residents in the neighborhood have complained of a strong odor coming from the nearby factory.
近隣の住民の多くが，近くの工場から発生している強烈な臭いについて文句を言っている．

◆ complain to A of [about] B「A（人）に B について文句を言う」という表現もある．

215 **take after A**　A に似ている（= resemble A）
▶「受け継いで得る」が原義．
▶ take after A は血縁関係にある年上の人に似ている場合にしか一般に使えないが，resemble はそれ以外の場合にも用いることができる．

He takes after his father in terms of his height and build.
身長や体格において彼は父親に似ている．

216 **go with A**　A（物）に合う，A に調和する（= match A）

This wine would be the perfect choice to go with the steak you ordered.
このワインは，あなたが注文したステーキにぴったりの選択肢だ．

◆ S go with A（= S match A）は一般に S も A も人ではなく物を表す名詞となる．A が人になると，suit A や become A を用いる：This dress suits [becomes] you.（このドレスは君によく似合っているよ）

217 **decide on [upon] A**　A を決定する，A に決める
▶「A に関する決定をする」が原義．

We decided on a date for the meeting.
私たちは会議の日程を決定した．

◆ decide on [upon] *doing*「…することに決定する」は decide to *do* と同意．
◆ decide against A「A をしないことに決める」，decide between A and [or] B「A と B のうちどちらかに決める」といった関連表現も押さえよう：After careful consideration, she decided against buying the expensive car.（慎重に考えたのちに，彼女はその高価な車を買わないことに決めた）/ They had to decide between taking a train and a bus to reach their destination.（彼らは目的地に行くために電車かバスのどちらを選ぶかを決めなければならなかった）

218 □□
cope with A
A (困難や問題など) をうまく処理する (= manage A / deal successfully with A)

▶ 動詞の cope「うまく処理する」は cope with 以外の形で用いることはほとんどない.

She learned how to cope with stress by practicing meditation.
彼女は瞑想を実践することでストレスをうまく処理する方法を学んだ.

219 □□
result in A
(S の結果) A をもたらす, A につながる (= cause A / bring about A / end in A / lead to A)

▶「結果的に A におさまる」が原義.

▶ S result in A. は主語が原因で A が結果の〈因果関係〉を表す. 主語との因果が S result from A. とは逆転することに注意.

The heavy rain resulted in flooding in many low-lying areas.
激しい雨は多くの低地で洪水をもたらした.

220 □□
result from A
A の結果として生じる, A に起因する (= arise from A / spring from A / stem from A / be caused by A)

▶ この from は〈原因〉を表す. S result from A. は主語が結果で A が原因の〈因果関係〉を表す.

The accident resulted from careless driving.
その事故は不注意な運転から生じた.

221 □□
pass for A / pass as A
A として通る, A として通用する

The counterfeit bills were so well made that they could pass for real currency, fooling even experienced cashiers.
偽札は本物の紙幣として通用するぐらい精巧につくられており, 経験豊富なレジ係でさえだますことができた.

222 □□
reach (out) for A
A を取ろうと手を伸ばす

▶ この for は〈追求・獲得〉の用法で「…を求めて」の意味.

He reached for the book on the top shelf, stretching his arm as far as he could.
彼はできる限り腕を伸ばし, 高い棚の上の本を取ろうとした.

223 □□
head for A
A (場所・状況) に向かって進む (= make for A)

▶ この head は「(ある場所・方向に) 向かう」の意味. for は〈方向〉の用法で「…に向かって」の意味.

The economic indicators suggest that the country may be heading for a recession in the coming months.
経済指標から判断すると, その国は今後の数か月で景気後退に向かっている可能性がある.

224 □□ **leave for A** Gr 1

A（場所・人など）に向けて出発する（= start for A），A に向かう（= go to A / be off to A）

During the precious moments before the train left for Nice, my girlfriend and I sat in silence.
電車がニースに向けて出発する前の貴重な時間に，僕と恋人は黙って座っていた.

◆ leave A「A（場所・人のいる所など）を離れる，A を出発する」，leave A for B「B（場所・人のいる所など）に向けて A（場所・人など）を出発する」という表現もある：I left Vienna for Florence.（私はフィレンツェに向けてウィーンを出発した）

225 □□ **answer for A**

A に責任を負う（= take responsibility for A），A を保証する（= guarantee A）

As the project manager, you will have to answer for any delays that arise during the project.
あなたはプロジェクトマネージャーとして，プロジェクト中に発生した遅れについて責任を取らなければならない.

226 □□ **wait on [upon] A**

A（客）に応対する，A に仕える（= serve A / attend on [to] A）

Have you been waited on?（店員が客に）ご用をお伺いしていますか. ⇒ 1190

◆ 上記の例文は Have you been helped? と言い換えることができる.

227 □□ **occur to A** Gr 1

（考えなどが）ふと A の心に浮かぶ（= strike A / come to A）

The right word occurred to her. 適切な言葉が，ふと彼女に思い浮かんだ.

◆ it occurs to A that S V「A に…という考えが思い浮かぶ」（= it strikes A that S V）という形式主語の it を用いた表現もある：It never occurred to me that I had left my keys at home until I reached the office.（オフィスに着くまで，家にカギを忘れたとは私は思いつかなかった）

228 □□ **dawn on [upon] A** （意味・真実などが）A（人）にわかり始める

▶ dawn は名詞としては「夜明け」の意味. ここでは動詞として「明るくなる，わかり始める」の意味.

The significance of the discovery slowly dawned on the scientists as they analyzed the data.
科学者たちはデータを分析するにつれ，その発見の重要性が徐々にわかり始めた.

◆ 主語が節になるときは，It dawns on A that S V.「…ということが A にわかり始める」を用いる.

229 □□ **count on [upon] A**

A に頼る，A をあてにする（= depend on A / rely on A / lean on A / rest on A）

In a crisis, you can count on the experience and expertise of our emergency response team.
危機の際には，緊急対応チームの経験と専門知識に頼ることができる.

230 **turn to A**

A（人）に頼る（= depend on A / rely on A / count on A），A（本など）を参照する

The company had to turn to external consultants to help solve their financial problems.
その企業は財務上の問題を解決するのに外部のコンサルタントに頼る必要があった.

◆ turn to A for B「A に B のことで頼る」（= look to A for B）という表現もある.

231 **enter into［on］A** Gr 1

A（仕事・交渉など）を始める（= start A），A（契約・同盟など）を結ぶ

The two parties agreed to enter into discussions to resolve their differences peacefully.
両者は平和的に争いを解決するため，話し合いに入ることに同意した.

◆ enter には他動詞用法もあり，enter A で「A（建物など）に入る」（= go into A）の意味.

232 **correspond to A**

A に一致する，A に相当する（= correspond with A）

▶ correspond は「二つの物・事などが一致する」の意味．to は〈一致・調和〉を表す.

Her actions do not correspond to her words. 彼女の行動は言葉と一致しない.

◆ correspond with A で「A と文通する」という表現もある：I correspond with my cousin in Australia through email.（私はオーストラリアのいとことメールを通じて文通している）

233 **dispose of A** A を処理［処分］する（= deal with A）

▶ dis（離れたところに）+ pose（置く）と考える.

The company must dispose of hazardous waste in a safe manner.
その会社は有害廃棄物を安全な方法で処理する義務がある.

◆ dispose には他動詞用法もあり，dispose A で「A を配置する」，dispose A to *do* で「A を…する気にさせる」という意味を表す：The calm and serene environment disposes students to focus better on their studies.（穏やかで静かな環境によって，学生たちは勉強により集中する気持ちになる）

234 **go about A**

A（仕事・作業など）に取りかかる（= set about A / get down to A）

After breakfast, he went about his daily chores, which included cleaning the house and doing the laundry.
朝食後，彼は家の掃除や洗濯を含めた日常の雑用に取りかかった.

◆ 自動詞用法として S go about.「S（うわさ・病気）が広がる」という表現もある.

235 **fall behind A** A（人・予定など）より遅れる

The company invested in the new technology to ensure they wouldn't fall behind their competitors.
その会社は競合他社に遅れを取らないように，新しいテクノロジーへの投資を行なった.

◆ 自動詞用法として S fall behind.「S が遅れる」という表現もある：Due to unexpected technical issues, the project timeline has fallen behind by two weeks.（予期せぬ技術的な問題のせいで，プロジェクトの予定は 2 週間遅れている）

236 □□ **glance at A** Gr 1

A をちらりと見る (= take a glance at A)

She glanced at her watch to check the time before the meeting.
会議前に時間を確認するために彼女は時計をちらりと見た.

237 □□ **stare at A**

A を (驚き・恐れで) じっと見る, A をじろじろ見る

He couldn't help but stare at the breathtaking sunset over the ocean.
彼は, 海の上に沈む, 息をのむような夕日を思わずじっと見つめた.

◆ gaze at A は「A を (喜び・興味を持って) 見つめる」の意味.

238 □□ **keep to A**

A (計画・規則など) に従う (= obey A / observe A), **A を固守する** (= stick to A)

▶ この to は〈執着・付着〉の用法.

Please keep to the speed limit on this road to ensure everyone's safety.
すべての人の安全を確保するために, この道路では制限速度に従ってください.

239 □□ **part from A**

A (人など) と別れる, A (組織・物) から離れる

The politician parted from the administration in early May.
その政治家は 5 月初旬に政権と袂 (たもと) を分かった.

240 □□ **part with A**

A (物) を手放す, A を売り払う (= abandon A / discard A / give up A)

I had to part with some of my old books when I moved to a smaller apartment.
小さなアパートに引っ越す際, 古い本をいくつか手放さなければならなかった.

241 □□ **interfere with A**

A の妨げになる, A の邪魔をする (= disturb A / interrupt A)

▶「A に関して邪魔をする」が原義.

The loud construction noise interfered with my ability to concentrate.
大きな工事の音が私の集中力を妨げた.

242 □□ **interfere in A**

A に干渉する, A に口出しする (= meddle in A)

The government should not interfere in citizens' personal lives.
政府は国民の個人的な生活に干渉すべきではない.

243 □□
allow for A
A を考慮に入れる，A を斟酌(しんしゃく)**する** (= make allowance for A / take A into consideration [account])

▶ allow の原義は「認める，ほめる」である．

When designing a room, we need to allow for proper ventilation.
部屋を設計する際は，適切な換気を考慮に入れる必要がある．

◆ allow A to *do*「A が…するのを許可する」，allow A B「A に B（金や時間など）を与える，A に B を認める」も allow を用いた重要表現：My parents allowed me to go abroad.（両親は私が海外に行くことを許してくれた）/ My mother allows me 3,000 yen a month as spending money.（母は私に小遣いとして月に三千円くれる）

244 □□
persist in A
A に固執する，あくまでも A を主張する (= cling to A)

Despite numerous setbacks, he persisted in his dream of becoming a musician.
幾たびも挫折したにもかかわらず，彼はミュージシャンになるという夢に固執した．

245 □□
surrender to A
A に降伏する，A に降参する (= yield to A / give in to A)

They had no other option but to surrender to the authorities when the police surrounded the building.
警察が建物を包囲したとき，彼らは当局に降伏するしかなかった．

246 □□
indulge in A
A（快楽など）にふける (= indulge *oneself* in A)，**A（趣味など）に凝**(こ)**る**

While waiting for their flight, the tourists indulged in some duty-free shopping at the airport.
旅行者たちは飛行機を待つ間，空港で免税ショッピングを楽しんだ．

247 □□
marvel at A
Gr 1

A に驚く (= wonder at A / be surprised at A)

▶ marvel は自動詞なので be marveled at A（×）のように受動態にしないことに注意．

The researchers marveled at a subject's reaction.
研究者たちは一人の被験者の反応に驚いた．

248 □□
abide by A
A（規則・決定など）を守る (= honor A / respect A / comply with A)

▶「同意できなくても守る」というニュアンスがある．

Visitors to the national park are expected to abide by the park's conservation rules to protect the natural environment.
国立公園を訪れる人々は，自然環境を保護するために公園の保全規則に従うことを求められている．

249 **abound in [with] A**

A（人・物など）がいっぱいである（= be filled with A / be full of A）

The lush rainforest abounds in diverse plant and animal species.
豊かな熱帯雨林は多様な植物種と動物種であふれている．

◆ S abound in A.「A には S（物・動物など）がたくさん存在する」という表現もある：Idioms abound in English.（英語にはイディオムがたくさんある）

250 **stem from A**

A に由来する（= derive from A / be derived from A），
A に起因する（= be caused by A）

His passion for environmental conservation stems from a deep love for nature that he developed during his childhood.
彼の環境保護への情熱は，幼少期に育んだ自然への深い愛情に起因している．

251 **inquire into A**

A（事件・問題など）を調査する（= examine A / investigate A / look into A）

When the authorities inquired into his background, they found he had a criminal record.
当局が彼の経歴を調査すると，彼には犯罪歴があることがわかった．

252 **inquire after A**

A（人）の安否を尋ねる（= ask after A），**A を見舞う**

▶ この after は「…のあとを追って→…のことを気づかって」の意味．

My father-in-law called to inquire after my husband.
義理の父が夫の具合を心配して電話してきた．

253 **boast of [about] A**

A を自慢する，A を鼻にかける（= brag about A）

Parents enjoy boasting of their children's achievements.
親は自分の子供が成し遂げたことを自慢するのが楽しみだ．

254 **compensate for A**

A（損失など）の埋め合わせをする，A を補う（= make up for A）

This year's good harvest will compensate for last year's bad one.
今年の豊作が昨年の不作を埋め合わせるだろう．

255 **embark on A**

A（事業など）を始める，A に乗り出す（= commence A / launch A / start A）

After years of studying and training, he was finally ready to embark on his career as an astronaut.
長年に及ぶ学習と訓練の後，ついに彼は宇宙飛行士としてのキャリアを始める準備を整えた．

256 **set about A** A に取りかかる，A を始める (= start A / go about A)

▶ この about は「どこかの近くに」という〈位置〉を表す．「A の近くにセットする→ A を始める」となる．

We set about the work that our former boss hadn't completed.
私たちは前の上司がやり終えていなかった仕事に取りかかった．

257 **comply with A**

A (要求や命令など) に従う (= follow A / obey A)，A (要望など) に応じる

▶ この with は〈一致・合致〉の用法．

All drivers must comply with the traffic laws and regulations.
車を運転する人は皆，交通法規に従わなければならない．

258 **conform to [with] A**

A (規則・習慣など) に従う (= obey A / observe A / conform *oneself* to A)，
A にかなっている

All employees are required to conform to the company's code of conduct and ethical guidelines.
すべての従業員は会社の行動規範と倫理ガイドラインに従うことが求められる．

◆ conform A to B「A (人・言動など) を B (法・型など) に合わせる」という表現もある．

259 **refrain from *doing* / keep from *doing***

…するのを差し控える

The doctor advised her to refrain from consuming caffeine to improve her sleep patterns.
医師は，彼女の睡眠パターンを改善するためにカフェイン摂取を控えるように助言した．

260 **consent to A** A (計画・提案など) に同意する (= agree to A)

The board of directors must consent to the proposed changes in the company's bylaws.
取締役会は会社の定款 (ていかん) について提案された変更に同意する必要がある．

◆ consent to *do*「…することに同意する」という表現もある．
◆ ⇔ dissent from A「A と意見が異なる」

261 **play on A**

A (人の気持ち) につけ込む (= take advantage of A)，A をもてあそぶ

The government played on the public's fear of terrorism to gain support for its military action.
政府は軍事行動に対する支持を得るために，テロに対する大衆の恐怖につけ込んだ．

262 **beware of A** A に注意する，A に用心する

▶ 通例，命令文で用いる．

Beware of scams and fraudulent emails that may attempt to steal your personal information or money.
個人情報やお金を盗む企みがあるかもしれない詐欺や不正なメールに注意してください．

Section 2　他動詞＋ A ＋前置詞＋ B

263 □□ **take A for B**
A を B だと思う，A を B だと間違える（= mistake A for B）
▶ この for は〈交換〉の用法．

To hear him speak English, you would take him for an American.
彼が英語を話すのを聞けば，あなたは彼をアメリカ人だと思うでしょう．

264 □□ **take A for granted**　**A を当然だと思う**
▶ granted は「…を与える」という意味の動詞 grant の過去分詞．それを take A for B「A を B だと思う」の B の位置に置いた表現．「A を与えられるべきものだと思う→ A を（感謝もなく）当然だと思う」となる．

We often take suffrage for granted.
私たちは参政権を当然だと思うことがよくある．

◆ A が that 節の場合には，take it for granted that S V「…ということを当然だと思う」という表現になる．

265 □□ **name A after B**　**B にちなんで A（人・物）に名前をつける**
▶ A is named after B「A は B にちなんで名づけられる」のように，受動態で用いられることが多い．

Tsuda University was named after its founder, Umeko Tsuda.
津田塾大学は創立者の津田梅子にちなんで名づけられた．

266 □□ **reduce A to B**
A を B の状態に変える

The bombs reduced the town to ruins.
爆弾が町を廃墟にしてしまった．

267 □□ **accuse A of B**
A を B で非難する，A を B のことで訴える（= blame A for B / charge A with B）
▶ この of は〈原因・理由〉の用法．A には〈人〉が，B には〈非難したり訴えたりする理由〉が置かれる．

They accused him of stealing money from the company.
彼らは彼を，会社からお金を盗んだと非難した．

268 □□ **substitute A for B**
A を B の代わりに用いる（= replace B with［by］A / substitute B with A）
▶ for には change A for B「A と B を交換する」のように〈交換〉の用法がある．

I substituted soy milk for regular milk in the recipe.
私はそのレシピにあるふつうの牛乳の代わりに豆乳を使用した．

◆ 上記の例文は I substituted regular milk in the recipe with soy milk. と書き換えることができる．

269 **impose A on [upon] B**
□□
A（規制・義務・税金など）**を B に課す，**
A（意見・権威・条件など）**を B に押しつける**（= force A on B）

The government imposed new taxes on the wealthy to fund social programs.
政府は富裕層に新たな税金を課し，社会プログラムの資金を提供した.

270 **assure A of B**　**A**（人）**に B を保証する**
□□

I assure you of the success of the project. その企画の成功は私が保証します.

◆ 上記の例文は，I assure you that the project will succeed. と言い換えることができる.

271 **clear A of B** Gr 2 (5)
□□
A（場所）**から B**（邪魔なもの）**を取り除く**（= clear B from A）
▶ この of は〈除外〉の用法.

Volunteers gathered to clear the roads of debris after the hurricane.
ボランティアたちがハリケーン後に道路上のがれきを片づけるために集まった.

272 **relieve A of B** Gr 2 (5)
□□
A（人）**から B**（不安や苦痛など）**を取り除く**（= ease A of B）
▶ この of は〈除外〉の用法.

The medication relieved the patient of the intense pain he had been experiencing.
その薬は，患者の感じていた激しい痛みをやわらげた.

273 **identify A with B**
□□
A を B と同一視する，A を B と結びつけて考える（= associate A with B）

Some individuals identify their self-worth with their career achievements.
自分の価値を仕事での業績と同一視する人もいる.

274 **expose A to B**
□□
A（人・物）**を B**（危険・有害なもの）**にさらす，**
A（人）**を B**（新しい思想・文化・芸術など）**に触れさせる**

The experiment exposed the mice to high levels of radiation to study their responses.
その実験では，マウスを高レベルの放射線にさらすことで，その反応を研究した.

275 **ascribe A to B**
□□
A を B のせいにする，A の原因を B に帰する，
A を B の作品［発明・しわざ］だとみなす（= attribute A to B）

Historians often ascribe the fall of the Roman Empire to a combination of economic, political, and military factors.
歴史家は，ローマ帝国の崩壊の原因をしばしば経済，政治，軍事の複合要因にあるとする.

◆ A is ascribed [attributed] to B.「A（結果）が B（原因）から生じる」という受動態を用いた表現も重要：The decline in sales in the company was ascribed [attributed] to the economic recession.（その会社の売り上げの低下の原因は経済不況であるとされた）

Section 3　3 語以上の動詞句

276 □□ **have an influence on A / have an effect on A**

A に影響を与える，A に効果がある

▶ influence, effect の前に形容詞が置かれることも多い．

Colors are said to have a great influence on our mental state.
色は我々の精神状態に大きな影響を与えると言われている．

277 □□ **put emphasis on [upon] A / put stress on [upon] A**

A を強調する，A を重視する（= emphasize A / place emphasis on A）

▶ emphasis / stress の前に形容詞が置かれることも多い．

He puts stress on the importance of punctuality and expects us to arrive on time for meetings.
彼は時間厳守の重要性を強調し，我々に会議の時間通りに到着することを望んでいる．

278 □□ **run out of A**

A を使い果たす，A を切らす（= use up A）

The construction workers had to stop because they ran out of building materials.
建設作業員は建築資材を使い切ったために作業を中断しなければならなかった．

◆ run short of A「A が不足する」，S run out.「S がなくなる」という表現もある．

279 □□ **fall short of A**

A（期待・目標など）に達しない（= come short of A）

▶ fall は「よくない状態になる，陥る」，short は「不足して，至らない」の意味．

The country fell short of its goal of achieving full NATO membership.
その国は NATO への正式加盟達成という目標に至らなかった．

◆ ⇔ come up to A「A（期待など）に応える，A に近づく」

280 □□ **date back to A**　A にさかのぼる（= date from A）

▶ 通例，現在形で用いる．

Witch hunting dates back to the 14th century.
魔女狩りは 14 世紀にさかのぼる．

281 □□ **look back on [upon / to] A**　A を振り返る，A を回想する

Let's look back on the game and discuss areas for improvement.
試合を振り返って，改善点を話し合おう．

282 □□ **have an eye for A**　A を見る目がある

▶ この eye は「見分ける力」の意味．通例，単数形で用いる．

The art curator has an eye for talent and is known for discovering emerging artists.
その美術専門家は才能を見抜く目をもち，新進アーティストを発見することで有名だ．

283 □□ **keep an eye on A / keep *one's* eye on A**

A から目を離さない，A を監視する (= watch A)

▶ この eye は「監視の目」の意味．通例，単数形で用いる．

Parents need to keep a close eye on their children while they play in the park.
親は子供たちが公園で遊んでいる間，しっかりと目を離さないでいる必要がある．

284 □□ **keep in touch with A**

A と連絡を続ける，A との接触を保つ (= keep in contact with A)

▶ in touch は「(人などと) 連絡して，接触して」の意味．連絡し合う関係の継続を示す．

I make an effort to keep in touch with my friends in Korea through regular video calls.
定期的なビデオ通話を通じて，韓国の友人たちと連絡を取り続ける努力をしている．

◆ 別れ際に Let's keep in touch.（連絡を取り合いましょう）と使うことも多い．

285 □□ **pay a visit to A / pay A a visit**

A（人・場所など）**を訪問する** (= visit A / make a visit to A / make A a visit)

The President paid an official visit to the neighboring country to strengthen diplomatic ties.
大統領は外交関係を強化するために隣国を公式訪問した．

◆ receive [have] a visit from A「A（人）から訪問を受ける」という表現もある．

286 □□ **tear A to [into] pieces**

A（紙・布など）**をずたずたに引き裂く，A を粉々に壊す**

▶ この tear は動詞で「…を引き裂く」の意味．[テア (ー)] と発音することに注意．pieces は「断片，破片」の意味．

My dog tore the newspaper to pieces this morning.
うちの犬が今朝新聞をずたずたに引き裂いてしまった．

287 □□ **run the risk of *doing* / take the risk of *doing***

…する危険を冒す

Actors who speak out on political issues run the risk of losing fans.
政治問題について率直に意見を述べる俳優は，ファンを失う危険を冒すことになる．

288 □□ **give A a hand with B**

B のことで A に手を貸す，B のことで A を手伝う (= help A with B)

She gave me a hand with my book report.
彼女は私の読書感想文に手を貸してくれた．

◆ give A a hand「A に手を貸す」だけで用いることも多い．

289 □□ **put A into practice**　**A を実行する** (= execute A / carry out A)

▶ この practice は「実践，実地」の意味．

It is premature to put the plan into practice.
この計画を実行するには時期尚早だ．

290 **live from hand to mouth**

その日暮らしをする，食うや食わずの生活をする

▶「手にしたものをすぐ口に入れる」が原義.

My father earned little and there were 5 kids, so my family lived from hand to mouth.
私の父は稼ぎが少なく，子供が 5 人いたので，家族はその日暮らしだった.

291 **have (a) good command of A**

A（外国語など）が流暢である（= be fluent in A），A を自由に使いこなす

▶ この command は「自由にあやつる力」の意味.

She has a good command of multiple programming languages.
彼女は複数のプログラミング言語をうまく使いこなす.

292 **get on A's nerves**

A をいらいらさせる，A の癇（かん）に障（さわ）る（= annoy A / irritate A）

▶ get on は「…に接触する」，nerves は「神経」の意味. 神経を逆なでするということ. 複数形で用いることに注意.

Stop shaking your legs. It is getting on my nerves.
貧乏ゆすりをやめて. いらいらするわ.

293 **get even with A**

A（人）に仕返しをする，A にやり返す（= retaliate on A / take revenge on A / pay A back）

▶ この even は「五分五分で，貸し借りがなくて」の意味.

I will get even with him even if I have to resort to violence.
たとえ暴力に訴えなければならないとしても，私はあの男に仕返しをするつもりだ.

294 **get the better of A / have the better of A**

A（人）に勝つ，A を打ち負かす（= defeat A）

▶ この of は「…に対して」，the better は「優位な状態」の意味.「人に対して優位な状態を得る→人に勝つ，人を打ち負かす」となる.

I let my frustration get the better of me and shouted at my kids.
私はいらいらに負けて，子供にどなり散らした.

295 **let go of A** **A から手を離す（= let A go）**

After many years, he finally decided to let go of his old possessions.
多くの年月が経った後，彼はやっと古い所有物を手放す決断をした.

296 **make a fool of A** **A（人）をばかにする**

She felt humiliated when her co-workers made a fool of her by pointing out a minor mistake.
同僚たちが小さなミスを指摘してばかにしたので，彼女は屈辱を味わった.

◆ make a fool of *oneself*「ばかなことをして笑いものになる」という表現もある.

297 □□
stay away from A / keep away from A
A に近づかない，A（学校など）を欠席する

He decided to stay away from junk food in order to improve his health.
彼は健康を改善するためにジャンクフードに手を出さないと決めた.

298 □□
come down with A
A（病気）にかかる，A（病気）で倒れる

▶ この come は「…になる」，down は「弱って，落ち込んで」の意味.「A（病気）で弱った状態になる→ A（病気）にかかる」となる.

During the camping trip, I came down with a cold due to exposure to the cold, wet weather.
キャンプ旅行の間に，寒くて湿った天候にさらされて風邪を引いてしまった.

299 □□
fall back on [upon] A
A（人・金・計画など）に頼る（= depend on A / turn to A），
A を最後のよりどころとする

▶ この on は〈依存〉用法. 力尽きて，頼りにしている A に後ろ向きに倒れ込むというイメージ.

When the business failed, I had to fall back on my savings.
事業が失敗したとき，貯蓄に頼らざるをえなかった.

300 □□
make up for A
A の埋め合わせをする（= compensate for A / substitute for A），A を取り戻す

The company offers extra paid time off to make up for the long working hours during the busy season.
その会社は繁忙期の長時間労働を補うために追加の有給休暇を提供している.

301 □□
make room for A
A に（席・場所・道などを）空ける（= give space to A）

▶ room は「空間，余地」の意味では不可算名詞なので，make a room for A（×）とならないことに注意.

She made room for the expectant mother on the train.
電車の中で彼女は妊婦さんのために席を譲ってあげた.

302 □□
give in to A
A に屈伏する（= yield to A / surrender to A / submit to A / give way to A）

Despite her initial resistance, she eventually gave in to his arguments.
最初彼女は抵抗したが，結局彼の論拠に屈伏した.

◆ give in A で「A を提出する」（= submit A / hand in A）という表現もある.

303 **make do with A**
（不十分ではあるが）**A で間に合わせる，A で済ませる**

We didn't have enough chairs, so we had to make do with stools.
イスが足りなかったので，丸イスで間に合わせなければならなかった．

◆ make do with と同様に動詞が2つ並んだ慣用表現として，make believe A「A のふりをする」，let go（of A）「（A を）放す，（A を）手放す」，let slip「（秘密などを）うっかり漏らす」などがある．こういった表現の make や let は〈使役〉の用法．

304 **see little of A**　**A とほとんど会わない**

Living in different cities, they see little of each other, but they still maintain their friendship.
別の都市に住んでいるのでほとんど会えないが，それでも彼らは友情を続けている．

◆ see much of A「A によく会う」，see something of A「A に時々会う」，see nothing of A「A にまったく会わない」という表現もある．

305 **take the place of A**
A に取って代わる（= replace A）

YouTube has been taking the place of TV shows.
ユーチューブがテレビ番組に取って代わりつつある．

306 **think better of A**
考え直して A をやめる，A（人など）**を見直す**

I was going to post something on social media, but I thought better of it.
SNS に何か投稿しようかと思っていたけれど，考え直してやめた．

307 **think nothing of A**
A を何とも思わない（= make nothing of A）

He thinks nothing of staying up late to finish his work, even if it means sacrificing his sleep.
睡眠を犠牲にしても，仕事を終えるために遅くまで起きていることを彼は何とも思わない．

◆ think highly of A「A を高く評価する」（= make much of A），think little of A「A を軽んじる」という表現もある．

308 **think highly of A**
A を高く評価する，A を重んじる（= think much of A / make much of A）

Our team thinks highly of our coach's leadership skills.
私たちのチームはコーチの指導力を高く評価している．

◆ think much of A も同じ意味を表すが，think much of は原則として否定文で用いる：He doesn't think much of the new company policy.（彼は新しい会社の方針をあまり評価していない）

309 □□
make much of A
A を重視する，A を尊重する（= think much [highly] of A）

Our boss makes much of punctuality and expects everyone to be on time.
私たちの上司は時間厳守を重視しており，皆が時間通りに来ることを望んでいる.

◆ 反意語の make little of A「A を軽視する，A をあまり重要視しない」（= think little of A）や make nothing of A「A を何とも思わない」も重要：The boss made little of their suggestion.（上司は彼らの提案をあまり重要視しなかった）/ She made nothing of the minor mistake.（彼女はその小さなミスを何も気にしなかった）⇒ 650

310 □□
come into [in] contact with A　A に接触する，A（人）と出会う

Iron starts to rust as soon as it comes into contact with the air.
鉄は空気に触れるとすぐに錆び始める.

◆ get in contact with A「A（人）と連絡をとる」と区別すること.

311 □□
give rise to A
A を引き起こす（= cause A / bring about A / lead to A / give birth to A）
▶ この表現では，主語が原因，A が結果という〈因果関係〉を表す.

The economic crisis gave rise to widespread unemployment and poverty.
経済危機は広範な失業と貧困を引き起こした.

312 □□
give way (to A)　（A に）屈する，（A に）道を譲る
▶「A に自分の行くべき道を譲る→ A に屈する」となる.

After a lengthy debate, the committee gave way to the demands of the public and revised their proposal.
長い議論の後，委員会は市民の要求に屈し，提案を修正した.

◆ give way だけで「壊れる，崩壊する」という意味がある：The old building gave way under the weight of the heavy snow.（重い雪に耐え切れず，その古い建物は崩壊した）

313 □□
get down to A　A に本気で取り組む
▶「身体を低くして構える→本腰を入れて取り組む」となる.

It's time to get down to studying for the exam if you want to get a good grade.
良い成績を取りたいなら，試験勉強に本気で取り組む頃合いだ.

◆ get A down「A を降ろす，A をがっかりさせる」という表現もある：The cancellation of the event got him down.（イベントが中止になり彼はがっかりした）

314 □□
go on with A　A を続ける（= continue A）
▶ この on は〈継続〉用法．with は「…に関して」の意味.

Despite facing numerous challenges, she decided to go on with her education.
多くの困難に直面しながらも，彼女は学業を続けることを決意した.

◆ go on *doing*「…し続ける」も重要.

315 □□ **go through with A / get through with A**　**A をやり遂げる**

▶ この through は「終わって，乗り越えて」の意味．

I'll go through with my plan to start my own business at any cost.
何がなんでも自分のビジネスを始めるという計画を成し遂げるつもりだ．

316 □□ **keep track of A**

A（物事の動向・人の消息）を把握している，A を見失わない

▶ この track は名詞で「道，跡」の意味．人や物事の形跡を追うイメージを持つと覚えやすい．

Do you keep track of your monthly expenses?
あなたは月々の出費を把握していますか．

◆ lose track of A「A がわからなくなる，A を見失う」という表現もある．

317 □□ **have a liking for A**　**A が好きだ**（= be fond of A）

▶ liking は「好み」の意味．

He has a liking for spicy food and often orders his food with extra chili peppers.
彼は辛い食べ物が好きで，しばしば追加の唐辛子を入れた料理を注文する．

◆ take a liking to A「A が好きになる」という表現もある．

318 □□ **put up at A**　**A に宿泊する**（= stay at A）

While exploring the city, they put up at various hostels to save on accommodation costs.
その町を探索しながら，彼らは宿泊費を節約するためさまざまなユースホステルに宿泊した．

◆ 他動詞用法で，put A up「A を泊める」という表現もある．

319 □□ **stand up for A**

A（人・権利など）を守る（= defend A / support A），
A を擁護する（= champion A / uphold A）

▶「A のために立ち上がる」が原義．

She always stands up for the rights of minorities when they are treated unfairly.
彼女は少数派の人たちが不当に扱われると，つねに彼らの権利を擁護する．

320 □□ **take charge of A**　**A を担当する，A を引き受ける**

▶ この charge は「責任，管理」の意味．

We need someone to take charge of our accounting department.
私たちは我が社の経理部門を担当する人物を必要としている．

◆ in charge of A「A を管理して」という表現もある．⇒ 444

321 □□ **take pity on A / have pity on A**

A（人・動物など）を哀れむ（= pity A / feel for A / feel sorry for A）

I took pity on a couple of people waiting in the rain for a bus and gave them a lift.
雨の中でバスを待っている二人を哀れに思い，車で送ってやった．

322 □□
take sides with A / take the side of A
(議論などで) A の側に立つ，A に味方する

The political discussion became heated as people took sides with their respective parties.
その政治論争は，人々が自分の支持政党の側に立ったために激しくなった.

◆ side を動詞として用いて，side with A「A の側に立つ」という表現もある.

323 □□
have second thoughts about A
A について迷っている，A について考え直している
▶ second thought(s) は「再考」の意味.

I have second thoughts about this contract.
私はこの契約について迷っている.

◆ on second thought(s)「よく考え直して」，give A a second thought「A をよく考えてみる」も重要. ⇒ 881

324 □□
put an end to A / bring an end to A
A を終わらせる，A に終止符を打つ

The U.N. is working hard to put an end to this dispute.
国連はこの紛争を終わらせるために精力的に動いている.

◆ come to an end「(行為・出来事などが) 終わる」という表現もある.

325 □□
take note of A
A に注意を払う (= attend to A / pay attention to A / take notice of A)，
A を無視しない
▶ この note は名詞で「注目，留意」の意味.
▶ take notes of A は「A をメモする，A を記録する」という意味になる.

We should take careful note of what he tells us because he knows our opponent's strategy.
彼は敵の戦略を知っているのだから，我々は彼の言葉に大いに注意を払うべきだ.

326 □□
put A to use　A を利用する (= make use of A)
▶ この to は前置詞，use は名詞. use の直前に形容詞を置くことが多い.

She put her artistic skills to good use by creating beautiful paintings and selling them online.
彼女は自分の芸術的スキルをうまく利用して，美しい絵画を制作し，オンラインで販売した.

327 □□
bring A to light
A (新事実・秘密など) を明らかにする，A を公表する，A を暴く
▶ A が長くなる場合には，以下の例文のように bring to light A の形になる.

Her research has brought to light new information about the Great Depression.
彼女の研究は大恐慌についての新たな情報を明らかにした.

◆ come to light「明らかになる，暴かれる」という表現もある.

328 □□ **come to terms with A**
A（人など）と折り合いがつく，A と合意に達する

I made an effort to come to terms with my coach.
私はコーチと折り合いをつけるように努力した.

◆「A（困難なこと）を（あきらめて）受け入れる」の意味で用いられるときもある：You have to come to terms with the way things are.（君は現在の状況を受け入れなければならないよ）

329 □□ **give A credit for B**　**B のことで A（人）を評価する**
▶ この credit は「名声，評判」の意味.

She gave her son credit for coming up with good ideas.
彼女は良いアイデアを思いついたことで息子を評価した.

330 □□ **pay tribute to A**　**A（人・善行など）に敬意を表する，A を称賛する**
▶ この tribute は「賛辞，感謝」の意味.

I'd like to pay tribute to the bravery of the firefighters.
消防士たちの勇敢さに賛辞を送りたい.

Part 3 Section 3

コラム　with＋抽象名詞＝副詞

容易さ（ease）を持って（with）のように，〈with ＋抽象名詞〉は多くの場合，副詞に言い換えられる.

◇ with ease　「容易に」(= easily / without difficulty)
◇ with calmness　「落ち着いて」(= calmly)
◇ with care　「注意を払って」(= carefully)
◇ with caution　「用心して」(= cautiously)
◇ with difficulty　「苦労して，かろうじて」(= barely)
◇ with diligence　「勤勉に」(= diligently)
◇ with energy　「精力的に」(= energetically)
◇ with kindness　「親切に」(= kindly)
◇ with pleasure　「喜んで」(= willingly)
◇ with quickness　「素早く」(= quickly)
◇ with rapidity　「急速に」(= rapidly)
◇ with reserve　「控えめに」(= reservedly)
◇ with success　「首尾よく」(= successfully)
◇ with vigor　「勢いよく」(= vigorously)
◇ with zeal　「熱意をもって」(= zealously)

Section 4　be +形容詞+前置詞+ A

331 **be immune to A**

A（伝染病・毒など）に免疫がある，A（義務・税など）を免れている（= be free of A / be exempt from A），**A の影響を受けない**

▶ immune は「免疫のある」という意味の形容詞．

When it comes to language, no one is immune to making mistakes.
言葉づかいのこととなると，誰も間違いを免れない．

332 **be particular about [over] A**

A について好みがうるさい（= be fussy about A / be picky about A），
A に細心の注意を払う

▶ この particular は「気難しい，注文が多い」の意味．

Kate is very particular about her coffee.
ケイトはコーヒーについてたいへん好みがうるさい．

◆ in particular「特に」も重要表現：I enjoy various outdoor activities. In particular, I love camping in the mountains.（私はさまざまなアウトドア活動を楽しんでいる．特に，山でのキャンプが大好きだ）

333 **be peculiar to A**

A に特有である（= be unique to A），**A に特徴的である**（= be characteristic of A）

▶ peculiar は，「（特定の人・場所・状況に）特有の」の意味．to は〈所属〉の用法で，「…にとって」の意味．

The plant species found in the rainforest are peculiar to that ecosystem.
熱帯雨林で見られる植物種はその生態系に特有のものである．

334 **be absorbed in A** Gr 5

A に夢中である，A に没頭する（= be lost in A / be deeply involved in A）

▶ absorb は「吸収する」の意味．「A に心を吸収されるほどに没頭している」と考えてみよう．

He is absorbed in playing video games and can spend hours without noticing the time.
彼はビデオゲームに夢中で，時間を忘れて何時間も過ごすことができる．

335 **be concerned about A**

A を心配している，A を気づかう（= be anxious about A / be worried about A）

He is concerned about environmental issues.
彼は環境問題について心配している．

◆ be concerned with [in] A「A に関心がある，A に関係している」と混同しないこと：The teacher is concerned with the students' academic progress.（その先生は生徒の学習の進捗に関心がある）

336 **be composed of A**

A からできている（= consist of A / be made up of A）

▶ compose は「…を構成する」の意味.「A で構成されている」が原義.

The necklace is composed of pearls and gold beads.
そのネックレスは真珠と金のビーズでできている.

337 **be essential to［for］A**

A にとって絶対に必要である，A に欠くことができない（= be indispensable to［for］A）

▶ この to は〈判断の主体〉を表す用法で,「…にとっては」という意味.

Regular exercise is essential to maintaining a healthy lifestyle.
定期的な運動は健康的な生活を維持するために絶対に必要である.

338 **be disgusted at［by / with］A**

A にうんざりしている，A にあきれる

▶ disgust は「…をうんざりさせる」という意味の動詞.

Most locals are disgusted by the anti-foreigner violence.
地元の人の多くは外国人に対する暴力行為にうんざりしている.

339 **be notorious for A**

A で悪名高い（= be infamous for A）

The region is notorious for malaria.
その地方はマラリアで悪名高い.

◆ be famous for A は通例良い意味で,「A で有名である」（= be known for A）の意味.

340 **be preferable to A**

A よりも好ましい，A よりもましだ

▶ preferable は prefer「…をより好む」の形容詞形で「より好ましい」の意味. もともと比較の意味を含むので more preferable（×）としないことに注意.

Eating a balanced diet and exercising regularly is preferable to relying on fad diets.
バランスの取れた食事と定期的な運動のほうが，流行のダイエットに頼るよりも好ましい.

341 **be indifferent to［toward(s)］A**　A に無関心である

The politician is indifferent to global affairs.
あの政治家は世界情勢に無関心だ.

◆ be different from A「A とは異なる」と混同して，前置詞を from としないように注意.

342 **be true of A**

A に当てはまる（= be the case with A）

Your mother has beautiful skin, and the same is true of you.
あなたのお母さんは肌がきれいだけど，同じことがあなたにも当てはまりますね.

343 **be worthy of A**　A に値する (= be worth A)

▶ worthy は形容詞であり，目的語を取れないので前置詞 of を使う．一方 worth は前置詞なので The method is worth consideration.「その方法は考慮するに値する」のように，すぐ後ろに目的語が置かれる．⇒ 569

Her dedication to the project is worthy of praise.
プロジェクトに対する彼女の献身は称賛に値する．

344 **be caught in a shower** Gr 5
にわか雨にあう

The other day, I was caught in a shower on my way home.
先日，帰り道でにわか雨にあった．

◆ be caught in a traffic jam「交通渋滞にあう」という表現もある．

345 **be drenched to the skin**　びしょ濡れになる

▶ drench は「…をびしょ濡れにする」の意味．

After the water fight at summer camp, the kids were drenched to the skin.
サマーキャンプでの水遊びの後，子供たちはびしょ濡れになった．

346 **be guilty of A**　A の罪を犯している，A で有罪である

He was guilty of embezzling company funds, which led to his arrest and conviction.
彼は会社の資金着服の罪を犯し，逮捕され有罪判決を受けた．

347 **be capable of A［*doing*］**　A をする能力がある

▶ この表現は能力の持続的な維持を表すので「明日はパーティーに参加できる」のように一時的，また時間の都合でできるという場合には用いない．

Chimpanzees are capable of mental tasks once thought unique to humans.
かつては人間独特のものだと考えられていた知的作業をチンパンジーは行なうことができる．

◆ ⇔ be incapable of A［*doing*］「A することができない」

348 **be conscious of A**　A に気づいている (= be aware of A)

The artist is conscious of the impact of colors on the viewer's emotions, selecting the hues carefully.
その芸術家は色彩が見る人の感情に与える影響を認識しており，色合いを慎重に選んでいる．

349 **be content with A / be contented with A**
A に満足している (= be satisfied with A / be pleased with A)

▶ この content は名詞の「内容，中身」ではなく，「(ほどほどのところで) 満足して」という意味の形容詞．

He seems to be content with his present state.　彼は現状に満足しているようだ．

350 **be envious of A**　A をうらやましく思う (= envy A)

She couldn't help being envious of her friend's success.
彼女は友達の成功に嫉妬しないではいられなかった．

351 □□
be fed up with A
A にうんざりしている (= be sick of A / be tired of A / be sick and tired of A)

▶ be fed up は「(飽きるほど) 食わされて→うんざりして」, with は「…のせいで, …が原因で」の意味.

She is fed up with her co-worker's constant complaining and negative attitude in the office.
彼女は同僚のオフィスでの絶え間ない不平不満とネガティブな態度にうんざりしている.

352 □□
be grateful to A for B
B のことで A (人) に感謝している (= be thankful to A for B / be obliged to A for B)

▶ この for は〈理由〉の用法で「…のために, …が理由で」の意味.

I am grateful to my parents for their unwavering support.
両親の揺るぎないサポートに感謝しています.

353 □□
be equivalent to A
A に等しい (= be equal to A), **A に相当する** (= correspond to A)

At that time, one US dollar was equivalent to 120 yen.
当時, 1 米ドルが 120 円に相当した.

354 □□
be contrary to A
A に反している, A に相反する

This plan is contrary to our interest.
この計画は我々の利益に反している.

◆ to the contrary「それとは反対の」, on the contrary「それどころか」という表現も重要. ⇒ 671 / 452

355 □□
be convinced of A
A を確信している (= be sure of A / be confident of A), **A について納得している**

▶ convince B of A「B に A を確信させる」を受動態にした表現. ⇒ Gr2 (4)

She is convinced of the importance of being humble.
彼女は謙虚であることの重要性を確信している.

◆ be convinced that S V「…だと確信している」という表現も重要.

356 □□
be abundant in A
A が豊富である, A に富んでいる (= abound in A / be rich in A)

▶ この in は「…において」の意味.

The Japanese islands are abundant in biodiversity, with a wide variety of plant and animal species.
日本列島は生物の多様性に富み, さまざまな植物種と動物種が存在している.

◆ ⇔ be poor in A「A が乏しい, A が不足している」

357 **be considerate to [of] A**

A に思いやりのある

She is always considerate to her elderly neighbors, checking on their well-being.
彼女はいつも年配の隣人たちに思いやりを持ち，彼らの健康状態の確認をしている．

◆ considerable「かなりの」と区別すること．

358 **be hard on A**　**A（人）につらく当たる**

▶ この hard は「（人・態度・罰などが）厳しい，無情で」の意味．

The teacher is hard on her students when it comes to meeting deadlines for assignments.
その教師は宿題の締め切りを守るということとなると生徒に厳しい．

◆ ⇔ be soft on A「A に対して甘い，A に対して手ぬるい」

359 **be fond of A**　**A が好きである**（= like A）

My daughter is fond of knitting.
私の娘は編み物が好きである．

360 **be addicted to A**

A の中毒になっている，A（人・物）に夢中になっている（= be absorbed in A / be obsessed with A / be hooked on A）

▶ 中毒になっている場合と，とても好んでいる場合の両方に用いる．

She has been addicted to social media for years, constantly checking her accounts.
彼女は長年 SNS に依存しており，アカウントを頻繁にチェックしている．

361 **be keen on A**

A（人・物）に夢中である，A に熱中している（= be crazy about A / be absorbed in A）

They were keen on participating in the science fair to showcase their innovative projects.
彼らは革新的なプロジェクトを披露するための科学フェアに参加することに熱心だった．

362 **be equipped with A**

A（設備・知識など）が備わっている，A を装備している

▶ equip B with A「B（人・場所）に A（必要な機器など）を備え付ける，B に A（知識など）を身につけさせる」を受動態にした表現．⇒ Gr2（1）

The kitchen is fully equipped with up-to-date appliances.
そのキッチンは最新の設備が十分に備わっている．

363 **be endowed with A**

A（才能など）を持っている，A を授かっている（= be gifted with A）

She is endowed with a natural talent for music, and her singing abilities are truly remarkable.
彼女は音楽に対する天賦の才能を持っており，その歌唱能力は本当にすばらしい．

364 □□
be blessed with A
A（環境・幸運・才能など）に恵まれている

The peninsula is blessed with stunning natural beauty, including majestic mountains and pristine lakes.
この半島は壮大な山々，清らかな湖など，見事な自然美に恵まれている.

◆ be gifted with A「A（才能）に恵まれている」という表現もある.

365 □□
be identical to [with] A
A と同じである，A に一致する

Nutritionally, infant formulas are almost identical to breast milk.
栄養上，乳児用粉ミルクは母乳とほとんど同じである.

◆ identical には「（双子が）一卵性の」という意味もある.

366 □□
be positive of [about] A
A について確信している（= be confident of A / be sure of A）
▶ この positive は「自信のある，確信して」の意味.

Having done our best so far, we are positive of our success in the project.
今まで全力を尽くしてきたので，我々はプロジェクトの成功を確信している.

◆ be positive that S V「…ということを確信している」という表現もある. 上記の例文は以下のように言い換えられる：Having done our best so far, we are positive that we will succeed in the project.

367 □□
be entitled to A
A（恩恵・支払いなど）を受ける権利がある

Employees of this company are entitled to a free medical checkup.
我が社の従業員は無料で健康診断を受ける権利がある.

◆ be entitled to *do*「…する権利がある」という表現もある.

368 □□
be committed to A
A に全力を注いでいる，A に尽力している

The government is committed to the preservation of the country's national interests.
政府は国益の保全に全力を注いでいる.

Section 5　前置詞＋ A

369 **by nature**
生まれつき（= innately / naturally / by birth）
▶ この nature は「生まれ持った性質」の意味.

By nature, cats are independent animals and often prefer solitude.
猫は生まれつき独立心の強い動物で，しばしば孤独を好む.

370 **by far**
（比較級・最上級を強調して）はるかに，断然（= much / far and away）

This is by far the best movie of the year.
これは断然，年間最優秀映画だ.

◆ the very を用いる場合の the の位置に注意．上記の例文は This is the very best movie of the year. のように言い換えることができる.

371 **by turns**　交替で，順番に（= in turn）
▶ この turn は「順番」の意味．turns と複数形であることから，次々と交替している様子がイメージできる.

The students took on the responsibility of cooking by turns during their camping trip.
生徒たちはキャンプ旅行中，交替で料理を担当した.

372 **in no time**
すぐに，たちまち（= immediately / at once / right away / right off）

We sold out the whole stock in no time.
私たちは在庫品をすべてすぐに売り切った.

373 **in the end**
最後には，ついには（= finally / eventually / at last）

He struggled with his studies, but in the end, his hard work paid off, and he graduated with honors.
彼は勉強で悪戦苦闘したが，最終的には猛勉強が実を結び，優等で卒業した.

◆ at the end of A は「A の最後に」の意味．at the end だけでは用いない．in the end は通例，単独で用いる.

374 **on duty**　（警官や看護師が）勤務中で
▶ この on は〈活動中〉を明示する用法.

The police officers are on duty 24/7 to ensure the safety of the community.
警察官はコミュニティの安全を確保するために 24 時間 365 日勤務している.

◆ ⇔ off duty「非番で，勤務時間外で」

375 □□
of importance
重要な（= important / of significance / of consequence）

▶「of＋抽象名詞」で形容詞の働きをする.

The safety of our employees is of paramount importance to our company.
従業員の安全は当社にとってきわめて重要である.

◆ of interest「興味深い」（= interesting）, of use「役に立つ」（= useful）, of value「価値のある」（= valuable）, of help「役に立つ」（= helpful）などの表現も押さえておきたい.

◆ of great importance「とても重要な」のように, 強調する場合は great などを, 否定する場合は no などをそれぞれ抽象名詞の前に置く.

376 □□
on earth / in the world　いったい全体（= ever / the hell）

▶ 疑問詞の直後に置いて疑問詞を強調する.

What on earth is that strange noise coming from the basement?
地下から聞こえてくる奇妙な音は一体何なのだろう？

377 □□
at all costs / at any cost
ぜひとも, どんな犠牲を払っても（= at any price）

▶ cost や price には「対価, 犠牲」の意味がある.

The soldiers were instructed to defend the fortress at all costs, even if it meant risking their lives.
兵士たちは, 命を危険にさらすことになっても, なんとしても要塞を守るように指示された.

◆ at the cost of A「A を犠牲にして」という表現も重要.

378 □□
in practice　実際には（= in effect / in fact / in reality）

While the guidelines appear strict on paper, in practice, there is some flexibility in how they are enforced.
そのガイドラインは紙の上では厳格に見えるが, 実際には, その適用方法にある程度の柔軟性がある.

◆ ⇔ in theory「理論上, 理屈の上では」

379 □□
in private　内々に, ひそかに, 私的に（= privately）

The two leaders met in private to discuss sensitive diplomatic matters.
二人の指導者は機密の外交問題を話し合うためにひそかに会合した.

◆ ⇔ in public「公然と, 人前で」

380 
beyond description　言葉では言い表せない, 筆舌に尽くしがたい

▶ この beyond は「（範囲・限界）を超えて」, description は「描写」の意味.「描写を超えている→描写できない / 言葉では言い表せない」となる.

The natural beauty of the sunrise over the mountains was beyond description.
山の上に昇る太陽の自然の美は言葉では表現できないほどだった.

◆ beyond belief「信じられないほど」, beyond understanding「理解できないほど」, beyond doubt「疑いなく」という表現も押さえておこう.

381 **as a whole**　全体として，ひとまとめで
▶「分割せずに，個別でなく」の意味．on the whole「概して」との区別が必要．

The government will overhaul national universities as a whole.
政府は国立大学全体を見直す予定だ．

382 **on the whole**
概して，一般的に言って（= generally / mostly / as a rule）
▶「特殊な場合は別として，だいたいは」の意味．as a whole「全体として」との区別が必要．

On the whole, the new policy has been positively received by the employees.
新しい方針は，従業員から概して好意的に受け入れられている．

383 **in haste**　急いで（= in a hurry）

He left in haste without even saying goodbye.
彼はさようならさえ言わずにそそくさと出て行った．

384 **at first sight**
ひと目で，一見したところ（= at first glance）
▶ この at は〈時点〉を明示する用法．「初めに見た時点で→ひと目で」と考えてみよう．

She knew he was the right candidate for the job at first sight of his impressive resume.
彼女は彼の印象的な履歴書を初めて見た瞬間，彼がその仕事に適した候補者であることがわかった．

385 **at hand**　近づいて，近くに，手元に（= on hand）
▶ しばしば close, near を伴う．

I always keep a first-aid kit close at hand in case of emergencies.
緊急の際に備えて，いつも手元に救急キットを置いている．

386 **at present**
現在は，目下は（= at the moment）

The company is at present exploring new markets to expand its international presence.
その企業は現在，国際的な存在感を拡大するために新たな市場を探している．

◆ for the present「当分の間」と区別すること．

387 **out of the question**
問題外で，論外で，まったく不可能で（= totally impossible）

Going on vacation during this busy work period is out of the question for me.
仕事の忙しいこの時期に休暇に行くだなんて私には論外だ．

◆ ⇔ in question「（話題にしている人や物を指して）問題の，当該の」⇒ 808

388 **free of charge**　無料で（= for free / for nothing）

You can attend the lecture free of charge, but you have to go through some formalities.
聴講は無料ですが，手続きが必要です．

389 **at a distance** 少し離れて，ある距離を置いて

I observe wildlife at a distance to avoid disturbing their natural behavior in their habitat.
生息地での自然な行動を妨げるのを避けるため，私は野生動物を少し離れて観察する.

◆ in the distance「(はるか) 遠くに」という表現もある.

390 **to death** 死ぬほど，ひどく (= extremely)，死ぬまで

▶「死に至るまで→死ぬほど→ひどく」とイメージできる.

After working out a lot at a gym, I am tired to death.
ジムでたっぷりトレーニングをしてひどく疲れている.

391 **by no means** Gr 21

決して…ない (= never / in no way [sense / case] / not ... at all / not ... in the least / under no circumstances)

▶ means は「手段」の意味.「どんな手段を用いても…でない→決して…でない」となる.

He will by no means accept defeat. 彼は決して敗北を認めないだろう.

◆ 同様の「前置詞+ no +名詞」の形をとる on no account / in no respect も「決して…でない」の意味で，account は「理由」，respect は「点，側面」の意味.

◆ 否定の副詞の働きをし，文頭に置いた場合は後続文を疑問文の形にする. 上記の例文は By no means will he accept defeat. のように言い換えることができる.

392 **under no circumstances**

決して…ない (= never / in no way [sense / case] / not ... at all / on no account / on no condition / not ... in the least)

▶ circumstance は「状況」の意味. この表現ではつねに circumstances と複数形で用いる.

▶ 否定の副詞の働きをし，文頭に置いた場合は後続文を疑問文の形にする.

Under no circumstances will the company compromise on the safety standards of its products.
その会社は製品の安全基準に決して妥協しないだろう.

393 **in vain** 無駄に，むなしく (= to no purpose / to no avail / for nothing)

He tried in vain to persuade his friend not to take the risky job offer.
彼は，そのリスクのある仕事の申し出を受けないように友人を説得しようとしたが無駄だった.

◆ 否定の副詞の働きをし，文頭に置いた場合はそれ以降を疑問文の形にする.

394 **in all likelihood / in all probability** おそらく，十中八九 (= probably)

▶ likelihood, probability は共に「可能性・公算」の意味.

In all likelihood, she will be found innocent. おそらく彼女は無罪となるだろう.

395 **in demand** 需要がある

Interpreters are in great demand for a summit conference.
首脳会議のために，通訳の需要が大いにある.

◆ in high demand「需要が多い」，in low demand「需要が少ない」という表現もある.

396 **on demand**　要求があり次第すぐに
▶ on *doing*「…するとすぐに」のように，この on は「…とすぐに」の意味.

Our new web-based bank offers you banking on demand.
我が社の新しいネットバンクは，要求があり次第すぐに金融サービスを提供いたします.

397 **on board**
(乗り物に) 乗って，(乗り物に) 積み込んで (= aboard)
▶「船の甲板 (board) 上にいて」が原義.

All passengers are now on board, and the flight is ready for takeoff.
乗客全員がすでに機内に乗り込んでおり，飛行機は離陸の準備が整っている.

398 **in sight / within sight**　見えるところに，間近に迫って

After months of hard work, the completion of the project is finally in sight.
数か月の激務の後，プロジェクトの完成がとうとう見えてきた.

◆ ⇔ out of sight「見えないところに」
◆ go out of sight「見えなくなる」という表現もある.

399 **on the air**　放送中で

During the storm, a reporter was on the air when he was hit by a falling branch.
嵐の中でレポーターが放送していると，落下してきた木の枝がぶつかってきた.

◆ ⇔ off the air「放送されていない」
◆ in the air「(うわさなどが) 広まっている，不確定な」という表現もある. ⇒ 672

400 **at a glance**
一目見ただけで (= at first glance)，すぐに

The menu is designed with colorful pictures, so you can choose your meal at a glance.
メニューにはカラフルな写真が使われており，一目で料理を選べます.

◆ glance at A「A をちらりと見る」という表現もある. ⇒ 236

401 **behind the times**
時代遅れで (= obsolete / old-fashioned / outdated / out of date)
▶ この複数形の times は「時流，時代」の意味.

The company's outdated computer systems make it appear behind the times.
時代遅れのコンピューターシステムのせいで，その会社は時代遅れに見える.

◆ behind time「(予定より) 遅れている，遅刻している」との区別が必要.

402 **up to date**　最新の (= cutting-edge)
▶ up-to-date という表記もある.

We go to a lot of trouble to keep our database up to date.
データベースを最新のものにしておくため，我々はたいへん苦労している.

◆ ⇔ behind the times「時代遅れで」⇒ 401

403 □□
in fashion 流行している

Eco-friendly products are in fashion, as consumers are becoming more conscious of environmental issues.
消費者の環境問題に対する意識が高まっており，環境にやさしい製品が流行している.

◆ ⇔ out of fashion「流行がすたれて」

404 □□
beside the point
要点をはずれた，見当はずれの（= wide of the mark）
▶ この beside は「はずれて，無関係で」の意味.

The lawyer reminded the witness not to go off on tangents that are beside the point.
弁護士は証人に，関係のない話題にそれないように注意を促した.

◆ beside *oneself*「取り乱して，我を忘れて」という表現もある. ⇒ 583
◆ ⇔ to the point「要領を得ている，的を射ている」⇒ 804

405 □□
at issue 問題になっている，論争中で

At issue is whether whistleblowers are sufficiently protected by law.
問題になっているのは，内部告発者が法により十分に保護されているかどうかだ.

406 □□
in all
全部で，合計で（= altogether / all told）

The cost of the tickets, transportation, and meals came to $250 in all for their day trip.
チケット代，交通費，食事代で，日帰り旅行の費用は全部で 250 ドルになった.

407 □□
in principle 原則として，大筋で

In principle, I agree with the concept of Universal Health Insurance.
原則として，私は国民皆保険制度の考えに賛成です.

408 □□
in the meantime
その間に，その合間に（= meanwhile）
▶ the meantime は「その間」の意味.

The conference will resume in 30 minutes; in the meantime, let's have coffee.
会議は 30 分後に再開します．その間にコーヒーでも飲みましょう.

409 □□
on the ground(s) that S V
…であるという理由で（= because S V / for the reason that S V）
▶ ground は「根拠，理由」の意味で，On what ground?「どんな根拠ですか」のように前置詞 on と共に用いる.

The bank refused payment on the ground that the handwriting was different.
筆跡が異なるという理由で，銀行は支払いを拒否した.

410 **to *one's* heart's content**

心ゆくまで，思うぞんぶん（= to the full / as much as *one* wishes）

▶ この content は「満足」の意味の名詞.

She shopped to her heart's content during the Black Friday sale, taking advantage of the steep discounts.

ブラックフライデーセールでの急激な値引きを活用して，彼女は思うぞんぶん買い物をした.

411 **to A's taste / to A's liking**　Aの好みに合って，気に入って

▶ この taste / liking は「好み」の意味の名詞.

▶ 疑問文，否定文で用いることが多い.

The chef prepared the meal to the guests' taste, taking into account their dietary preferences.

シェフは，その客たちの食事の好みを考慮して，気に入るような食事を用意しました.

412 **at a loss**　途方に暮れて（= at *one's* wit's end）　⇒ 867

Taken aback, I was at a loss what to say.

面食らって，私は何を言えばよいか途方に暮れた.

◆ 後ろに for や疑問詞を伴った表現が置かれることが多い：at a loss for words「言葉につまって」/ at a loss when to start「いつ出発すればよいか途方に暮れて」

413 **for my part**

私としては（= as for me），私に関する限り（= as far as I am concerned）

For my part, I believe that we should invest more in renewable energy sources to combat climate change.

私としては，気候変動に対抗するために再生可能エネルギー源への投資をもっと行なうべきだと考えている.

414 **on the part of A / on A's part**　Aの側の，Aの側では

▶ 意見や責任の所在がどこにあるかについて述べる表現.

That was a mistake on the part of the translator.

それは翻訳者の側のミスであった.

415 **in succession**

連続して，次々に（= successively / consecutively / on end / in a row）

▶ succession は「連続」の意味.

The company launched a series of successful products in succession.

その会社は一連の売れ筋製品を連続して発売した.

416 **for a change**　たまには，気分転換に

▶ この change は「気晴らし，気分転換」の意味. 通例，文末に置く.

What do you say to eating out for a change?

たまには外食しようか.

417 **to date**
現在までのところ（= until now / up to now / up to the present time）

To date, about half of those invited have responded.
現在までのところ，招待者の約半分から返答があった.

◆ 上記のような現在完了の文や，次の例のような最上級を伴う名詞の後ろで用いる：The Rolling Stones are often regarded as one of the most famous bands to date.（ローリング・ストーンズは，現在までのところもっとも有名なバンドの一つとしてしばしばみなされている）
◆ up to date「最新の」と混同しないよう注意.

418 **in part** ある程度，いくぶん（= partly / to some extent）
▶ part は「一部」の意味なので，「一部分においては→ある程度」となる.

Your failure was due in part to bad luck.
あなたの失敗はある程度は不運のせいであった.

◆ in a large part「大部分は」という表現もある.

419 **out of place**
場違いな（= not in the right place），
不適当な（= inappropriate / irrelevant / not suitable）
▶ この place は「ふさわしい場所，あるべき場所」の意味.

Such a serious speech was out of place on a festive occasion.
あのような深刻なスピーチはお祝いの場にはふさわしくなかった.

◆ ⇔ in place「しかるべき場所に，適した」⇒ 661

420 **in shape** 体調が良い（= in good shape / in good health）
▶ この shape は「健康な状態，健全な状態」の意味.
▶ 経済，会社，機械などの調子が良い場合にも用いる.

Taking my bulldog for a walk every day helps me stay in shape.
飼っているブルドッグを毎日散歩に連れていくことが私の体調管理に役立っている.

◆ ⇔ out of shape / in bad shape「体調が悪い」

421 **on (the) condition that S V**
…であるという条件で，もし…ならば（= if）
▶ この on は「…に基づいて」，condition は「条件」の意味.

He agreed to speak to the newspaper on condition that they didn't use his name.
彼は匿名という条件で，新聞社に話をすることに同意した.

422 **in despair** 絶望して
▶ cry in pain「痛くて叫ぶ」のようにこの in は〈原因〉を示す用法.

She was in despair when she couldn't find her passport at the airport.
空港でパスポートが見つからなかったとき，彼女は絶望的な気持ちになった.

423 □□ **as a last resort / in the last resort**

最後の手段として，せっぱ詰まって

▶ この resort は「頼りにする手段」の意味.

As a last resort, the doctor recommended a risky surgery to treat the patient.
最後の手段として，医師は患者を治療するためにリスクのある手術を勧めた.

◆ resort を動詞として用いて resort to A「A（手段）に訴える」という表現もある. ⇒ 625

424 □□ **to a certain degree / to a certain extent**

ある程度まで（= to some degree / to some extent）

▶ a certain は「なんらかの，いくぶんかの」（= some）の意味.

Her proficiency in the language has improved to a certain degree, but she still struggles with complex grammar.
彼女のその言語の熟達度はある程度向上したが，複雑な文法にはまだ苦労している.

425 □□ **at A's disposal**

A が自由に使用できる（= available for use as A prefer），**A の意のままで**

The host said that all the amenities of the vacation home were at our disposal during our stay.
ホストは，私たちの滞在中，別荘のすべての設備が自由に使用可能だと言った.

◆ put A at B's disposal「A を B の自由に使えるようにする」という表現もある.

426 □□ **on track**　**軌道に乗って，順調に進んで，達成しそうで**

▶ この track は「軌道，レール」の意味.

I was behind schedule on this job, but I am back on track now.
この仕事は予定より遅れていたが，いまは再び軌道に乗っている.

MEMO

Section 6　群前置詞

427 □□ **regardless of A** Gr 28

A には関係なく，A にかかわらず (= irrespective of A / without regard to A)

▶ この表現は「A に左右されずに」の意味.

Regardless of the weather conditions, the event will take place as scheduled, so please come prepared.

天候条件に関係なく，イベントは予定通り行なわれますので，準備をしてお越しください.

◆ 似たような表現に in spite of A「A にもかかわらず」があるが，こちらは「A だけれども，A なのに」の意味で，〈譲歩〉を表す：In spite of the heatstroke alert, I had to go to the office.（熱中症アラートにもかかわらず，会社に行かなければならなかった） ⇒ 137

428 □□ **as regards A**　**A に関して** (= about A / concerning [regarding] A / as to A / in relation [respect] to A / with [in] regard to A)

As regards the upcoming conference, please make sure to register online by the specified deadline.

来たるべき会議に関して，指定された締切までにオンラインで登録を行なってください.

429 □□ **with [in] regard to A** Gr 28

A に関して (= about A / concerning [regarding] A / as to A / as regards A / in [with] relation [respect] to A)

With regard to your recent inquiry, we will provide you with a detailed response within the next 48 hours.

先般のお問い合わせについては，次の 48 時間以内に詳細な回答を提供いたします.

430 □□ **as to A**　**A に関しては，A について言えば** (= about A / concerning [regarding] A / as regards A / in [with] relation [respect] to A)

As to your question about the pension system, I will provide you with the necessary information later.

年金制度に関するあなたの質問については，のちほど必要な情報を提供します.

◆ as for A は人でも物［事］でも使えるが，as to A は物［事］に対してのみ使われる.

431 □□ **as for A** Gr 28

A について言えば，A に関する限りでは (= about A / with respect [regard] to A)

▶ 通例文頭で用いられ，それまでの話題に関連した新情報を提示する.

As for me, I prefer staying home on weekends.

私に関して言えば，週末は家にいるほうが好きだ.

432 □□ **as of A** Gr 28

A 時点で，A（日時など）現在で

As of this writing, the murderer is still at large.

これを書いている時点で，殺人犯はまだ逃走中だ.

433 **prior to A** Gr 15 Gr 28

A より前に，A に先だって (= before A)

▶ この to は superior to A「A よりすぐれている」で用いられる to と同じ〈対比・比較〉の用法で「…より」の意味.

Please submit your report prior to the deadline.
締め切りより前にレポートを提出してください.

434 **in (the) light of A** Gr 28

A を考慮して (= considering A / in view of A), **A (情報・知識など) に照らして**

▶ この light は「観点，考え方」の意味.

In the light of new facts, the police released him from custody.
新たな事実を考慮して，警察は彼を拘束状態から解放した.

◆ in this light「この観点から」という表現もある.

435 **in the presence of A** Gr 28

A (人) のいるところで

▶ この presence は「人の面前」という意味.

The contract was signed in the presence of witnesses to ensure its legality and authenticity.
契約は，その合法性と信頼性を確保するために証人の立ち会いのもとで署名された.

◆ ⇔ in the absence of A「A (人) のいないところで」

436 **on account of A**

A が理由で，A のために (= because of A / due to A / owing to A)

On account of the heavy snowfall, the schools in the area were closed for the day.
大雪のため，地域内の学校はその日閉鎖された.

437 **as a consequence of A / in consequence of A**

A の結果として (= as a result of A / in the wake of A)

People suffered from food shortage as a consequence of the civil war.
内戦の結果，人々は食料不足に苦しんだ.

◆ as a consequence「(前文の内容をうけて) その結果として」(= consequently / as a result) という表現もある.

438 **for [from] want of A** Gr 28

A の不足のため (= for [from] lack of A)

▶ この want は「欠乏」の意味.

The crops withered and died for want of sunshine.
日照不足のため，作物がしおれて枯れた.

◆ in want of A「A を必要として」と区別する: A lot of people all over the world are in want of basic necessities. (世界中の多くの人々が，基本的な生活必需品を必要としている)

439 □□
along with A
Gr 28

A と一緒に (= together with A),
A に加えて (= besides A / in addition to A / on top of A)

The product will be sent to you along with the receipt.
領収書と一緒に商品をお送りします.

440 □□
by [in] virtue of A

A のおかげで (= thanks to A),
A の理由で (= because of A / due to A / owing to A / on account of A)
▶ virtue は「美徳, 長所」の意味なので, 一般に肯定的な理由を表す際に用いられる.

By virtue of his expertise in the subject, he was invited to speak at the conference.
その分野における専門知識のおかげで, 彼は会議でスピーチをするよう依頼された.

441 □□
in proportion to [with] A

A に比例して (= according to A), **A のわりには**
▶ proportion は「均整, 比率」の意味.

The bonus given to employees is determined in proportion to their performance.
従業員に支給されるボーナスは, 業績に比例して決定される.

◆ out of proportion「不釣り合いな, 調和がとれていない」も重要表現: The media blew the minor incident out of proportion. (メディアはその小さな出来事を誇大に報道した)

442 □□
for the sake of A
Gr 28

A の (利益の) ために, A を目的として (= for A's sake / for the benefit of A / for the good of A)
▶ この sake は「利益・目的」の意味だが, 以下のような慣用句でしか一般に用いない.

She gave up her job in the city for the sake of her family's happiness.
彼女は家族の幸せのために都会の仕事を辞めた.

◆ for God's [Christ's] sake「お願いだから, 一体全体」にも注意. 命令口調を強めたり, いらだちの気持ちを表すときに用いられる.

443 □□
in honor of A
Gr 28

A に敬意を表して, A を記念して (= in A's honor)
▶ honor は「名誉, 敬意」の意味.

The statue was erected in honor of a famous historical figure.
その像はある有名な歴史的人物に敬意を表して建てられた.

444 □□
in charge of A　A を担当して, A の責任を持って

▶ この charge は「責任, 管理」の意味.

John is in charge of the marketing department, overseeing advertising campaigns.
ジョンはマーケティング部門を担当し, 広告キャンペーンを統括している.

◆ take charge of A「A を担当する」という表現もある. ⇒ 320

445 □□ **within a stone's throw of A**

A のすぐ近くで，A の目と鼻の先で（= close to A）

▶「石を投げて届く範囲内で」が原義.

The hotel is within a stone's throw of the city center.
そのホテルは市内中心部のすぐ近くにある.

446 □□ **in the eyes of A** Gr 28

A の目から見れば（= in A's sight / in the sight of A）

In the eyes of a physicist, the theory of relativity has revolutionized our understanding of the fabric of space-time.
物理学者の目から見ると，相対性理論は時空構造に対する私たちの理解を革命的に変えた.

◆ at the sight of A「A を見て」と混同しないように.

447 □□ **with a view to A** Gr 28

A のために（= for the purpose of A）

▶ with a view to *doing* で「…するために〈目的〉」（= for the purpose of *doing*）の意味になる.

With a view to improving customer satisfaction, the company launched a new system.
お客様の満足度向上を目指して，その会社は新しいシステムを導入した.

448 □□ **ahead of A** Gr 28

A の前に，A より進んで

▶ この表現は時間的，空間的に先行する場合だけでなく，立場や状況の場合でも用いられる.

She always arrives at the office ahead of her colleagues.
彼女はいつも同僚たちよりも早くオフィスに到着する.

449 □□ **beyond the reach of A** Gr 28

A の及ばないところで

▶ この reach は「手の届く範囲」という意味.

The technology they're developing is beyond the reach of your imagination.
彼らが開発している技術は，あなたの想像力をはるかに超えている.

450 □□ **in contrast to［with］A**　**A とは対照的に**（= as opposed to A）

In contrast to the bustling city life, life in the countryside was tranquil.
にぎやかな都市生活とは対照的に，田舎の生活は穏やかなものだった.

◆ in［by］contrast「（前文の内容をうけて）それとは対照的に」という表現もある.

451 □□ **contrary to A** Gr 28

A に反して

▶ contrary には「正反対の」という意味がある.

Contrary to popular belief, chocolate is not necessarily bad for your health when consumed in moderation.
一般的な考えに反して，適度に摂取される場合，チョコレートは健康に必ずしも悪くはない.

Section 7　副詞句を中心とした熟語

452 **on the contrary**

それどころか，とんでもない (= far from that)

▶ その前に述べられた内容を否定したり，自分の否定的な意図を明確にする場合に用いる．後ろには逆の事実や意見などが示される．

Some people say the singer is over the hill. On the contrary, I think his voice gets better with age.

あの歌手はもう盛りを過ぎたという人もいるが，それどころか，彼の声は年をとるにつれ良くなっていると思う．

◆ contrary to A「A に反して」，to the contrary「それと反対の，それどころか」という表現もある．⇒ 451 / 671

453 **so far**　**今のところ** (= until now / thus far / as yet / up to now)

▶ as yet は否定文または疑問文で用いる．⇒ 463

Police have so far failed to recover the stolen Buddhist image.

警察は今のところ，盗まれた仏像を取り戻すことができていない．

454 **all along**

最初からずっと (= from the beginning / all the time)

It turned out that the keys were in his pocket all along, and he had been searching for them in vain.

カギは最初から彼のポケットの中にあり，彼は無駄にカギを探していたのだとわかった．

455 **of late**　**最近** (= lately / recently)

▶ 通例，現在完了形で用いる．

Of late, she's been feeling more stressed at work due to increasing responsibilities.

最近，彼女は責任が増えて仕事でストレスを感じることが増えている．

456 **all of a sudden**

突然，出し抜けに (= suddenly / all at once / out of the blue)

▶ 通例，この表現は文頭か文末に置く．

The sky was clear, and then, all of a sudden, dark clouds rolled in, signaling an impending storm.

空は晴れていたが，突然，黒い雲がやってきて，嵐の兆しを見せた．

457 **for ages / in ages**　**長い間，ずっと** (= for a long time)

▶ ages は a long time を誇張した表現．

I hadn't seen my old friend for ages, so it was wonderful to catch up with him at the reunion.

古い友達にずっと会っていなかったので，同窓会で彼と再会できてうれしかった．

◆ for a while「しばらくの間」という表現もある．⇒ 109

458 □□ **once in a while** ときどき，たまには (= occasionally / sometimes / at times / every now and then / from time to time)

▶ この once は「一度」，a while は「一定の期間」の意味．「一定の期間で（何回もではなく）一度→ときどき」となる．

Once in a while, I treat myself to a nice meal at a fancy restaurant.
たまに，自分へのご褒美として高級レストランで美味しい食事を楽しむことがある．

◆「今から…後に」の意味の前置詞 in と共に用いて in a while「しばらくしたら，まもなく」という表現もある．

459 □□ **(every) now and then [again]**
ときどき (= occasionally / sometimes / at times / from time to time / once in a while), たまには

Now and then I recall my childhood dreams. ときどき私は子供の頃の夢を思い出す．

460 □□ **on occasion(s)** ときどき，折りにふれて

On occasion, I like to visit the art museum and appreciate the various exhibits.
時おり美術館を訪れて，さまざまな展示物を鑑賞するのが好きだ．

◆「ときどき」に当たる表現は，occasionally / at times / at intervals / from time to time / once in a while / (every) now and then などがある．

461 □□ **on and off / off and on** 断続的に (= intermittently)

It snowed on and off all day on Christmas Eve.
クリスマスイブには一日中断続的に雪が降った．

462 □□ **more often than not**
たいてい（の場合は），通常（は）(= usually / by and large / as often as not)

He is at home more often than not on a Sunday. 彼は日曜日はたいてい家にいる．

463 □□ **as yet**
まだ (= up to now / up until now / as of yet)，今までのところでは (= so far)

▶ 通例，否定文，疑問文で用いる．

She hasn't received a response to her job application as yet.
求職の申し込みに対する返事を彼女は今のところ受け取っていない．

464 □□ **and yet** しかし，だが (= but yet)

▶ and が省略されることも多い．

I did not like the idea, (and) yet I did as I was told.
その考えは気にくわなかったが，私は言われたとおりにした．

465 □□ **and so on** …など (= and so forth / and the like)

▶ この so は「そのように，同じ調子で」の意味，on は〈継続〉の用法．同様な例が続くことを示す表現．

Bears, snakes, skunks and so on hibernate. 熊，蛇，スカンクなどは冬眠をする．

466 □□ **back and forth**
あちらこちらへ，行ったり来たりして（= to and fro）

The negotiations went back and forth for hours as both parties tried to reach a compromise.
両者は妥協点に達しようと努力していたので，交渉は何時間も行ったり来たりした.

467 □□ **by leaps and bounds**
（成長・進行などが）急速に（= rapidly），とんとん拍子に
▶ leap, bound は共に「飛び跳ねること，飛躍」の意味.

Since the company implemented the new efficiency measures, its profits have been increasing by leaps and bounds.
その会社は新しい効率化策を導入して以来，利益が飛躍的に増加している.

468 □□ **by a hair's breadth**
間一髪で，紙一重で（= by a hair / by the skin of *one's* teeth）
▶ この by は「…の差で」，breadth は「幅」の意味.「髪の毛一本分の幅の差で」が原義.

I caught the last bus by a hair's breadth.
私は間一髪で最終のバスに乗った.

469 □□ **for all I know**
よくは知らないが，たぶん，私の知る限り（= as far as I know）

For all I know, they could be planning a surprise party for my birthday.
よくわからないが，彼らは私の誕生日にサプライズパーティーを計画しているかもしれない.

470 □□ **only too ...**　残念ながら…
▶「あまりにも…すぎる，もっぱら…である」が原義. ... の部分には形容詞もしくは副詞が入る.

The rumor turned out to be only too true.
そのうわさは残念ながら本当だと判明した.

◆ only too ... で「ひじょうに…」（= very ... / all too ...）という意味になる場合がある：We were only too excited to visit the famous landmarks in the city.（私たちはその町の有名な名所を訪れるのがひじょうに楽しみだった）

471 □□ **once (and) for all**　今回限りで，きっぱりと（= definitely）
▶「すべてのことと引き換えに今回だけは」が原義.

Let's settle this disagreement once and for all.
この意見の相違を今回限りで解決しましょう.

472 □□ **for the life of me**　どうしても（…ない）
▶「私の命と交換にしても」が原義. 必ず一人称単数を主語とし，通例，否定文で用いる.

For the life of me, I can't figure out why the computer keeps freezing.
どうしても，コンピューターがフリーズし続ける理由が理解できない.

473 □□ **above all (else)**

とりわけ，何よりもまず (= among other things / most of all)

▶「すべてのことの上に→他のすべてに優先して→何よりもまず」と考えてみよう.

When studying for exams, time management is important above all.

試験勉強の際には，何よりもまず時間管理が重要だ.

474 □□ **among other things**

(中でも) **特に，とりわけ** (= above all / most of all)

At the meeting, they discussed, among other things, the current economic situation in China.

会議の席で，彼らは特に現在の中国の経済状況について議論した.

コラム at / by / in / on+抽象名詞

前置詞 at / by / in / on の後ろに抽象名詞をおくと，副詞の意味をもつことが多い．以下で確認しよう.

◇ at leisure 「ゆっくり」(= leisurely)
◇ at length 「ついに」(= finally)
◇ at will 「思うままに」(= freely)
◇ by mistake 「間違って」(= mistakenly)
◇ in earnest 「まじめに」(= earnestly)
◇ in excitement 「興奮して」(= excitedly)
◇ in haste 「急いで」(= hastily)
◇ in particular 「特に」(= particularly)
◇ on purpose 「わざと」(= intentionally)

Section 8　動詞を中心とした熟語

475 □□ **turn out (to be) A**
A だとわかる，A だと判明する (= prove (to be) A)

The dusty, old book on the shelf turned out to be a rare first edition worth a small fortune.
棚にあったほこりをかぶった古びた本は，実はちょっとした財産に値する貴重な初版本であることが判明した.

476 □□ **get across A (to B) / get A across (to B)**
A (考え・話など) を (B (人) に) わかってもらう，A を (B に) 伝える
▶ この get は「…を動かす」，across は「(越えて) もう一方の側へ」の意味.「空間や心理的な壁を越えてもう一方の側へ考えを動かす→考えをわかってもらう」となる.

The teacher used various teaching methods to get the concept of algebra across to the students.
その教師は代数の概念を生徒に理解させるためにさまざまな教授法を用いた.

◆ S come across.「S (話・考えなど) が伝わる」という表現もある.

477 □□ **give off A / give A off**
A (におい・光など) を発する (= emit A / give out A)
▶ この off は「離れて」の意味.「発生源が自分から切り離して周りに与える→発する」となる.

Firefly squid have luminous organs that give off a glow.
ホタルイカには光を発する発光器官がある.

478 □□ **come off**　(しみ・塗料・ボタンなどが) **取れる，落ちる**
▶ この come は「…の状態になる」，off は「離れて」の意味.「離れた状態になる→取れる」となる.

I accidentally spilled glue on the table, and now it won't come off.
誤ってテーブルに接着剤をこぼしてしまい，どうしても取れません.

479 □□ **take over A / take A over**　**A を引き継ぐ** (= succeed to A)
▶ この over は「(所有権・位置などを) 移して，渡して」の意味.「所有権を移して引き取る→引き継ぐ」となる.

I have no inclination to take over my father's business.
私は父のビジネスを引き継ぐ気はない.

◆ turn over A「A (会社など) を譲る」という表現もある. ⇒ 728

480 □□ **hand over A to B / hand A over to B**　**A を B に手渡す，引き渡す**
▶ この over は「移して，渡して」の意味.

The man at the wheel handed over his identification to a guard.
運転席に座っていた男は身分証明書を警備員に手渡した.

481 □□ **think over A / think A over**

A をよく考える (= contemplate A / ponder A / reflect on A)

▶ この over は「すっかり，完全に」の意味.

Before you sign the contract, it's important to think it over carefully to understand all the terms and conditions.

契約書にサインする前には，すべての条項と条件を理解するために，慎重に考えることが重要だ.

482 □□ **hang around / hang about**

ぶらつく，うろつく

▶ この hang は「うろうろする」，around, about は共に「あちこちを，ほうぼうを」の意味.

Keep away from the backstreets where bad boys hang around.

裏通りには不良少年がぶらついているので近寄らないで.

483 □□ **leave out A / leave A out**

A を省く (= omit A)，**A を含まない** (= exclude A)

▶「(内側や仲間にいれず) 外に置いたままにする」が原義.

We had to leave out the illustrations for want of space.

紙幅がなくてイラストは割愛せざるをえなかった.

484 □□ **leave off A / leave A off**

A をやめる (= stop A)

▶ この leave は「…を離れる，…をやめる」，off は「離れる」の意味. やめるべきことから距離を置き，手を引いている様子がイメージできる.

She left off moaning about everything.

彼女はあらゆることに不満を言うのをやめた.

◆ 自動詞用法として S leave off.「S がやめる」という表現もある：Let's start from where we left off yesterday.（昨日やめたところから始めよう）

485 □□ **lay off A / lay A off**

A (労働者) を (企業の財政難などで一時的に) 解雇する，A をレイオフする

▶ この off は「休み，無活動」の意味.「無活動状態におく→解雇する」となる.

Due to budget cuts, one of general contractors laid off 500 workers.

予算削減のため，ゼネコンの一社が 500 人の労働者をレイオフした.

◆ layoff は名詞で「一時的解雇，レイオフ」の意味になる.

486 □□ **rule out A / rule A out**

A を除外する (= exclude A)，**A を認めない**

The CEO said she could not rule out the possibility that she will cut further jobs.

CEO はさらに人員削減をする可能性を除外できないと言った.

487 **clear up A / clear A up** A（謎・問題など）を解き明かす（= solve A）

▶ この clear は「明らかにする」, up は「すっかりと, 完全に」の意味.「完全に明らかにする→解き明かす」となる.

The detective worked tirelessly and finally cleared up the mystery surrounding the missing jewelry.
その刑事は精力的に働き, ついには紛失した宝石に関する謎を解明した.

488 **use up A** A を使い尽くす（= exhaust A / run out of A）

▶ この up は「すっかり, 完全に」の意味.

I need to buy more printer ink because I've used up all the cartridges.
すべてのカートリッジを使い切ってしまったので, もっとプリンターのインクを買わなければならない.

489 **cut down A / cut A down** A を減らす（= reduce A）

In order to lose weight, she needed to cut down her daily calorie intake.
体重を減らすために, 彼女は 1 日のカロリー摂取量を減らす必要があった.

◆ cut down on A「A を減らす」（= cut back on A）という表現もある.

490 **single out A / single A out**

A を選ぶ（= choose A / pick out A / pick A out）

▶ この out は「（選び）出して, 分けて」の意味.

In the security line, the guards singled him out for a thorough inspection.
セキュリティーチェックの列で, 守衛は徹底的な検査のために彼を選んだ.

491 **turn on A / turn A on**

A（電気機器など）をつける（= switch on A）, A（水道・ガスなど）を出す

▶ この on は「作動して,（電気が）通じて」の意味.

My father turned on a torch when we lost electricity because of the storm.
嵐で停電したとき, 父が懐中電灯をつけた.

◆ ⇔ turn off A / switch off A「A（電気機器など）を消す, A（ガス・水道）を止める」

492 **hand out A / hand A out**

A を配る, A を分配する（= distribute A / give out A）

▶ 手を外に出して物を人々に配っている様子がイメージできる.

He handed out fliers to advertise the store's sale.
彼は店での安売りを宣伝するためにチラシを配った.

◆ hand in A「A を提出する」という表現もある. ⇒ 170

493 **watch out for A** A に気をつける, A に用心する（= look out for A）

This sign means that you have to watch out for falling rocks.
この標識は落石に気をつけなさいという意味です.

◆ Watch out!「気をつけろ, 危ない!」（= Look out!）という表現もある.

494 □□ **end up with A**

最後は A になる，最後には A で終わる（= wind up with A）

He didn't plan to become an artist, but he ended up with a successful career in the art world.

彼は芸術家になるつもりはなかったが，結局芸術界で成功した.

◆ end up in A「最後は A に行きつく」, end up *doing*「結局…することになる」などの表現も重要.

495 □□ **pick on A**

A（人）をいじめる（= bully A / treat A unfairly）

▶ pick には「…をつつく」という意味がある．つついていじめるイメージ.

No doubt Rebecca is wrong, but I hope you don't pick on her too much.

たしかにレベッカが間違っているけど，あまり彼女をいじめないでね.

496 □□ **drop in (on A)**　**（A に）ちょっと立ち寄る**（= drop by (on A)）

▶「予告なしに落ちる→ひょっこり立ち寄る」とイメージすると覚えやすい.

Let's drop in on Grandma and say hello.

おばあちゃんのところにちょっと立ち寄って挨拶（あいさつ）しましょう.

◆ A が人の場合には，drop in [by] on A を使うが，A が場所の場合には，drop in [by] at A を用いる：Before heading home, I'll drop in at the grocery store to buy some milk.（家に向かう前に，牛乳を買いに食料品店にちょっと立ち寄るよ）

497 □□ **let in A / let A in**　**A を中に入れる**

The seven little goats refused to let the wolf in, noticing his black paws.

七匹の子ヤギは，オオカミの黒い前足に気づいて中に入れようとしなかった.

◆ ⇔ let out A「A を外に出す，A を口外する，A（感情・エネルギー）を発散させる」

498 □□ **cheer up A / cheer A up**

A を元気づける，A（場）を明るくさせる

Mary was feeling down after her exam, so I tried to cheer her up.

試験後，メアリーは落ち込んでいたので，私は元気づけようとした.

◆ 自動詞用法として S cheer up.「S が元気になる，S（場）が明るい雰囲気になる」という表現もある.

499 □□ **pull up A**　**A（車）を止める，A（人や言動）を制止する，A をとがめる**

▶ この表現は乗馬中に馬を止めるのに手綱を引き上げる（pull up）動作を表したものであり，そこから何かを止めることに広く使われるようになった.

A guy pulled up his car beside me at the stoplight and told me my taillight was broken.

ある男性が信号で私の隣に車を停め，テールライトが破損していると教えてくれた.

500 □□ **peel away a mystery**　**謎を解明する**

▶ peel away は「…（の皮）をむく，…をはがす」の意味．謎を覆っているベールをはがすということ.

Images from the solar observatory help peel away layers of a stellar mystery.

太陽天文台からの画像が，幾重にも重なった星の謎を解明する手助けとなる.

501 □□ **cut in** （話に）口をはさむ，（車や人の列などに）割り込む（= interrupt / break in）

The emergency broadcast cut in on our regular TV program to deliver a weather warning.
緊急放送が通常のテレビ番組に割り込み，気象警報を伝えた.

502 □□ **speak out**
（率直に・はっきりと）意見を述べる，大声で話す（= speak up）
▶ cry out「大声で泣く」のように，この out は「大きな声で，はっきりと」の意味.

It's important to speak out against discrimination and injustice in society.
社会における差別や不正義に対して意見を述べることは重要だ.

503 □□ **pay off** （努力・苦労などが）報われる，うまくいく
▶ pay off は「（借金など）を完済する」が原義．完済したらそれまでの返済努力が報われるということ.

Her hard work paid off in the end, and she passed the bar.
猛勉強がとうとう報われて，彼女は司法試験に合格した.

504 □□ **set out** 出発する（= set off）

He set out on a pilgrimage to Jerusalem to walk in the footsteps of Jesus.
彼はエルサレムへの巡礼の旅にでて，イエスの足跡をたどった.

◆ set out to *do*「…し始める」という表現もある.

505 □□ **catch on** 流行する，ヒットする
▶「捉える（catch）+接触して（on）」から，新しい物事が人心を捉えてそこから離れず「広く受け入れられる→流行する」となる.

The song caught on immediately all over the world.
その歌はすぐに世界中でヒットした.

◆ catch on to A で「A を理解する，A（計画など）に気づく」の意味になる：It took a while, but she finally caught on to the new software.（時間がかかったが，彼女は新しいソフトウェアをようやく理解した）

506 □□ **set in** （過酷な季節，悪天候，病気など好ましくないことが）始まる（= begin / start）
▶「中に置く→準備が整う→始まる」とイメージすると覚えやすい.

This year the rainy season set in earlier than usual.
今年の梅雨はいつもより早く始まった.

507 □□ **come to**
意識を取り戻す（= revive / come to *oneself* / come to *one's* senses）
▶ この to は副詞で「意識が戻って，正気に」の意味.

After the accident, he was unconscious for a few minutes but eventually came to.
事故の後，彼は数分間意識を失っていたが，やがて意識を取り戻した.

◆ come to A「（最終的に）A になる，A（良くない状況）になる」も重要な表現：Water comes to its boiling point at 100 degrees.（水は 100 度で沸点になる）

508 □□
come into being / come into existence

(物・事が) **出現する，生れ出る** (= appear / be formed / be brought into being)

▶ この being は「存在」という意味の名詞.

The universe is believed to have come into being with the Big Bang.
宇宙はビッグバンによって生まれたと信じられている.

◆ bring A into being「A を生じさせる，A を生みだす」という表現もある.

509 □□
come of age　成人になる，成長する

▶ この of age は〈of＋抽象名詞〉で「成人している」という意味の形容詞として働いている. come C は「C になる」という意味なので，come of age は「成人している状態になる→成人になる」となる.

When he came of age, he inherited the family business.
彼は成人になると，家業を継いだ.

510 □□
come apart　ばらばらになる，壊れる，失敗する (= blunder)

▶ この come は「…になる」，apart は「離れて，ばらばらに」の意味.

The stamps are stuck together and won't come apart.
切手と切手がくっついてどうしても離れない.

511 □□
do A good　A の役に立つ (= benefit A)

▶ do は「(利益・損害など) を与える，施す」，good は「善，善行」という意味の名詞. do A good は do good to A と置き換えられる.

Sweating will do you good. ひと汗かくと体に良いでしょう.

◆ do A harm [damage]「A の害となる」(= do harm [damage] to A)，do A credit「A の名誉となる」(= do credit to A) という表現もある.

512 □□
go wrong　Gr 3

失敗する，うまく行かない

She was worried her presentation would go wrong, but with practice, it turned out to be a success.
彼女はプレゼンテーションがうまくいかないのではと心配していたが，練習のおかげで成功に終わった.

◆ go は悪い状態になることを示すときに用いられることが多く，go blind「失明する」，go bad「(食べ物が) 腐る」，go bankrupt「破産する」などの表現がある.

513 □□
hold *one's* temper

怒りを抑える (= keep *one's* temper)

▶ この hold は「…を抑制する，…を出さない」，temper は「怒り，腹立ち」の意味.

He could not hold his temper any longer.
彼はもはや怒りを抑えることができなかった.

◆ temper には「平静，落ち着き」の意味もあり，keep *one's* temper「平静を保つ，怒りを抑える」(= stay calm)，lose *one's* temper「腹を立てる，かっとなる」(= get angry) などの表現がある.

514 □□

go ahead　（相手を促して）どうぞ

▶ この ahead は「(内容・空間・時間などが) 先へ」の意味.「先へ進んでください」が原義.

A: Could I ask you a personal question?
立ち入った質問をしてよろしいでしょうか.

B: Sure, go ahead.
もちろんです，さあどうぞ.

◆ Go ahead. はおもに3つのシチュエーションで用いられる. 1つめは，話を促して「それで／その先は」(= Please continue.) にあたる表現. 2つめは，許可を表す「どうぞ」にあたる表現. そして，3つめが，出入口や乗り物などの前で相手に譲るときの「お先にどうぞ」(= After you.：あなたのあとで) である.

◆ go-ahead とハイフンでつないだ表現は「許可，承認」の意味の名詞. give the go-ahead「許可を与える」, get the go-ahead「許可を得る」という表現もある.

515 □□

learn A by heart / learn by heart A

A を記憶する，A を暗記する (= memorize A)

▶ learn A by heart は心に刻み込んで生涯にわたって使うようなこと，memorize A は一時的に記憶することに用いることが多い. また，memorize は努力して意識的に記憶する場合に，remember は物事を覚えている場合に用いる.

The boy learned 150 digits of pi by heart.
その少年は円周率を 150 桁暗記した.

516 □□

know A by heart　A を暗記している

▶ learn A by heart は暗記する行為を，know A by heart は暗記している状態を表す.

The boy knows some Confucius quotes by heart.
その少年は孔子の一節のいくつかを暗記している.

517 □□

make sense　意味をなす，理にかなう

▶ この sense は「意味，道理」の意味.

It doesn't make sense to buy a brand-new car when you can save money by purchasing a used one in good condition.
状態の良い中古車を購入することでお金を節約できるのに，新車を買うのは意味がない.

◆ make sense of A「A を理解する」(= understand A) という表現も重要.

518 □□

burst into laughter

急に笑い出す (= break into laughter / burst out laughing)

▶ この burst は「突然…になる，突入する」の意味.「笑っている状態へ突入する→急に笑い出す」となる.

Even in stressful situations, his ability to find humor and make people burst into laughter is truly remarkable.
ストレスの多い状況でも，ユーモアを見つけ人々の笑いを爆発させる彼の能力は本当にすばらしい.

◆ burst into tears「急に泣き出す」(= burst out crying) という表現もある.

519 **have [get] *one's* (own) way** 自分の思い通りにする

▶「自分自身のやり方を持っている」が原義.

Our boss always has his own way in making decisions for the company.
私たちの上司は会社の意思決定の際にいつも自分の思い通りにする.

520 **get nowhere** 無駄に終わる，役に立たない

▶「どこにもたどり着けない」が原義.

You will get nowhere by arguing with her.
彼女と言い争ってもどうにもならない.

◆ 他動詞用法で get A nowhere「A の役に立たない」という表現もある.

521 **go too far** 言い過ぎる，やり過ぎる

While it's important to express your opinion, you should be careful not to go too far.
自分の意見を述べることは重要だが，度を過ぎないように気をつけるべきだ.

◆ go so far as to say that S V「…だとさえ言う」という表現もある.

522 **keep early hours / keep good hours** 早寝早起きをする

▶ hours と複数形であることに注意.

To maintain good health, it's important to keep early hours and get enough sleep.
健康を維持するためには，早寝早起きを心がけて十分な睡眠を取ることが重要だ.

◆ ⇔ keep late hours「夜ふかしをする」

523 **kill time** 時間をつぶす，暇つぶしをする

While waiting for the doctor's appointment, I killed time by scrolling through social media on my phone.
医者の予約を待っている間，スマートフォンで SNS を見ながら時間をつぶした.

524 **make a living / earn a living**

生計を立てる，生活費を稼ぐ (= make [earn] *one's* living)

▶ living は「生計，生活費」の意味.

I manage to make a decent living.
私はなんとか人並みの暮らしをしている.

525 **make no difference**

どうでもいい，重要でない (= count for nothing / be all the same)

It makes no difference to me whether he agrees to the proposal or not.
彼がその提案を受け入れるかどうかは私にとってはどうでもいい.

◆ make a difference「重要である (= count / matter)，影響する」という表現もある.

526 **take it easy** のんびりする，休養を取る (= take things easy)

During the vacation, our main goal was to take it easy, with no specific plans.
休暇中，私たちの主な目的は何も特別な計画を立てず，のんびり過ごすことだった.

527 **go to extremes** 極端なことをする

The company's cost-cutting measures have gone to extremes, resulting in layoffs and reduced services for customers.
その企業のコスト削減策は極端に走り過ぎて，従業員の解雇と顧客へのサービス低下につながった．

528 **enjoy *oneself***
楽しく過ごす（= have fun / have a good time）

During our weekend getaway, our family enjoyed ourselves in a cozy cabin in the mountains.
週末の小旅行中，私たちの家族は山の中にある居心地のよい山小屋で楽しく過ごした．

529 **behave *oneself***
（子供などが）行儀よくする

Her parents told her to behave herself while she was at preschool.
両親は彼女に幼稚園にいる間は行儀よくするように言った．

530 **make *oneself* understood** 話が通じる，自分の考えを理解してもらう
▶ make O C「O を C にする」の形が用いられている．「自分自身を理解されるようにする→話が通じる」となる．

She used simple and clear language to make herself understood by the international audience.
彼女は世界中の観客に自分の言葉を理解してもらうために，簡潔で明確な言葉を使った．

◆ make *oneself* heard「自分自身の声が聞いてもらえるようにする→声が届く」という表現もある．

531 **come near (to) *doing* / come close to *doing*** Gr 6
今にも…しそうになる（= be about to *do*）
▶ come near to *doing* の方は例文のように to が省略されることが多い．

I came near missing my flight because of heavy traffic, but I managed to make it to the airport.
道路が混雑していたため私は飛行機に乗り遅れる寸前だったが，なんとか空港にたどり着いた．

532 **lose *one's* way** 道に迷う（= get lost）

In the vast wilderness of the national park, it's easy to lose your way if you don't have a GPS device.
その国立公園の広大な自然の中では，GPS デバイスを持っていないと道に迷いやすい．

533 **make progress** 進歩する
▶ progress は不可算名詞であることに注意：make a progress（×）
▶ progress の直前に形容詞を置くことが多い．

Dan has made great progress in Japanese since he came to Japan.
日本に来てから，ダンの日本語はたいへん進歩した．

534 **talk A into *doing***

A（人）を説得して…させる（= persuade A to *do* / persuade A into *doing*）

I talked my husband into taking paternity leave.
夫を説得して育児休暇を取らせた.

◆ talk A out of *doing*「A（人）を説得して…するのをやめさせる」（= persuade A not to *do* / persuade A out of *doing*）という表現もある.
◆ into, out of の後に名詞がくることもある：I talked him into a vacation.（彼を説得して休暇を取らせた）

535 **break *one's* word / break *one's* promise**　約束を破る

The politician made several campaign promises, but he broke his word on most of them once he was elected.
その政治家は選挙公約をいくつか掲げたが，選出されると，ほとんどの約束を破った.

◆ ⇔ keep *one's* word / keep *one's* promise「約束を守る」
◆ a woman of her word「約束を守る女性」，be as good as *one's* word［promise］「約束を守る（人である）」という表現もある.

536 **serve A right**

A（人）には当然の報いである，A には自業自得である

▶ この serve は「（人）を遇する，扱う」，right は「公正に，正しく」の意味. 怠慢や悪事に対する公正な処遇として，それに見合った罰や悪い出来事が起きているのだと伝える表現.

She did not study for the exam and got bad marks. I guess it serves her right.
彼女はテスト勉強をせずにひどい点をとった. これは当然の報いだろう.

537 **break A into［to］pieces**

A を粉々に砕く，A を細分化する

The hammer strike was so forceful that it broke the stone statue into pieces.
そのハンマーの一撃はひじょうに強力で，石の像を粉々に砕いた.

◆ 自動詞用法で break into pieces「粉々になる」という表現もある.

538 **catch A *doing***　A（人）が…しているのを目撃する

▶（×）「捕まえる」の意味でないことに注意.
▶ 通例，良くないことを目撃する場合に用いられる.

Two police officers arrested a man; they caught him sneaking into Mr. Miller's house.
二人の警官が男を逮捕した. 彼らはその男がミラー氏の家に忍び込むのを目撃したのだった.

539 **come to a conclusion**

結論に至る，結論に達する（= reach a conclusion / draw a conclusion / arrive at a conclusion）

The negotiations have come to a conclusion for the present.
交渉はさしあたり結論に至っている.

◆ jump to a conclusion「早合点する，慌てて結論を出す」，come to the conclusion that S V「…という結論に至る」という表現もある.

540 **count for nothing**
まったく重要でない，物の数に入らない（= be of no value）

Academic qualifications count for nothing in my job.
私の仕事では，学歴はまったく重要でない.

◆ count for something「何らかの価値がある」，count for much「大いに価値がある」，count for little「ほとんど価値がない」という表現もある.

541 **give A a ride / give A a lift**
A（人）を車で送る（= drive A）

He often gives his kids a ride to school before heading to the office.
オフィスに向かう前に，彼は子供たちを学校まで車で送ることがよくある.

542 **give A a try**
A（物・食べ物など）を試してみる（= try A）

She gave a new face lotion a try.
彼女は新しい化粧水を試してみた.

543 **do *one's* best**
全力を尽くす，精一杯頑張る（= try *one's* best / try *one's* hardest / try *one's* utmost）

The lawyer has always done his best to satisfy his clients.
その弁護士は依頼人を満足させるためにつねに全力を尽くしてきた.

544 **take leave**　休暇をとる
▶ この leave は「休暇（=仕事・学校などから離れること）」の意味.

I took leave to care for my mother until she recovered.
母が回復するまで，世話をするために休暇をとった.

◆ take maternity leave「（女性が）産休をとる」，take paternity leave「（男性が）育休をとる」，take paid leave「有給休暇をとる」，on leave「休暇中で」，take (*one's*) leave of A「A（人・場所）に別れを告げる」という表現もある. ⇒ 779

545 **starve to death**　飢え死にする
▶ この to は結果を表し，「飢えた結果，死に至る→飢え死にする」となる.

During the famine, many people in the drought-stricken country starved to death.
飢饉（ききん）の間，干ばつに見舞われた国では，多くの人々が飢え死にした.

◆ be burnt to death「焼死する」，be frozen to death「凍死する」，be shot to death「銃殺される」等も押さえておこう.

546 **turn pale**　青ざめる

The moment she heard the news, she turned pale with anxiety.
そのニュースを聞いたとたん，彼女は不安で青ざめた.

◆ この turn は「（色・人・物が）…になる」の意味：The traffic light turned green.（信号は青になった）. pale は「（人・顔が）青白い」の意味.

547 □□ **meet the requirements**

要件を満たす（= live up to the requirements / come up to the requirements）

▶ この requirement は「仕事や資格に必要とされること→要件」の意味．

Unfortunately, you didn't meet the requirements we laid out for you.
残念ながら，あなたは我々が設定した要件を満たしませんでした．

◆ meet demand「需要を満たす」という表現もある．

548 □□ **come into effect / go into effect**

（法律・規則などが）発効する（= become effective）

▶ make the fruit into jam「その果物をジャムにする」のように，この into は「…になって，…に変わって」の意味で，〈変化の結果〉の用法．

The new immigration regulations will come into effect next month.
新たな入国規則が来月発効する．

◆ in effect が「有効で，効力を持って」という状態を示すのに対し into を用いる come into effect は「有効になる，効力を持つ」という変化を示す．bring [put] A into effect「A を実施する」という表現もある．⇒ 663

549 □□ **come to *do***

（自然と）…するようになる（= get to *do*）

▶ *do* の位置には like，know などの状態動詞が置かれる．

I've come to appreciate the changing seasons in Scotland.
私はスコットランドの移りゆく季節を好むようになった．

◆ learn to *do*「（学習・経験を通じて）…するようになる」という表現もある．become to *do*（×）という表現はないことに注意．

550 □□ **bother to *do***

わざわざ…する（= take the trouble to *do* / go out of *one's* way to *do*）

▶ 通例，否定文，疑問文で用いる．

Don't bother to make the bed—I will do it later.
わざわざベッドを整えなくてもいいです．あとで私がやっておきますから．

551 □□ **take pains to *do*** Gr 24

…するのに苦労する（= take pains in *doing*），…しようと努力する

▶ この表現では pains「苦労，骨折り」と必ず無冠詞の複数形を用いる．

She took pains to learn the language before traveling to the foreign country.
外国へ行く前に，彼女は言語を学ぶのに苦労した．

◆ take pains with A「A で苦労する，A に精を出す」（= have trouble with A）も重要：She always took great pains with her presentation.（彼女はいつもプレゼンで大変苦労した）

552 □□ **take the trouble to *do* / take the trouble of *doing***
わざわざ…する，労を惜しまず…する（= bother to *do* / go out of *one's* way to *do*）
▶ この trouble は「面倒，骨折り」の意味．

He took the trouble to write a personalized thank-you note to each of his colleagues.
彼は同僚ひとりひとりに個別の感謝のメモをわざわざ書いた．

◆ Please don't go to any trouble.「どうぞおかまいなく」という表現もある．

553 □□ **have something to do with A** Gr 25
A と関係がある（= be connected with A / be related to A）

The failure had something to do with the team atmosphere.
その失敗はチームの雰囲気と関係があった．

◆ have to do with A「A と関係がある」（something が省略されている），have nothing to do with A「A と関係がない」，have much to do with A「A と大いに関係がある」，have little to do with A「A とほとんど関係がない」という表現もある．

554 □□ **leave nothing to be desired**
完璧だ，申し分ない（= be perfect / be satisfactory / be impeccable / could not be better）
▶ to be desired が nothing を修飾している．「（これ以上）望まれることを何も残していない→完璧だ」となる．

The facilities at this hotel leave nothing to be desired. このホテルの設備は文句なしだ．

◆ leave much to be desired「改善の余地が大いにある，まだまだだ」という表現もある．

555 □□ **make it a rule to *do*** Gr 20
…することにしている（= make a point of *doing*）
▶ この rule は「決まり，習慣」の意味．
▶ it を形式目的語，to *do* を真の目的語とし，make O C「O を C にする」の形が用いられている．

He makes it a rule to dispense with lunch before important meetings.
彼は重要な会議の前は昼食なしで済ますことにしている．

◆ be in the habit of *doing*「…する習慣がある」という表現もある．

556 □□ **know better than to *do*** Gr 17
…するほど馬鹿ではない（= be wise enough not to *do* / be not so foolish as to *do*）

I know better than to spend all my money on horse racing.
競馬にお金を全部つぎ込むほど私は馬鹿ではない．

557 □□ **call on [upon] A to *do*** A に…するように求める
▶ call on [upon] A「A（人）を訪問する」の後ろに to *do* が置かれている．A のもとを訪れて依頼しているイメージの表現．

The MC called on the prizewinner to make a speech.
司会者は受賞者にスピーチするように求めた．

◆ call on A for B「A（人）に B を求める」（= ask A for B）という表現もある．

558 

make an effort to *do* / make efforts to *do*

…する努力をする (= make an endeavor to *do*)

I make an effort to eat healthy by choosing nutritious foods and avoiding junk food.
栄養価の高い食品を選び，ジャンクフードを避けることで，健康的な食事をとる努力をしている．

◆ make every effort「あらゆる努力をする」，make an all-out effort「全力で努力する」(all-out は「全力の，総力をあげての」の意味) という表現もある．

コラム on は“接触”のイメージ

on のコアイメージは〈接触・関わり〉である．接触するのは，上面，側面，底面を問わない．「壁の絵」は a picture on the wall (壁に接触している絵) であり，「天井にとまっているハエ」は a fly on the ceiling (天井に接触しているハエ) である．また，on は物理的な〈接触〉にとどまらず，on Sunday「日曜日に」，on May 5th「5月5日に」，on the morning of the game「試合の日の朝に」などのように，曜日のほか，特定の日・朝・昼・晩にも時間的な〈接触〉をする．さらに，on はさまざまな対象への接触・関わりを示し，〈基盤・依存・目的・負担〉や〈連続・継続・中途〉へと意味が展開する．

〔接触・関わり〕

◇ on *one's* back　「仰向けになって」〈物理的接触〉
◇ on *one's* stomach [face]　「うつ伏せになって」〈物理的接触〉
◇ on *doing*　「…するとすぐに」〈時間的接触〉
◇ on time　「時間どおりに」〈時間的接触〉
◇ concentrate on A　「A に夢中である」〈対象への意欲的関わり〉
◇ be keen on A　「A に夢中である」〈対象への意欲的関わり〉

〔基盤・依存・目的・負担〕

◇ on schedule　「スケジュールどおりに」〈基盤〉
◇ live on A　「A を常食とする」〈基盤〉
◇ be dependent on A　「A に依存している」〈依存〉
◇ on vacation　「休暇で」〈目的〉
◇ on business　「仕事で」〈目的〉
◇ impose A on B　「AをBに押しつける」〈負担〉

〔連続・継続・中途〕

◇ on sale　「販売中」〈連続・継続〉
◇ on strike　「ストライキ中」〈連続・継続〉
◇ on a diet　「ダイエット中」〈連続・継続〉
◇ on the run　「逃走中」〈連続・継続〉
◇ on the move [go]　「絶えず活動して，働きづめで」〈連続・継続〉
◇ on *one's* [the] way to A　「Aに行く途中」〈中途〉

Section 9　その他の慣用表現および構文

559 □□ **What has become of A?**　A は（その後）どうなってしまったのか．

What has become of that old abandoned house at the end of the street?
通りの端のあの古い廃屋は今どうなっているのだろうか．

◆ What will become of A?「A は（今後）どうなってしまうのか」という表現もある．

560 □□ **What is S like?**
S（人・物）はどのような人［物］ですか．／S はどういう様子ですか．

What is the climate like in the Mediterranean?
地中海沿岸の気候はどのようなものですか．

◆ この表現を動詞の目的語の名詞節として用いることも多い：I don't know what life is like without electricity.（私は電気のない生活がどのようなものか知らない）　その際，what S is like に語順が変わる．通例，S が life without electricity「電気のない生活」のように名詞と修飾部分からなる場合は，名詞だけを S の位置に置き，修飾部分は like の後ろに置く．また S が不定詞句の場合には what it is like to *do* ...「…するとはどういうことか」，that 節になるときは what it is like that S V「…とはどのようなことか」と形式主語 it を用いた表現となる．

561 □□ **It stands to reason that S V.**
…なのは当然である．／…なのは理にかなっている．

It stands to reason that he felt uneasy.　彼が居心地悪く感じたのは当然だ．

562 □□ **have it that S V**　Gr 20
…だと言う
▶ 主語には人，うわさ，伝説などが置かれる．

Rumor has it that the prime minister will dissolve the Diet.
うわさによれば，首相は国会を解散するそうだ．

563 □□ **in that S V**
…という点で（= for the reason that S V），…のために（= since / because）

Human beings differ from animals in that they can speak and laugh.
話したり笑ったりすることができるという点で，人間は動物とは異なる．

564 □□ **when it comes to A**　A ということになると，A の話になると
▶ A に動名詞を用いた when it comes to *doing*「…するということになると」も頻出．⇒ Gr6

When it comes to playing golf, he is next to none.
ゴルフのこととなると，彼は誰にも引けをとらない．

565 □□ **No amount of A ...**　どんなに A を重ねても…ない．
▶ 主語の位置に No amount of A を置いて，「どれほど A を積み重ねても…ない／どんな量の A も…ない」を表す構文．

No amount of studying at school is enough to prepare you for parenthood.
学校でどれだけ勉強しても，親になる十分な勉強をしたことにならない．

566 □□
Any S will do.
どんな S でも用が足りる（= Any S will be fine.），どんな S でもかまわない

Any book will do as long as the story is enjoyable.
話がおもしろければ，どんな本でもかまいません．

◆「2 つのどちらの S でも用が足りる」の場合には，Either S will do. という表現を用いる．

567 □□
It follows that S V.　（必然的に）…ということになる．

From what he says, it follows that we should withdraw our troops from the front line.
彼の言うことから判断すると，我々は最前線から軍隊を撤退させるべきだということになる．

568 □□
as follows　次の通り（で）

▶ 主語の数や時制とは関係なく，つねに follows の形で用いる．通例，：（コロン）や；（セミコロン）を次に置き，以下に例示するものを列挙する．

Foot race results were as follows; Smith 1st, Bliss 2nd, Happy 3rd.
徒競走の結果は以下の通りでした．1 位スミス，2 位ブリス，3 位ハッピー．

569 □□
be worth A　A の価値がある

This antique painting is worth a fortune due to its historical significance.
この骨董品の絵画は歴史的な重要性からして，ちょっとした財産となる価値がある．

◆ A に動名詞が置かれる場合，The place is worth going to.（その場所は行く価値がある）のように，主語が動名詞の目的語を兼ねている（= going to the place のようにつながる）ことに注意．（×）The place is worth going. とするのは間違い．

570 □□
be well off
裕福である（= be comfortably off），豊富である（= be rich / be abundant），状況がよい

▶ この off は「（平均的な状態から）離れて，（平均から離れた）…の状態で」の意味．well off は「良い状態で→裕福で，状況が良くて」となる．

Some people are well off, and others are otherwise.
裕福な人もいればそうでない人もいる．

◆ ⇔ be bad off / be badly off / be ill off「貧しい，暮らし向きが悪い」
◆ それぞれ be better off / be worse off のように比較級で用いることもある．

571 □□
be hard of hearing　耳が遠い

▶ この hard は「困難である」の意味．

The elderly man explained that he is hard of hearing and relies on hearing aids.
その高齢の男性は，自分は耳が遠くて補聴器を頼りにしていると説明した．

572 □□
be in need of A　A を必要としている（= need A / be in want of A）

Some buildings damaged in the earthquake are still in need of repair.
地震で被害を受けた建物の中には，いまだに修理を必要としているものもある．

◆ in need「貧乏で，困っている」という表現もある：people in need（困窮している人々）

573 **be in the right** （言い分が）正しい（= be right），道理がある

▶ be right より形式ばった表現．

The court determined that the plaintiff was in the right, and the defendant had to compensate him for the damages.
裁判所は原告が正しいと判断し，被告は原告に損害賠償をしなければならなかった．

◆ ⇔ be in the wrong / be wrong「（言い分が）間違っている」

574 **be out of breath** 息を切らしている

▶ この out of は〈欠乏〉を表し「…を切らして」の意味．

After running a marathon, he was out of breath and needed a moment to recover.
マラソンを走った後，彼は息が切れており，回復するためにしばらく時間が必要だった．

575 **be on good terms with A** Gr 24

A と良い間柄である

▶ この terms「間柄」は複数形で用いることに注意．

I am still on good terms with my ex-wife. 先妻とはいまだに良い間柄だ．

◆ good の位置には様々な形容詞が入るが，現在分詞の入った be on speaking terms with A「A と言葉を交わす間柄である」，be on visiting terms with A「A と行き来しあう間柄である」という表現もある．

576 **be taken aback by [at] A** A にびっくりする（= be surprised at A）

▶ aback は「逆帆（さかほ）になって」の意味．風向きが変わって帆がマストに押し付けられると，船足が止まり水夫があわてて驚くことからこの表現が生まれた．

The audience was taken aback by the unexpected plot twist in the movie.
観客は映画の予期せぬプロットの展開にびっくりした．

577 **be made up of A**

A で構成されている，A から成る（= comprise A / consist of A / be composed of A）

The earth's atmosphere is made up of nitrogen, oxygen, and various other gases.
地球の大気は窒素，酸素，およびさまざまな他のガスで構成されている．

578 **be under consideration** 検討中である，考慮中である

▶ この under は「…している最中」の意味．

The proposal to expand the company's product line is currently under consideration.
会社の製品ラインを拡大する提案は現在検討中だ．

◆ be under repair「修理中である」，be under construction「工事中である」，be under discussion「討論中である」，be under way「進行中である」という表現もある．

579 **be second to none / be next to none**

誰にも引けをとらない，誰にも負けない

▶「誰に対しても二番手にならない」が原義．

When it comes to business dealings, he is second to none.
商取引のこととなると，彼は誰にも引けをとらない．

580 □□ **be set on *doing*** …しようと決意している（= be determined to *do*）

▶ この set は形容詞で「断固とした」，on は「…に関して」の意味．

She's set on pursuing a career in medicine and is working tirelessly to achieve that goal.
彼女は医学の道に進むことを決意しており，その目標を達成するためにたゆまぬ努力を続けている．

581 □□ **be willing to *do*** …するのをいとわない，進んで…する

▶ この willing「意思がある」は will「意思，意欲」の形容詞形．

The negotiation was at a standstill, but both parties were willing to find a mutually beneficial solution.
交渉は行き詰まっていたが，双方の当事者は，相互に利益となる解決策を見つけることをいとわなかった．

◆ ⇔ be unwilling to *do*「…する気がしない」（= be reluctant to *do*）

582 □□ **be prone to *do*** …する傾向がある（= be liable to *do*）

▶ be prone to *do* と be liable to *do* は通例，望ましくないことに対して用いられる．

People who don't get enough sleep are prone to make mistakes at work.
十分な睡眠をとらない人は，仕事でミスをする傾向がある．

◆ be prone to A「A になりやすい」という表現もある：He is prone to colds.（彼は風邪をひきやすい）

583 □□ **be beside *oneself*** Gr 26

我を忘れている（= be unable to control *oneself*），怒っている（= be angry / be sore）

▶ この beside は「はずれて」の意味．「本来の自分自身から大きくはずれて→我を忘れて」となる．

After receiving the unexpected news of his promotion, he was beside himself with excitement.
予期せぬ昇進の知らせを受けて，彼は興奮のあまり我を忘れた．

584 □□ **be in the habit of *doing*** …する習慣がある，…することにしている

He is in the habit of checking his email several times an hour, even during meetings.
彼は会議中でも 1 時間に数回メールを確認することにしている．

585 □□ **（be）as good as …** …も同然だ（= almost / nearly / all but / next to）

▶ 通例，… には形容詞，副詞，名詞が置かれる．

The mission is as good as finished. 任務は終わったも同然だ．

586 □□ **be worn out**

疲れ果てている（= be exhausted / be dead tired），すり切れている

▶ out には「完全に，徹底的に」という強調の意味がある．

The kids were worn out, playing outside all day.
一日中外で遊んでいたせいで，子供たちは疲れ切ってしまった．

◆ wear out A［wear A out］「A を疲れさせる」（= tire A）という他動詞用法もある．

587 □□ **be at home in［with］A**

A に詳しい，A に精通している（= be familiar with A / be acquainted with A）

▶ home は「家＝自分が何でも知っている場所，最も馴染みのある場所」なので，この意味が生じる．

Jane is at home in classical music, and she can identify various composers easily.
ジェーンはクラシック音楽に詳しく，様々な作曲家を簡単に見分けることができる．

588 □□ **something of a A** Gr 25

ちょっとした A

▶「立派とまではいかないまでも，相当な」の意味．

Great pictures! You are something of a photographer.
すてきな写真！ あなたはちょっとした写真家ですね．

◆ not much of a A「たいした A ではない」，nothing of A「少しも A ではない」という表現もある．

589 □□ **a number of A**

たくさんの A（= a large number of A / a good many A），**いくつかの A**

There are a number of factors discouraging us from investing in stocks.
我々の株式投資への意欲をそぐような要素がたくさんある．

◆ the number of A「A の数」と区別すること．

590 □□ **a body of A** **たくさんの A**（= a lot of A）

▶ この body は「集まり」の意味．

Three hundred years ago, a body of settlers established themselves on the island.
三百年前，たくさんの移住者がその島に住みついた．

591 □□ **scores of A** **多数の A，何十もの A**

▶ score は「20」の意味なので，scores of A は「何十もの A」となる．

Witnesses claim scores of civilians died in the attack.
多数の民間人がその攻撃で死亡したと目撃者は主張している．

592 □□ **a man of few words** **口数の少ない男性**

The detective was a man of few words, but his keen observations spoke volumes in solving the case.
その刑事は無口な人だったが，鋭い観察力が事件を解決するうえで大きく貢献した．

◆ a man of many words「おしゃべりな男性」，a woman of promise「将来有望な女性」，a person of letters「文筆家」，a person of means「資産家」，a person of character「人格の優れた人」という表現もある．

593 □□ **a case in point** **良い例，典型的な例，まさにその一例**

▶ この in point は「適切な」の意味．

Lack of communication causes serious problems, and their marriage is a case in point.
意思疎通を欠くと深刻な問題が起こるものだが，あの二人の結婚生活がよい例だ．

594 **quality paper**　高級紙（= quality press）

▶ tabloid「大衆紙」に対して記事や解説の程度が高く高尚な新聞のこと.

▶ この quality は「高級な，良質の」の意味の形容詞.

▶「上質な紙」という意味もある.

In Britain, The Times rates as a quality paper.

タイムズ誌はイギリスでは高級紙に格付けされている.

595 **family tree**　家系図，系譜，系統樹

▶ この tree は「樹形図」の意味．枝分かれした様子を木にたとえている.

Apes branched from man's family tree.

類人猿はヒト科の系統樹から分かれ出たものだ.

◆ evolutionary tree「進化系統樹」や，branch「樹形図上の一部」という表現もある．branch には上記の例文のように「枝分かれする」の意味の動詞もある.

596 **salt solution**　食塩水

▶ この solution は「溶液」の意味.

Pour the salt solution into the plastic cup until the cup is about half full.

食塩水をプラスチックカップ半分くらいまで注いでください.

◆ fresh water「真水」という表現も押さえておきたい.

597 **pet theory**　持論

▶ この pet は「お気に入りの，得意の」の意味の形容詞.

My father lectured me about his pet theories again.

父は私に，また持論をとくとくと語った.

◆ pet project「長年温めてきた企画，ペットプロジェクト」という表現もある.

598 **pilot farm**　試験農場

▶ pilot は名詞の「飛行士，水先案内人」の他に，形容詞で「案内役の，試験的な」の意味がある.

We assemble data on various mushrooms on this pilot farm.

この試験農場では様々なキノコからデータを集めている.

◆ pilot plant「試験工場」，pilot production「試験生産」という表現もある.

599 **placebo effect**　プラシーボ効果

▶ placebo は「薬効はない偽薬」の意味．医師に薬を処方されたという事実だけでも患者には一定の効果が出ることがあり，プラシーボ効果と呼ばれる．その効果を期待してプラシーボを処方する場合や，薬を与えた被験者とプラシーボを与えた被験者を比較してその薬の正味の効果を測定する場合がある.

One of the most common theories is that the placebo effect is due to a person's expectations.

最も一般的な学説の一つは，プラシーボ効果は人の期待によって起こるというものだ.

◆ prescribe medicine「薬を処方する」，over-the-counter medicine「市販の（医師の処方なしで買える）薬，OTC 医薬品」という表現もある.

Part 4

読解で狙われる重要熟語II（多義）

150項目

前パートに続き，読解問題でよく出題される熟語を俎上にあげています．このパートでは「複数の意味をもつ熟語」を取り上げました．

Section 1　自動詞＋前置詞＋ A

600 □□ **agree with A** Gr 1

① **A（人）の意見に同意する，A（考え・意見など）に同意する**

② （食べ物・気候などが）**A（人）の体質に合う**

▶ ②は否定文で使うことが多い．

① I completely agree with you on this matter.
この件に関してあなたに完全に同意します．

② The climate of Jakarta does not agree with me.
ジャカルタの気候は私の体質に合わない．

◆ agree to A「A（提案・計画など）に同意する（= consent to A），A を（しぶしぶ）受け入れる（= accept A）」という表現もある．また，agree to A の A には通例，人を示す語句は置かない：I agreed to the proposal.（私はその提案を受け入れた）

◆ 議論し合った結果生じた意見や決定に合意する場合には agree on A「A について合意する」を用いる．

601 □□ **lead to A**

① **A を引き起こす，A の原因となる**（= cause A / bring about A / result in A / contribute to A / be responsible for A）

② （道などが）**A に通じる**

① Excessive exposure to sunlight can lead to sunburn.
過度に日光にさらされると，日焼けを引き起こすことがある．

② This path leads to a beautiful stream.
この小道は美しい小川へと通じている．

602 □□ **care for A**

① **A の世話をする**（= look after A / attend to A / take care of A）

② **A が好きだ**（= like A），**A を欲しがる**

① She cares for her younger sister while their parents are at work.
彼女は両親が仕事に出かけている間，妹の世話をしている．

② I don't care for him; he brags too much.
私は彼が好きではない．彼は自慢話が多すぎる．

◆ care about A「A に関心がある，A について気にかける」も重要：They care about their health and exercise regularly.（彼らは健康に関心を持ち，定期的に運動をしている）

603 □□
deal with A
① **A を処理する** (= dispose of A), **A（問題など）に取り組む** (= handle A)
② **A と取引をする**

① The team is ready to deal with any problems that may arise during the project.
そのチームはプロジェクトで起こり得るいかなる問題も処理する準備ができている.
② The company deals with clients from different countries.
その会社は様々な国のクライアントと取引をしている.

◆ deal in A「(商店が) A を扱う, A を商う」という表現もある: The store deals in sporting goods. (その店舗はスポーツ用品を扱っている)

604 □□
attend to A
Gr 1
① **A に注意を払う, A を注意して聞く** (= pay attention to A)
② **A の世話をする** (= look after A / care for A / take care of A)

① Attend to what your teacher is saying. 先生が言っていることを注意して聞きなさい.
② Doctors tried to attend to the soldiers with the worst injuries first.
医師たちはまず最も傷が深い兵士たちの処置にあたった.

605 □□
amount to A
① **総計 A に達する** (= come to A / add up to A)
② (結局のところ) **A に等しい** (= be equal to A), **A を意味する** (= mean A)

① Her debts amount to 1 million dollars. 彼女の負債は総計 100 万ドルに達する.
② My boss's advice amounts to an order. 私の上司の助言は命令に等しい.

◆ not amount to much [anything / a great deal]「たいしたことはない, 重要でない」という表現もある.

606 □□
call for A
① **A を必要とする, A を要求する** (= require A)
② **A を求めて声をあげる**

① The sort of work calls for a high level of concentration.
その種の仕事には高度の集中が必要だ.
② The protesters were calling for justice.
抗議する者たちは正義を求めて声をあげていた.

607 □□
come by (A)
① **A を（なんとか）手に入れる** (= obtain A / manage to get A)
② **（ちょっと）立ち寄る** (= stop by)
▶ この by は「…のそばに」の意味.「そばにやってくる」が原義.

① The ingredients for this recipe are hard to come by in Japan.
このレシピの食材は日本では手に入れづらい.
② Next time you're in the neighborhood, please come by and see us.
今度近くにいらしたら, お立ち寄りください.

608 **account for A**

① **A を説明する** (= explain A)

② **A の原因となる** (= be responsible for A / contribute to A)

③ **A の割合を占める** (= constitute A)

▶「理由を説き明かす」が原義.

① The witness was able to account for the suspect's actions on the night of the crime.
その証人は犯罪の起こった夜の容疑者の行動を説明することができた.

② Lack of sleep can account for poor concentration.
睡眠不足が注意力低下の原因となる.

③ Women account for 50% of the company's workforce.
女性がその会社の労働力の 50% を占めている.

609 **cling to A**

① **A に執着［固執］する** (= stick to A)

② **A にしがみつく** (= hang on to A / hold on to A), **A にぴったりとつく**

▶ belong to A の場合と同じく，この to は〈付属・随伴〉の用法．なお，cling の過去形，過去分詞形は clung であることにも注意.

① He still clings to his idea that honesty is the best policy.
彼は，正直は最良の策であるという自分の考えにまだ固執している.

② The child was scared by the strange noise and clung to his mother's leg.
子供はへんな物音におびえて，母親の脚にしがみついた.

610 **stick to A**

① **A に固執する** (= cling to A)

② **A にくっつく**

▶ この to は〈付属・随伴〉の用法.

① He will stick to his decision and not change his mind.
彼は自分の決定に固執し，考えを変えようとしない.

② The chewing gum stuck to the bottom of my shoe.
ガムが私の靴の底にくっついた.

◆ 他動詞用法として，stick A into B「A を B に突き刺す」，stick A on B「A を B に貼り付ける」という表現もある.

611 **live on［upon］A**

① **A を食べて生きる，A を常食としている** (= feed on A)

② **A (少額のお金・生計を立てる手段) で生活する**

▶ この on は〈依存・基盤〉の用法.

① The bacteria live on dead animals.
そのバクテリアは死んだ動物を食べて生きている.

② She lost her job and had to live on her savings for a while.
彼女は仕事を失い，しばらくは貯金で生活しなければならなかった.

612 □□ **stand for A**

① **A を表す，A を象徴する** (= represent A)，**A の略である** (= be short for A)

② **A** (考えや主義など) **を支持する** (= support A)

▶ この for は，①では「…の代わりに」，②では「…を支持して」の意味．

① NASA stands for National Aeronautics and Space Administration.
NASA は National Aeronautics and Space Administration（全米航空宇宙局）を略したものだ．

② We stand for environmental conservation and sustainability.
私たちは環境保護と持続可能性を支持します．

613 □□ **break into A**

① **A** (建物・コンピューターなど) **に侵入する**

② **急に A をし始める** (= burst into A)

③ **A** (会話など) **に口をはさむ** (= interrupt A)

▶「打ち破って…の中に入る，…に押し入る」が原義．

① Hackers broke into the company's computer system.
ハッカーたちがその会社のコンピューターシステムに侵入した．

② The boy broke into a broad smile. その少年は急に満面の笑みを浮かべ始めた．

③ Jack often breaks into our conversation. ジャックは私たちの会話によく口をはさむ．

614 □□ **see through A**

① **A を通して見る**

② **A** (人・悪事など) **を見抜く，A を見破る**

▶ 文字どおり，「…を通して眺める」が原義．

① I could see through the window into the classroom. 窓を通して教室が見えた．

② I can see through your facade. 私はあなたがうわべだけの人間であると見抜いている．

615 □□ **see to A**

① **A** (人・物・事) **の世話をする，A に気をつける** (= attend to A / look after A/ take care of A)

② **A について取り計らう**

▶「…に対してしっかり取り計らう，…に必要な処置を施す」が原義．

① Dr. Henry will see to her as soon as possible.
ヘンリー医師ができるだけ早く彼女に処置を施します．

② The principal promised to see to the safety of the students.
校長は生徒の安全の確保について取り計らうと約束した．

◆ ②について．A が節になる場合には see (to it) that S V「…となるよう取り計らう」という表現を用いる．この表現の (to it) は省略されることもある：See (to it) that the orders are thoroughly enforced.（命令がしっかり守られるよう取り計らいなさい）

616 **specialize in A**

① **A を専攻する** (= major in A)

② (会社・店などが) **A を専門的に扱う**

▶ ①について．major in A に比べ職業的研究の含意が強い．

① She specializes in Middle Eastern history.
彼女は中東の歴史を専攻している．

② The lawyer specializes in corporate law.
あの弁護士は会社法を専門的に扱っている．

617 **sympathize with A**

① **A に同情する** (= feel (sorry) for A)

② **A に賛同する** (= agree with A)

① I sympathized with her about her troubles.
抱えている困りごとについて，私は彼女に同情した．

② I sympathize with your position that it is irresponsible to lower taxes now.
今減税するのは無責任だというあなたの見解に私は賛同します．

618 **feel for A**

① **A を手探りで探す**

② **A に同情する** (= sympathize with A / feel sorry for A)

① I felt for the switch in the dark room.
暗い部屋の中でスイッチを手探りで探した．

② I know what it is like to be lonely, so I feel for her.
孤独がどういうものかを知っているので，私は彼女に同情している．

619 **get at A**

① **A** (真実など) **を見つける** (= find A)，**A を手に入れる** (= obtain A / come by A)

② **A を意図する，A を言おうとする** (= drive at A)

▶ ②は通例，以下の例文でのみ用いる．

① It's impossible to get at the truth. その真相を突きとめることはできない．

② What are you getting at? あなたは何を言おうとしているのですか．

620 **work on A**

① **A に効く，A に影響を与える** (= have effect on A / have impact on A)

② **A に取り組む**

▶ ①の on は「…に対して」の意味．②では I'm on a diet.「私はダイエット中だ」の on と同じく〈活動中〉の用法．

① These pills will work on your nervous system. この薬は神経系に効きます．

② He is working on his term paper. 彼は学期末レポートに取り組んでいる最中だ．

621 **fall on [upon] A**

① (日付が) **A にあたる** ② (責任や仕事などが) **A に課せられる** ③ **A を襲う**

▶ ①は通例，祭日などが偶然ある特定の日や曜日にあたる場合に用いる.

① My birthday falls on Friday the 13th this year.
私の誕生日は，今年は (不吉とされる) 13 日の金曜日にあたる.

② The task of managing the project budget falls on the finance department.
プロジェクトの予算管理の任務は財務部に課せられている.

③ Heavy rains and strong winds fell on the coastal town, causing flooding.
激しい雨と強風が沿岸の町を襲い，洪水を引き起こした.

622 **make for A**

① **A に役立つ** ② **A へ向かう** (= head for A / be bound for A)，**A の方へ伸びる**

① Eating a balanced diet makes for good health.
バランスの取れた食事をとることは健康に役立つ.

② Let's make for the exit before it gets too crowded.
ひどく混雑する前に出口に向かおう.

623 **provide for A**

① **A** (人) **を養う** (= support A)，**A に必要な物を与える**

② **A** (将来のこと) **に備える**

① He works hard to provide for his family.
彼は家族を養うために一生懸命働いている.

② The school provides for students' safety by implementing strict security measures.
その学校は厳格なセキュリティ対策を実施することで生徒の安全を図っている.

624 **appeal to A**

① **A** (良心・理性・人など) **に訴える** (= resort to A)

② **A** (人) **の心に訴える** (= attract A)

① He tried to appeal to our emotions rather than to our reason.
彼は我々の理性よりも感情に訴えようとした.

② Does this picture appeal to you?
あなたはこの絵を気に入りましたか.

625 **resort to A**

① **A** (手段) **に訴える** (= appeal to A) ② **A に頼る**

▶ ①の A には通例，好ましくないものが置かれる.

① The oppressed group felt helpless and eventually resorted to violence as a means of protest.
抑圧されたグループは無力さを感じ，抗議の手段として最終的に暴力に訴えた.

② When the power went out, we had to resort to using candles for lighting.
停電が起きたとき，我々は明かりのためにろうそくを使うことに頼るしかなかった.

626 □□
contribute to A

① **A の原因となる** (= cause A / be responsible for A)，**A に貢献する**
② **A に寄付する** (= donate to A)，**A に寄稿する**

① Heavy seas contributed to the difficulty of the rescue operation.
大波のために救助作業が難航した.
② I contributed to the church. 私は教会に寄付をした.

◆ ②に関連して contribute A to B「A を B に寄付する，A を B に寄稿する」という表現もある.

627 □□
do with A

① **A (物・人など) を扱う** (= deal with A)，**A (問題など) を処理する** (= deal with A / cope with A)
② **A が欲しい，A があるとありがたい**

① It is difficult to do with her. 彼女は扱いづらい.
② I could do with a break. ひと休みしたいな.

◆ ①に関連して，do A with B「B について A に扱う」という表現もある．通例，A の部分には what が置かれる：If you got ten million yen, what would you do with it? (もし 1000 万円を手に入れたら，どうしますか)

628 □□
refer to A

① **A に言及する** (= mention A) ② **A を参照する** (= consult A)

① He referred to a line in the Old Testament. 彼は旧約聖書の 1 節に言及した.
② Please refer to the attached file. 添付ファイルを参照ください.

◆ refer to A as B「A を B と呼ぶ」(= call A B) という表現もある：This kind of music is referred to as chamber music. (この種の音楽は室内楽と呼ばれている)

629 □□
rest on [upon] A

① **A をあてにする** (= depend on A / turn to A)，**A 次第である**
② **A に基づいている** (= be based on A)
▶ この on は〈依存・基盤〉の用法.

① I rested on her verbal promise. 私は彼女の口約束をあてにした.
② Her fame rests on her plays rather than on her novels.
彼女の名声は小説よりもむしろ戯曲に基づいている.

630 □□
hang on (A)

① **A に耳を傾ける** (= listen carefully to A / lend an ear to A) ② **しがみつく**

① She hung on every word he said. 彼女は彼の一言一句に耳を傾けた.
② Hang on tight. It is going to be a very bumpy ride.
しっかりしがみついて．ここからはとても揺れるから.

◆ 自動詞用法として他に hang on「電話を切らない，(命令文で) ちょっと待って」という表現もある.
◆ ②で何にしがみつくのかを明示するときは hang on to A「A (人・物) にしがみつく」(= hold on to A) という表現を用いる.

631 □□ **take to A**

① **A が好きになる** ② **A の習慣［癖］がつく**

▶ この to は前置詞なので，後ろは名詞か動名詞になる．

① The two puppies took to each other immediately and started to play.
2 匹の子犬はすぐにお互いを気に入って遊び始めた．

② He has taken to staying up very late. 彼は夜ふかしの習慣がついてしまった．

632 □□ **coincide with A**

① **A に一致する**（= agree with A）

② **A と同時に起こる，A と重なる**（= concur with A / happen together with A / come together with A）

▶ この with は〈同伴・並列〉の用法．

① Her ideas coincide with mine. 彼女の考えは私のものと一致している．

② Power failures coincided with the hottest weather. 停電が酷暑と重なった．

633 □□ **reflect on［upon］A**

① **A を熟考する**（= ponder A / contemplate A / think over A / meditate on A），**A を振り返ってみる**

② **A（人など）に評判をもたらす**

▶ ②は通例，well, badly などと共に用いる．

① Please reflect on the matter. そのことについてじっくり考えてください．

② Such behavior reflects badly on your family.
そんなことをしたら，あなたの家名に傷がつく．

634 □□ **dwell on［upon］A**

① **A を詳しく述べる**（= mention A in detail） ② **A をくよくよ考える**

▶ dwell は「（1 カ所に）とどまる」の意味．

① The speaker dwelled on the importance of education.
講演者は教育の重要性について詳しく述べた．

② I don't want to dwell on the past; let's focus on the future instead.
過去のことをくよくよ考えたくはない．それよりも未来に目を向けよう．

635 □□ **border on［upon］A**

①（土地などが）**A に接する，A と隣り合う**（= be next to A / be adjacent to A）

② **ほとんど A の状態である**（= be like A），**A すれすれである**

▶ border は「接する，隣接する」の意味の動詞．

▶ ②は A かどうか判断される境界線（ボーダーライン）上にあるということ．

① Sweden borders both on Norway and on Finland.
スウェーデンはノルウェーとフィンランドの両方に接している．

② In medieval times, the treatment of mental patients bordered on torture.
中世においては，精神病患者の治療はほとんど拷問と言えるものだった．

Section 2　他動詞＋ A ＋前置詞＋ B

636 □□
leave A to B

①AをBに任せる

②A（遺産など）をB（人）に残す

▶ leave は「委ねる，任せる，残して行く」の意味．

① I will leave the choice of his occupation to him.
職業の選択は彼自身に任せます．

② Joseph Kennedy left a large fortune to his children.
ジョセフ・ケネディは莫大な財産を子供たちに残した．

637 □□
charge A with B

①AをBで告訴する，A（人）をB（罪など）で非難する（= accuse A of B / blame A for B）

②A（人）にB（責任・仕事・世話など）をゆだねる（= entrust A with B），AにBを課す（= impose B on A）

① He was charged with tax evasion. 彼は脱税で告訴された．

② Society charges the police with keeping law and order.
社会は警察に法と秩序の維持をゆだねている．

◆ on charge of A「Aの罪で」という表現もある．in charge of A「Aを担当している」との区別に注意．⇒ 444

638 □□
owe A to B

①AはBのおかげである

②A（お金など）をBに借りている，A（返すべきもの・恩義など）をBに負っている（= owe B A）

① I owe what I am to my family. 私が今あるのは家族のおかげだ．

② They owe a lot of money to the bank. 彼らは多額のお金をその銀行から借りている．

◆ ②に関連して owe it to A to *do*「Aに対して…する責任がある」という表現もある．it は不定詞句を真目的語とする形式目的語：Teachers owe it to their students to inspire curiosity and a love for learning.（教師は，生徒に対して好奇心と学びへの愛情を育む責任がある）

639 □□
attach A to B

①AをBに貼りつける，AをBに取りつける

②A（重要性など）をBに置く

① He attached the label to his trunk. 彼は名札をトランクに貼りつけた．

② It is unwise to attach too much importance to the information.
その情報を過大視するのは賢明ではない．

◆ attach to A「Aに付着する，Aに付属する」，be attached to A「Aに愛着を感じる」という表現もある．

640 □□

confine A to B

① **A（発言・努力など）を B に限定する**（= limit A to B / restrict A to B）

② **A（人）を B に閉じ込める**

▶ confine は「限定する，制限する」の意味．

① **Let's confine our discussion to the matter in question.**

議論を当該事項だけに限定しよう．

② **The snowstorm confined them to the hotel.**

吹雪で彼らはホテルから出られなかった．

コラム under は「影響下・状況下・管理下」を表す

under the tree「木の下に」のように，under は〈下〉を表す前置詞である．そこから，〈影響下・状況下〉といった意味が派生したことは容易に察しがつくだろう．

ここでは，そうした under を使った慣用表現をチェックしよう．

◇ under consideration　「熟慮中，考察中」
◇ under control　「管理されて」
◇ under construction　「建設中」
◇ under discussion　「審議中，討議中」
◇ under investigation　「調査中」
◇ under pressure　「切迫した状況下で，プレッシャーを感じて」
◇ under repair　「修理中」
◇ under stress　「ストレスを感じて」
◇ under no circumstances　「どんな状況下でも…ない→決して…ない」
◇ under the influence of A　「A の影響下にあって」

Section 3　3語以上の動詞句

641 □□
face up to A

①A（人・困難）に立ち向かう　②A（都合の悪いことなど）を認める

▶ face は「（ある方向に）顔を向ける」の意味.

① The situation was desperate, but he faced up to it.
状況は絶望的だったが，彼はそれに立ち向かった.

② He could finally face up to defeat.
彼はようやく負けを認めることができた.

642 □□
get rid of A

①A を取り除く（= remove A），A を処分する

②A から免れる（= escape from A / be exempt from A）

① Let's get rid of the expired food in the refrigerator.
冷蔵庫にある期限切れの食品を処分しよう.

② The doctor gave me medicine that he said would get rid of the pain.
医者は痛みがとれるという薬を処方してくれた.

643 □□
come up to A

①A に近づく，A に達する

②A（期待など）に応える（= meet A / live up to A），A に匹敵する

▶ up to は〈到達〉の用法で，「…に至って」の意味.

① Please look me up when you come up to Tokyo.
上京の際はお立ち寄りください.

② The results failed to come up to our expectations.
結果は我々の期待に応えるものではなかった.

644 □□
live up to A

①A（期待など）に応える（= meet A / come up to A）

②A（主義や信念など）に従って生きる，A に恥じない行動をする

① She always strives to live up to her parents' expectations.
彼女はつねに両親の期待に応えようと努力している.

② He wants to live up to the ideals of integrity.
彼は誠実であるという理想に基づいて行動したいと思っている.

645 □□
get hold of A

①A を支配する　②A と連絡を取る　③A を理解する（= understand A）

▶ この hold は名詞で①では「支配」，②では「把握，捕まえること」，③では「理解力」の意味で用いられている.

① Fear has got hold of them.　恐怖が彼らを支配してしまった.

② You should get hold of him right away.　あなたはすぐに彼と連絡を取るべきです.

③ It is hard to get hold of the concept.　その概念は理解しづらい.

646 □□

give birth to A

① A を産む (= deliver A) ② A を生み出す (= create A)

① The woman gave birth to identical twins.
その女性は一卵性双生児を産んだ.

② The philosopher gave birth to a new concept.
その哲学者は新しい概念を生み出した.

647 □□

go in for A

① A (試験や競技) に参加する (= participate in A / take part in A)

② A を (趣味として) 好む (= like A), A を楽しむ (= enjoy A)

▶ この for は〈願望〉の用法で,「…を求めて」の意味.

① She went in for a photo contest.
彼女は写真コンテストに参加した.

② I have never gone in for classical music, but I am fond of jazz.
クラシック音楽を好んだことはないが, ジャズは好きだ.

648 □□

get away with A

① A を持ち逃げする

② A (悪い事) をしたのにただで済む, A (軽めの罰・罪) で済む

▶ get away で「逃げる」という意味. ②は罪を犯しながらまんまと逃げるというイメージ. 通例, 否定文や否定的な内容の文で用いる.

① He got away with her luxury watch.
彼は彼女の高級腕時計を持ち逃げした.

② Do you think you can get away with driving a car without a license?
免許なしで運転して, ただで済むと思っているのか.

649 □□

make good on A

① A を補償する (= compensate for A / make up for A), A を修復する

② A (約束など) を果たす

① The company made good on their mistake by offering a full refund to the customers.
その会社は顧客に全額返金を提供することで誤りを補償した.

② The president failed to make good on his campaign promises.
大統領は選挙公約を果たせなかった.

650 □□

make nothing of A ① A を何とも思わない ② A をまったく理解しない

① She makes nothing of walking 10 miles a day.
彼女は 1 日に 10 マイル歩くことを何とも思っていない.

② I can make nothing of what you say.
私はあなたの言うことがまったく理解できない.

◆ make little of A「① A を軽視する, ② A をほとんど理解しない」という表現もある. また, make much of A「A を重視する」については ⇒ 309

Section 4　be ＋形容詞＋前置詞＋ A

651 □□ **be involved in A** Gr 5

① **A に関わりがある** (= be engaged in A)

② **A の巻き添えになっている**

③ **A に夢中である** (= be absorbed in A)

① I am involved in the project. 私はそのプロジェクトに関わっている.

② He was involved in a mass shooting. 彼は銃乱射事件の巻き添えになった.

③ The children are involved in this jigsaw puzzle.
子供たちはこのジグソーパズルに夢中だ.

652 □□ **be opposed to A**

① **A に反対している** (= be against A)

② **A と対立している** (= conflict with A)

① I am opposed to her marriage. 私は彼女の結婚に反対だ.

② The two countries are opposed to each other. 両国は互いに対立している.

653 □□ **be acquainted with A**

① **A と知り合いである** (= know A)

② **A に精通している** (= be familiar with A)

① Are you acquainted with Hiro, my neighbor?
あなたは，私の隣に住むヒロと知り合いなのですか.

② He is acquainted with computer programming languages.
彼はコンピュータープログラミング言語に精通している.

654 □□ **be equal to A**

① **A に等しい，A に匹敵する**

② **A するだけの力量がある，A**（仕事や状況など）**に対応できる**

▶ この to は〈比較〉の用法で，「…と比べて」の意味.

① Ten miles is equal to 16 kilometers.
10 マイルは 16 キロメートルに等しい.

② She is equal to the task of leading the project.
彼女はそのプロジェクトを指導する仕事をこなすだけの力量がある.

655 □□ **be responsible for A**

① **A に責任がある** (= be in charge of A / be to blame for A)

② **A の原因である** (= cause A / contribute to A)

① As a teacher, I am responsible for providing guidance and support to my students.
教師として私は，生徒に指導やサポートを提供する責任があります.

② The weak yen is said to be responsible for the recession.
円安が不況の原因だと言われている.

656 □□ **be subject to A**

① **A の影響を受けやすい，A しがちである**

② **A（規則や法律など）の支配を受けている，A の認可［承認］を必要とする**

① Children's behavior is often subject to their parents' discipline.
子供の行動は親のしつけの影響を受けることがよくある．

② All citizens, including foreign residents, are subject to the laws of our country.
外国人居住者も含めて，すべての国民が我が国の法律の対象となる．

◆ subject to A で「A を条件として，A を前提として」という意味の副詞句を導く用法もある：High school students are permitted to attend the concert, subject to parental consent.（保護者の同意を条件として，高校生はコンサートへの参加が許可されている）

657 □□ **be open to A**

① **A（人）に開かれている，A が利用できる**（= be available to A）

② **A（誤解・疑いなど）を受けやすい**（= be subject to A），**A の余地がある**

① The Palace of Versailles is open to the public.
ベルサイユ宮殿は一般市民に開放されている．

② The conclusion is open to misunderstandings.
その結論は誤解を受けやすい．

658 □□ **be true to A**

① **A（人・約束など）に忠実である**（= be faithful to A）

② **A と一致している**（= correspond with A / be consistent with A）

① You should be true to yourself.
自分自身に忠実であるべきだ．

② Her actions are always true to her words.
彼女の行動はつねに言葉と一致している．

659 □□ **be bent on［upon］A**

① **A をしようと決心している**（= be determined to *do*）

② **A に専念している，A に熱中している**（= be keen on A）

▶ 動詞 bend は「…を曲げる」以外に，「…に向ける」の意味をもつ．その過去分詞の bent は「（心や努力をある方向に）向けて→決意して，専念して，熱中して」となる．

① He is bent on receiving a doctor's degree before he is thirty.
彼は 30 歳になる前に博士号を取る決心をしている．

② She is bent on staging a comeback.
彼女はカムバックを成し遂げることに懸命だ．

Section 5 前置詞＋ A

660 □□ **in time**

① **間に合って** ② **やがて** (= in due time / down the road / in the course of time)

▶ ②について．I will be back in 30 minutes.「30 分後に戻ります」のように，この in は「(今から)…後に」の意味．in time は「一定の時間が経過した後で→やがて」となる．

① The boy got home in time for dinner. 少年は夕食に間に合う時間に家に帰った．

② He will accept the harsh reality in time. やがて，彼は厳しい現実を受け入れるだろう．

661 □□ **in place**

① **しかるべき場所に，適切で，きちんと**

② (政策・規制などが) **実施されて** (= in effect / in force)

▶ ①の place は「ふさわしい場所，あるべき場所」の意味．

① The chairs are all in place.
椅子はすべてきちんと並んでいる．

② Strict movement restrictions are in place in the area.
その地区では厳しい移動制限が敷かれている．

◆ in place of A「A の代わりに」との区別が必要．⇒ 147

◆ ① ⇔ out of place「場違いで」⇒ 419

662 □□ **in the first place**

① **まず第一に** (= firstly / to begin with / to start with) ② **そもそも**

① I don't want to go out at the moment; in the first place, it is too muggy.
今は外出したくない．まず第一に蒸し暑すぎる．

② If you don't like fish, you should never have come to this aquarium in the first place.
魚が嫌いだというなら，そもそもこの水族館に来るべきではなかったのに．

663 □□ **in effect**

① **事実上** (= virtually / in fact / in practice / in reality)

② (法律などが) **実施されて** (= in force)

① The company is in effect bankrupt. その会社は事実上倒産している．

② Heavy rain warnings are in effect for Okinawa. 沖縄に大雨警報が発令されている．

664 □□ **in fact**

① (本当のことを語って) **実は** (= the thing is,)，(具体例の前において) **実際**

② (ところが) **実際には** (= actually)，
(前文より強い表現をするときに用いて) **もっとはっきり言えば**

① In fact, the business is unsuccessful.
実はそのビジネスは上手くいっていない．

② Those grapes look sweet, but in fact they are sour.
そのブドウは甘そうに見えるが，実は酸っぱい．

665 □□ **in order** ①正常に，順調で ②整然と，きちんと，順を追って

▶ この order は名詞で，①では「正常な状態，順調」，②では「順序，順番」の意味．

① All the machines are working in order. すべての機械が正常に作動している．

② The students lined up in order. 生徒たちは整然と並んだ．

◆ put A in order「A を整理［整頓］する」という表現もある．

◆ ⇔ out of order「故障して，順を乱して」⇒ 666

666 □□ **out of order** ①故障して，調子が悪い ②順を乱して

① The vending machine is out of order. その自動販売機は故障している．

② Don't speak out of order. 順を乱して話してはいけない．

◆ ⇔ in order「正常に，整然と」⇒ 665

667 □□ **in store** ①待ち構えて，降りかかろうとして ②備えて，用意して

▶ この store は「蓄え，貯蔵」の意味．in store は「（未来に向けて）蓄えられていて→待ち構えて，備えて」となる．in store には「店内で」という文字通りの意味もある．

① An unexpected problem was in store for us.
思いがけない問題が我々を待ち構えていた．

② I keep food and water in store for an emergency.
緊急事態のために私は食料と水を備えている．

668 □□ **on fire** ①火事で，燃えていて ②（体の一部が）猛烈に痛い，興奮して

▶ この on は〈活動中〉の用法．

① When we arrived, the hotel was on fire.
我々が到着したときには，ホテルは火事になっていた．

② I had a horrible cough and my throat was on fire.
ひどく咳がでて，のどが焼けるように痛かった．

669 □□ **for nothing**

①無料で（= for free / at no cost）

②無駄に（= in vain / to no avail）

▶ この for は〈交換〉の用法で「…と引き換えに」の意味．

① The local library provides computer access to a wide range of books for nothing.
地元の図書館では，コンピューターによって無料で様々な本にアクセスできる．

② She studied for hours, but it was all for nothing as the test was canceled.
彼女は何時間も勉強したが，テストが中止になったため，すべてが無駄になった．

670 □□ **at all**

①（否定文で）まったく…でない

②（疑問文・条件節で）そもそも，（疑問文で）いったい

① I am not afraid of lightning at all. 雷はまったく怖くない．

② Is there any truth at all in the rumor? そもそもそのうわさに信ぴょう性はあるのか．

671 **to the contrary**

① (修飾する語句の後ろに置いて) **それと反対の**

② **それどころか** (= on the contrary)

① He clings to his belief despite all evidence to the contrary.
それと反対の趣旨の証拠ばかりなのに，彼は自分の信念に固執している.

② Many thought the movie would be boring, but to the contrary, it was quite engaging.
多くの人々はその映画は退屈だろうと思ったが，それどころか，かなり魅力的だった.

◆ ②はその前に述べられた内容の逆の事実や意見が続き，on the contrary と同意．ただし on the contrary に①の意味はない．⇒ 452

672 **in the air**

① (うわさ・情報などが) **広まって，取りざたされて**

② **不確定な** (= uncertain)

① There are rumors in the air that he was fired.
彼がクビになったといううわさが広まっている.

② Our wedding plans are still in the air.
我々の結婚の予定はまだはっきりしない.

◆ on the air「放送中で」と区別すること．⇒ 399

673 **in a row**

① **一列に** (= in line) ② **連続して** (= in succession / on end)

① In the garden, roses are planted in a row. 庭にはバラが一列に植えられている.

② The team lost seven games in a row. そのチームは 7 連敗した.

674 **at large**

① **全体の** (= as a whole)，**一般の** (= in general)

② (危険な人・動物が) **捕まっていない**

▶「(檻などから) 解き放たれて自由である」という古い言い回しが原義.

▶ ①はしばしば修飾する名詞の直後に置かれる.

① The trade agreement will benefit society at large.
その貿易協定は社会全体に恩恵をもたらすだろう.

② As of February 13, the culprit is still at large.
2 月 13 日の時点では，犯人はまだ逃走中だ.

675 **at length**

① **ついに，ようやく** (= at last)

② **詳しく，詳細に** (= in detail / minutely)

▶ long の名詞形である length が用いられている.「長い時間をかけて→ようやく」／「長い言葉を費やして→詳しく」とイメージができる.

① At length, the two sides reached an agreement. ついに両者は合意に至った.

② He explained the coup at length. 彼はクーデターについて詳しく説明した.

676 □□
on *one's* own

① 独力で (= by *oneself* / for *oneself*), 一人［自分たち］だけで (= alone / by *oneself*)
② その人なりの, それなりの

① She learned how to play the horn on her own.
彼女は独力でホルンの演奏法を学んだ.
② I think he has several reasons on his own for having left school.
彼が学校をやめたのには, きっと彼なりの理由がいくつかあるのだと思う.

677 □□
out of hand

① 手に負えない (= out of control)
② (拒否・否定的な返答などを) すぐに (= immediately / at once), 考慮せずに
▶ ①は「支配の象徴である手の外にある→手に負えない」と, ②は「渡そうとしたものを手に取って見ることもなく→すぐに」とイメージできる.

① Things are getting out of hand.
事態は手に負えなくなりつつある.
② Our demand was rejected out of hand.
我々の要求は即座に断られた.

678 □□
for the most part

① 大部分は (= mostly / largely)
② ほとんどいつも (= usually)

① My views are, for the most part, in accordance with hers.
私の見解は大部分において彼女のものと一致する.
② For the most part, the English sky is overcast.
英国の空はたいていどんより曇っている.

679 □□
as such

① そういうものとして, 従って
② それ自体

① He is still a student teacher and should be treated as such.
彼はまだ教育実習生なのだから, そのように扱われるべきだ.
② I don't dislike sumo as such; but I'm outraged by the sumo wrestlers who fixed matches.
私は相撲自体は嫌いではない. だが八百長をした力士には憤慨している.

Section 6　群前置詞

680 □□
in the face of A
Gr 28

① **A に直面して**
② **A にもかかわらず** (= despite A / notwithstanding A / for all A / with all A / in spite of A)

① The suspect confessed to his crime in the face of the undeniable evidence.
動かぬ証拠に直面して容疑者は犯行を認めた.
② They went on with the construction in the face of strong opposition from the residents.
住民からの強い反発にもかかわらず，その工事は続けられた.

681 □□
with all A

① **A があるので**
② **A はあるが，A にもかかわらず** (= despite A / for all A / in spite of A / in the face of A / notwithstanding A)
▶「すべての A をもってしても」が原義.
▶ ①の all は省略可能.

① With all his knowledge of French, we had a comfortable tour in Monaco.
彼にはフランス語の知識があったので，私たちはモナコを快適に旅することができた.
② With all her faults, I love her. 欠点が多々あるにもかかわらず，私は彼女を愛している.

682 □□
except for A
Gr 28

① **A を除いて，A は別として** (= apart from A / aside from A / other than A)
② (仮定法で) **A がなければ** (= without A / but for A)
▶ ①の意味では通例，文頭や文末で用いて文全体を修飾する.
▶ ②はまれな表現で，without A / but for A を用いるのがふつう.

① Except for this mistake, this is a good report.
このミスを除けば，これはすばらしいレポートだ.
② Except for your help, we would have been late.
あなたの助けがなかったら，我々は遅れていただろう.

◆ 前置詞の except は A except B の形で単語の修飾に用いられ，一般に A は all / every / any / no などがついた名詞になる: Everyone except him knew it. (彼以外の全員がそれを知っていた)

683 □□
next to A
Gr 28

① **A の隣に，A に最も近くて**
② **ほとんど A で** (= almost / virtually / practically)
▶ ②は通例，否定文や否定的な内容の文で用いられる.

① My mother is shopping at the shop next to the post office.
母は郵便局の隣の店で買い物をしている.
② It's next to impossible to train this horse for a race.
この馬を競馬用に調教するのはほとんど不可能だ.

684 □□
according to A
Gr 28

① A（第三者からの情報）によれば ② A に応じて

▶ ①は自分の体験による場合には用いられず，第三者の意見や情報が A に入ることに注意.

① According to Martin, the Jacksons are not getting on very well.
マーティンによれば，ジャクソン夫妻はあまりうまくいっていないらしい.

② The menu at this restaurant changes regularly according to the season.
このレストランのメニューは季節に応じて定期的に変わる.

685 □□
by way of A
Gr 28

① A 経由で（= via A）② A のつもりで，A として

① We traveled to Europe by way of Paris, as it was our connecting flight.
パリが乗り継ぎ地点だったので，ヨーロッパへはパリ経由で旅行した.

② By way of apology for his rudeness, he sent her a bouquet of flowers.
彼は失礼な態度の謝罪として，彼女に花束を送った.

686 □□
apart from A
Gr 28

① A は別にして，A はさておき（= aside from A）

② A とは離れて

① Apart from English, she can speak three other languages fluently.
英語は別にして，彼女は他に3つの言語を流暢（りゅうちょう）に話すことができる.

② He grew up in a boarding school and lived apart from his mother for most of his childhood.
彼は寄宿学校で育ち，子供時代のほとんどを母親とは離れて暮らした.

687 □□
in favor of A / in A's favor
Gr 28

① A に賛成して（= for A / in support of A）

② A に有利になるように

① I am in favor of the bill. 私はその法案に賛成です.

② The terms of the business are in favor of the buyer. 取引条件は買い手に有利だ.

688 □□
up to A
Gr 28

① A（時間・地点）まで

② A（水準・基準など）に達して，A に匹敵して（= equal to A）

③ A 次第で，A の責任で

▶ up to は〈到達〉を表す.

▶ ②は通例，疑問文，否定文で用いられる.

① The water came up to my waist.
水は腰の高さまで達した.

② The film was not up to my expectations.
その映画は私の期待どおりのものではなかった.

③ It is up to you to decide.
決めるのは君次第だ.

689 □□
on top of A

① **A の上に** (= on A)

② **A に加えて** (= besides A / along with A / in addition to A)

▶ ②は通例，好ましくないことを付け加える場合に用いる．

① **He put the surfboard on top of the car.**
彼はサーフボードを車の上にのせた．

② **On top of losing his job, Billy got divorced.**
失業したことに加えて，ビリーは離婚した．

◆ on top of that「(前文をうけて) そのうえ」という表現もある．

690 □□
on [in] behalf of A

Gr 28

① **A を代表して，A (人) に代わって** (= in place of A)

② **A (人) のために** (= for the good of A / for the sake of A)

① **The captain accepted the cup on behalf of the team.**
キャプテンがチームを代表して優勝杯を受け取った．

② **They raised money on behalf of needy college students.**
彼らは困窮している大学生のために資金を集めた．

コラム beyond は「超越」を表す

「…を超えて (その向こうのほうに)」を意味する beyond だが，そのコアイメージは〈超越〉である．たとえば，This problem is too difficult. It's beyond me. は，「この問題は難しすぎる．私を“超越”している」というイメージで捉えるとわかりやすいだろう．つまり，後ろの文は「私 (の理解や能力) を超越している→私には解決できない／私の手には負えない」の意味となる．以下，beyond を用いた慣用表現を見ていこう．

◇ beyond belief　「信じられない」
◇ beyond description　「筆舌に尽くしがたい」
◇ beyond doubt　「疑いもなく，確かに」
◇ beyond hope　「まったく絶望的で」
◇ beyond question　「疑いもなく，確かに」
◇ beyond recognition　「見分けがつかない」
◇ beyond repair　「修理不能で，修復不可能で」
◇ beyond words　「言葉では言い表せない」
◇ beyond A's budget　「A の予算を超えて」
◇ beyond A's knowledge　「A の知識を超えて，A にはわからない」
◇ beyond A's means　「A の収入を超えて」
◇ beyond A's reach　「A の手の届かないところに」
◇ beyond A's understanding　「A の理解を超えて，A にはわからない」

Section 7　副詞句を中心とした熟語

691 □□ **the other way around / the other way round**

① あべこべで，逆で

② 逆もまた真なり（= vice versa / The reverse is also true.）

① She said her husband hit her, but in fact it was the other way around.
夫のほうが殴ったと彼女は言っているが，実は話があべこべだった．

② Sometimes stress causes insomnia, and sometimes it is the other way around.
ストレスから不眠症になることもあるし，その逆の場合もある．

692 □□ **every other A**

① 残りすべての A　② A（1 日・1 週・1 月・1 年など）おきに（= at intervals of A）

▶ ①では単数形の名詞が置かれる．

① I have read every other book but this one. この1冊以外すべての本を読んだ．

② I water the lawn every other day. 私は芝に1日おきに水やりをする．

◆ ②について，「1 日おきに」は every other day = every second day で表す．数字が 2 以上の場合は other は用いられず，every four days = every fourth day「3 日おきに，4 日ごとに」のように〈every ＋数詞＋複数名詞 / every ＋序数詞＋単数名詞〉という表現を用いる．

693 □□ **as it is**　① 実情は，実際のところは　② そのままにして，そのままの

▶ ①は通例，前に事実ではない仮の事柄が置かれ，but と共に用いられることが多い．過去形は as it was であることに注意．

① I would give you a hand if I could. But as it is, I cannot.
可能なら，そうするところですが，実のところお手伝いできないのです．

② Leave the chair as it is. そのイスはそのままにしておいてください．

694 □□ **at once**

① 同時に（= at the same time），一度に（= at one time）

② すぐに（= immediately / right away / right off），その場で（= on the spot）

① It is difficult to do several things at once. 同時に複数の事をするのは難しい．

② You had better send for a doctor at once. すぐに医者を呼びにやったほうが良い．

◆ all at once「①同時に，一度に，②突然に」という表現もある．

695 □□ **inside out**

① 裏返しに　② 隅から隅まで，裏も表も，完全に（= completely / thoroughly）

① The wind has blown my umbrella inside out.
風が吹いて私の傘は裏返しになってしまった．

② The tax accountant knows the taxation system in Japan inside out.
その税理士は日本の税制を知り尽くしている．

◆ 上下の「逆さまに」は upside down を用いる：The painting on the wall is upside down.（壁に掛かっている絵は逆さまだ）

696 □□
right now
① ちょうど今（= at present / at the moment）
② 今すぐに，ただちに（= immediately / right away / right off / at once）

① He is out right now. 彼はちょうど今外出中です.
② We should start right now. 今すぐに始めるべきだ.

697 □□
at the same time
① 同時に（= simultaneously / at once / all at once）
② それでもやはり，それと同時に
▶ ②は以下の例文のように but などの逆接を表す接続詞の後ろに置かれ，前述の内容と多少矛盾する内容を導入する場合に用いる.

① We both had exactly the same idea at exactly the same time.
我々二人はまったく同時にまったく同じことを考えた.
② The lecture was interesting, but, at the same time, somewhat lengthy.
その講義は興味深いものだったが，それでもやはり少々長たらしかった.

698 □□
all the same
① まったく同じで（= just the same），どうでもよいことで
② それにもかかわらず（= nevertheless），それでも同じように

① It's all the same to me whether she wins or not.
彼女が勝とうが負けようが，私にはどうでもよいことだ.
② She betrayed me but I love her all the same.
彼女は私を裏切ったが，それにもかかわらず彼女のことが好きだ.

699 □□
all the way ① 途中ずっと ② はるばる，わざわざ

① I slept all the way back.
帰り道はずっと眠っていた.
② The archaeologist went all the way to Egypt.
その考古学者ははるばるエジプトまで出かけた.

MEMO

Section 8　動詞を中心とした熟語

700 □□ **make out A / make A out**

① **A を理解する** (= understand A / comprehend A / grasp A / figure out A),
A を見分ける (= discern A)

② **A** (書類・表など) **を作成する**

① I can't make out what he is saying.
私は彼の言っていることが理解できない.

② The senior citizens' club made out a list of the members.
その老人会は会員名簿を作成した.

701 □□ **figure out A / figure A out**

① **A を理解する, A であるとわかる**

② **A を解決する** (= work out A / iron out A)

① I couldn't figure out how to assemble the furniture.
私はその家具の組み立て方がわからなかった.

② It took us some time, but we managed to figure out the problem.
時間はかかったが, 私たちはその問題をなんとか解決することができた.

702 □□ **pick out A / pick A out**

① **A を選び出す** (= choose A / single out A)

② **A を** (多くの中から) **見つけ出す** (= spot A), **A を見分ける** (= discern A)

▶ この out は「外に出して, (中に残るものとは) 分けて」の意味.

① I picked out a blue tie to try on.
私は試着用に青いネクタイを選んだ.

② A witness picked out the suspect from the police photos.
目撃者は警察が見せた写真の中から容疑者を見つけ出した.

703 □□ **keep off A / keep A off**

① **A に立ち入らない, A から離れている** (= stay off A / keep away from A / stay away from A)

② **A を控える** (= abstain from A)

▶ この off は「離れて」の意味. 「何かから離れた状態を維持する」が原義.

① Keep off the grass!
芝生に立ち入るな!《掲示》

② He keeps off fatty foods.
彼は脂っこい食品を控えている.

704 show off A / show A off

□□

① **A を引き立てる，A を際立たせる**

② **A を見せびらかす** (= parade A / flaunt A)

▶ この off は「離れて」の意味．「通常の状態から離れているように見せる」→良い意味では「引き立てる」，悪い意味では「見せびらかす」となる．

① This dress will certainly show off your figure.
このドレスは間違いなくあなたの容姿を引き立てるでしょう．

② The parade is meant to show off the military might of this country.
パレードはこの国の軍事力を誇示するためのものだ．

◆ 自動詞用法として S show off.「S が（力量・知識などを）見せびらかす，ひけらかす，人目を引くようなことをする」という表現もある．

705 set off A / set A off

□□

① **A**（事件・爆発・活動）**を引き起こす** (= cause A / trigger A),
A（目覚まし時計・警報機など）**を作動させる**

② **A を引き立たせる**

▶ この off は「離れて」の意味．「停止状態から引き離して新たな状態に置く→（新たな事態）を引き起こす」，「他の物から離す→…を引き立たせる，…を区別する」となる．

① Poverty often sets off civil wars.
貧困が内戦の引き金となることが多い．

② The brown carpet sets off the green sofa.
褐色のじゅうたんが緑色のソファーを引き立てている．

◆ 自動詞用法として S set off.「S が出発する」という表現もある：She set off on a trip.（彼女は旅に出発した）

706 turn down A / turn A down

□□

① **A を拒否する** (= refuse A / reject A)

② **A**（の音量・光量・温度など）**を下げる**

① He flatly turned down the offer. 彼はその申し出をきっぱりと拒否した．

② Do you think you could turn down the music? 音楽の音量を下げてもらえますか．

707 check out A / check A out

□□

① **A を確かめる** (= ensure A / make sure A),
A を調べる (= investigate A / look into A)

②（図書館などから）**A**（本など）**を借り出す**

① We got in touch with the bank to check out the suspect's story.
容疑者の供述を確認するため，我々は銀行と連絡をとった．

② Most of the time, I check out mystery novels.
たいてい私はミステリー小説を借りる．

◆ 自動詞用法で S check out.「S が（ホテルを）チェックアウトする」という表現もある．

708 □□ **pick up A / pick A up**

① A（人）を車で迎えに行く（= collect A）

② A（技術・言語など）を身につける（= learn A），A を拾い上げる，A を手に入れる

① I will pick you up at six o'clock sharp.
6 時ちょうどに迎えに行きます．

② Where did you pick up such an expression?
そんな言い方をどこで覚えたの．

◆「（話などを中断したところから）再開する」という自動詞用法にも注意：Let's pick up where we left off yesterday.（昨日中断したところから再開しよう）

709 □□ **fill in A / fill A in**

① A（用紙・書類など）に記入する（= fill out A）

② A（穴・空白・空席）を埋める

③ A（人）に情報を知らせる（= inform A）

▶ 空白状態を何かで満たしているイメージの表現．

① Please fill in the application form, referring to the attached file.
添付ファイルを参考にして，申込用紙に記入してください．

② They filled the hole in. 彼らはその穴を埋めた．

③ He filled us in on the latest news.
彼は最新情報を我々に知らせてくれた．

◆ fill in time「暇をつぶす」，S fill in for A.「S が A（人）の代理をする」という表現もある．

710 □□ **leave behind A / leave A behind**

① A を置き去りにする，A を置き忘れる

② A（習慣・思想など）を過去のものとする，
A（今までのこだわりなど）を捨てる（= discard A）

① The flood victims were forced to leave behind family photos and mementos.
洪水による被害者たちは家族の写真や形見の品を置き去りにせざるをえなかった．

② It is time to leave the past behind and turn toward the future.
過去を捨てて未来に向かう時が来た．

711 □□ **let down A / let A down**

① A をがっかりさせる（= disappoint A）

② A を下げる，A を下ろす

① We're counting on you; don't let us down.
きみに期待しているんだ．がっかりさせないでくれよ．

② Let the blind down. ブラインドを下ろしてください．

712 □□
make up A / make A up

① **A**（話・言い訳など）**を作りあげる，A をでっちあげる**（= invent A / fabricate A / cook up A）

② **A の埋め合わせをする**

③ **A の化粧をする**

① He made up an excuse for being late to work.
彼は出勤が遅れたことについて言い訳をでっちあげた．

② I missed the meeting, but I'll make it up by providing a detailed report to my team.
会議に出席できなかったけれど，チームに詳細な報告書を提供することでその埋め合わせをするつもりだ．

③ I like to make up my face with bright colors for special occasions.
特別な日には明るい色で化粧するのが好きです．

◆ 自動詞用法として S make up.「① S が仲直りする，② S が化粧する」という表現もある．

713 □□
put aside A / put A aside

① **A**（物）**を**（一時的に）**わきへ置く**（= set aside A），
A（金・食べ物・時間など）**をとっておく**（= save A / put away A）

② **A**（反感・反論など）**を無視する**（= ignore A / set aside A），
A（感情など）**を抑制する**（= restrain A / suppress A）

▶ この aside は「わきへ，別にして，どけて」の意味．

① She put aside her knitting and picked up the cat.
彼女は編み物をわきへ置いて，猫を抱き上げた．

② Let's put our differences aside and make a fresh start.
相違点には目をつぶって，最初からやり直そう．

714 □□
put down A / put A down

① **A を書き留める**（= jot down A / note down A / write down A / take note of A）

② **A**（暴動など）**を鎮圧する**（= suppress A）

① He put down the contents of the speech. 彼はその演説の内容を書き留めた．

② The police put down the riot in 5 hours. 警察は 5 時間で暴動を鎮圧した．

715 □□
lay out A / lay A out

① **A**（建物・公園など）**の設計をする**（= design A），**A を広げる**（= spread A），
A を並べる

② **A を説明する**（= explain A / account for A）

▶ この lay は「…を置く」，out は「外に出して」の意味．「袋などの中に入っているものを取り出して置く」→「広げる，並べる」，「頭の中にある考えを外に出して並べる→説明する」となる．

▶ ①の「A を設計する」の意味では通例，受動態で用いる．

① Urban areas of Kyoto are laid out in a grid pattern.
京都の市街地は碁盤目状に区割りされている．

② She laid out her plans for the committee. 彼女は自分の計画を委員会に説明した．

716 □□ **bring out A / bring A out**

① **A**（真価・特徴など）**を引き出す**，
A（隠れた事実や意味など）**を明らかにする**（= reveal A）

② **A**（本など）**を出版する**（= publish A / put out A），
A（新製品）**を発表する**（= announce A）

▶ この out は「外に」の意味.「外に持ち出す」が原義.

① War brings out the worst in people.
戦争は人間の一番悪いところを引き出す.

② Her new book will be brought out next month.
彼女の新著は来月出版される.

◆ 自動詞用法として S come out.「S（事実など）が明らかになる，S（本など）が出版される」という表現もある.

717 □□ **put out A**

① **A**（火・明かりなど）**を消す**（= extinguish A）

② **A**（物・体の一部・芽など）**を外に出す**，**A**（声明など）**を発表する**，**A**（本など）**を出版する**（= publish A / bring out A），**A**（仕事など）**を外注する**（= outsource A）

▶ ①の out は「なくなって」の意味.

▶ ②の out は「外に」の意味.「外に出す」が原義. put out A（人）「人を通常外の状態に置く→人を怒らせる，人を慌てさせる」という表現もある.

① Firefighters put out the bush fire before long.
消防士たちが間もなく山火事を消した.

② The foreign minister put out a statement denying the allegation.
外務大臣はその申し立てを否定する声明を出した.

718 □□ **give out A / give A out**

① **A**（ビラ・用紙など）**を配る**（= hand out A / give away A），**A を与える**

② **A**（声・におい・音など）**を発する**（= let out A / give off A）

③ **A**（ニュース・情報など）**を発表する**，**A を放送する**

▶「外に出して周囲の人に与える」が原義.

① The company employed students to give out flyers.
その会社はビラ配りのために学生を雇った.

② This letter gives out a floral scent.
この手紙は花の香りがする.

③ The election date was given out.
選挙日が発表された.

◆ 自動詞用法で S give out.「S（力・供給など）が尽きる」（= S run out.）という表現もある：The supplies are beginning to give out.（備蓄がなくなりつつある）

719 □□
pull out A / pull A out

① **A を引き抜く**

② **A（軍隊・企業など）を撤退させる**

▶「外に引っ張り出す」が原義.

① **He tried to pull out the radish, but it didn't come out.**
彼は大根を抜こうとしたが，抜けなかった.

② **The US military pulled troops out of Somalia.**
アメリカ軍は軍隊をソマリアから撤退させた.

◆ 自動詞用法として S pull out.「S が撤退する，S が取りやめる，S が（病気・不況・車の流れなどから）抜け出る」という表現もある.

720 □□
give away A / give A away

① **A を無料で配る，A を寄付する**（= donate A / contribute A）

② **A（真実・答え・秘密など）を明かす**（= reveal A），**A を漏らす**（= leak A / let out A）

▶ この away は「向こうへ」の意味.「向こうの人へ物や真実を与える」が原義.

① **The bakery is giving away cookies.** パン屋さんがクッキーを無料で配っている.

② **His words gave away his personality.** 彼の言葉で彼の性格がわかった.

◆ giveaway「景品，サービス品」という名詞もある.

721 □□
get through A / get A through

① **A をやり遂げる**（= complete A / carry through A），**A を終わらせる**（= finish A）

② **A を理解させる**（= get across A）

▶ ①の through は「終わって」の意味. ②の through は「通り抜けて」の意味. ②は「考えなどをこちらから相手まで通り抜けさせる→理解させる」となる.

① **I got through a book in one evening.**
私は一晩でその本を読み終えた.

② **Global warming is real; it is very critical to get that through to people.**
地球温暖化は現実のものだ. そのことを人々に理解させることがとても重要だ.

◆ 自動詞用法で S get through.「S が試験に通る／S（電話など）が通じる／S（法案など）が通過する」という表現もある.

722 □□
hold back A / hold A back

① **A（感情など）を抑える，A を阻止する**（= suppress A / keep back A）

② **A（情報など）を隠す**（= conceal A / hide A / cover up A）

▶ この hold は「…のままにする」，back は「後ろの方に追いやって，抑えて，隠して」の意味.

① **She stared upward, trying to hold back tears.**
彼女は涙をこらえようと，上の方をじっと見ていた.

② **She seems to be holding something back.**
彼女は何かを隠しているようだ.

◆ 自動詞用法で S hold back.「S がためらう，S が遠慮する」という表現もある.

723 □□
hold up A / hold A up
① A（物）を支える，A を持ち上げる
② A を遅らせる（= delay A）

① These pillars are not strong enough to hold up high ceilings.
これらの柱は高い天井を支えられるほど頑丈ではない.
② The problems with the new computer system held up the project.
新しいコンピューターシステムの問題により，プロジェクトが遅れた.

◆ 自動詞用法で S hold up.「S が持ちこたえる，S が通用する」という表現もある.

724 □□
look over A / look A over
① A に目を通す，A を調べる（= check A / examine A）
② A を大目にみる，A を見逃す（= overlook A）
▶ ②は古く堅い表現で，overlook A を用いるのが普通.

① You should look over your test paper before you hand it in.
答案は提出する前にざっと見直しをしたほうがいい.
② I will look over your mistake only this time.
今回だけは君の間違いを大目にみてやろう.

725 □□
iron out A / iron A out
① A（衣服・しわなど）にアイロンをかける
② A（問題・困難など）を解決する（= figure out A / work out A）

① I ironed out the wrinkles in a skirt.
スカートのしわにアイロンをかけた.
② We need to iron out a few technical problems before we start the experiment.
実験を始める前に，いくつかの技術的な問題を解決する必要がある.

726 □□
hold out（A）/ hold A out
①（物の供給などが）持ちこたえる（= hold on），長持ちする（= last）
② A を差し出す

① Our food will hold out for another two months.
我々の食料はあと二か月持ちこたえるだろう.
② He held a sandwich out to me.
彼はサンドイッチを私に差し出した.

727 □□
take up A
① A（仕事・趣味など）を始める
② A（問題など）を取り上げる，A に取りかかる
③ A（場所・空間など）を占める（= occupy A）

① He took up ink painting in his 20s. 彼は 20 代で水墨画を始めた.
② He took up the problem of human trafficking. 彼は人身売買の問題を取り上げた.
③ This sofa takes up too much space. このソファーはあまりに場所を取りすぎる.

728 **turn over A** ① A をひっくり返す，A（ページ）をめくる ② A（会社など）を譲る

① Can you turn over the pancakes? パンケーキをひっくり返してもらえる?
② I turned over my firm to my son. 私は会社を息子に譲った.

◆ ①には自動詞用法で，S turn over.「S がひっくり返る」という表現もある．②に関連して，take over A「A を引き継ぐ」という表現もある．⇒ 479

729 **take in A**
① A を理解する（= understand A / make out A)，A を吸収する（= absorb A)
② A（人）をだます（= deceive A)
▶ この take は「取る」，in は「中へ」の意味．「頭の中へ取り入れる→理解する」，「相手を手の内に取り込む，人を丸め込む→だます」となる．
▶ ②は以下の例文のように受動態で用いることが多い．

① I am beginning to take in how difficult this is.
これがいかに難しいかわかり始めている.
② Don't be taken in by seductive words. 甘い言葉にだまされてはいけない.

730 **take on A**
① A を引き受ける（= undertake A)
② A（責任・色など）を帯びる（= assume A / bear A)
③ A を雇う
▶ この on は〈接触・付着〉の用法．仕事や人物との接触や，色などが付着している様子がイメージできる.

① I have taken on too much work. あまりに多くの仕事を引き受けすぎた.
② Her face took on an expression of embarrassment. 彼女の顔は当惑の色を帯びた.
③ The lawyer took on a new secretary. その弁護士は新しい秘書を雇った.

731 **break down**
① 故障する
② 壊れる，（話し合いなどが）失敗に終わる
③ 取り乱す，（精神的に）参る

① My car broke down on the way to work, so I had to call for a tow truck.
私の車が通勤途中で故障してしまい，レッカー車を呼ばなければならなかった.
② The old building started to break down after years of neglect.
長年放置されて，その古い建物は崩壊し始めた.
③ She couldn't hold back her tears and broke down in front of everyone.
彼女は涙を抑えられず，みんなの前で取り乱した.

732 **break in** ①（泥棒などが）侵入する ② 横から口をはさむ（= cut in)，割り込む

① The burglars managed to break in while the homeowner was on vacation.
泥棒は，家の持ち主が休暇中になんとか家の中に侵入した.
② Mary was telling a story, but John broke in and started talking about something else.
メアリーが話をしていたが，ジョンが割り込んで他のことを話し始めた.

733 □□ **break up**

① 壊れる，解散する (= disband)，分かれる
② (学校などが) 休暇に入る

① The Beatles broke up in 1970, but their music continues to inspire generations of fans.
ビートルズは 1970 年に解散したが，その音楽は何世代ものファンに感動を与え続けている.
② Our school will break up for summer vacation next week.
私たちの学校は来週夏休みに入る.

734 □□ **come out**

① (太陽や月などが) 現れる (= appear)
② (真相などが) 明らかになる (= become known / come to light)
③ 出版 [発売] される (= be published / be brought out)

① The sun finally came out after a long period of rain.
長い雨の後，ついに太陽が出てきた.
② The results of the investigation will come out tomorrow.
明日，調査結果が明らかになる.
③ The new album by that popular band will come out next month.
あの人気バンドの新しいアルバムが来月発売される.

735 □□ **go off**

① 立ち去る，出発する
② (物事が計画通りに) 進む
③ (アラームなどが) 鳴る (= ring)，(銃が) 発射される，(爆弾などが) 爆発する (= explode)
④ 消える (= disappear)

① When the police arrived, they went off in different directions.
警察が到着したとき，彼らは別々の方向へ立ち去った.
② The construction work will go off as planned. 建設工事は予定通り進むだろう.
③ The alarm clock went off at six and woke me up.
6 時に目覚まし時計が鳴り，私は目が覚めた.
④ The lights in the room suddenly went off. 部屋の明かりが突然消えた.

736 □□ **hold on**

① 電話を切らないでおく (= hang on / hold on the line)
② 持ちこたえる (= hang on)
③ 待つ (= wait)

① Please hold on for a moment while I check the information.
情報を確認する間，少し電話を切らずにお待ちください.
② She managed to hold on despite the challenging circumstances.
彼女は困難な状況にもかかわらず，なんとか持ちこたえることができた.
③ I'll be right back; hold on a minute. すぐ戻ります. ちょっと待っていてください.

737 □□
pass away
① 過ぎ去る (= pass by) ② 亡くなる (= die / go to heaven)

▶ ①, ②ともに away を省略できる.

① Time passes (away) quickly when you're having fun.
楽しんでいるときは時間があっという間に過ぎ去る.

② We were deeply saddened when our beloved pet passed (away).
私たちは愛しいペットが亡くなったとき, 深い悲しみに包まれた.

738 □□
settle down
① (人やあらしなどが) 静まる (= calm) ② 定住する ③ くつろぐ, 身体を楽にする

① The storm finally settled down, and the sun came out.
嵐がようやく静まり, 太陽が出た.

② They decided to settle down in a small village by the sea.
彼らは海辺の小さな村に定住することに決めた.

③ After finishing their homework, the kids settled down in their rooms to play games.
宿題を終えたあと, 子供たちは部屋でゲームをしてくつろいだ.

739 □□
work out ① うまくいく, なんとかなる ② (ジムなどで) トレーニングする

① I hope everything works out in your job interview tomorrow.
明日の就職面接がすべてうまくいくことを願っています.

② I work out in the gym for an hour every morning to stay in shape.
毎朝 1 時間, 体調管理のためにジムでトレーニングしている.

◆ 他動詞用法として work out A「A を解決する (= solve A), A を考え出す」という表現もある: They are trying to work out a compromise. (彼らは妥協案を考え出そうとしている)

740 □□
get off
① (バス・電車などから) 降りる ② 出発する (= leave)

① The drunk man got off at the wrong station.
その酔った男は違う駅で降りてしまった.

② If you get off in the morning, the roads will be clearer.
午前中に出発すれば, 道路は空いているでしょう.

◆ get off A「A (電車・バスなど) から降りる」, get on A「A (電車・バスなど) に乗る」という表現もある: We are going to get off the train at the next station. (私たちは次の駅で電車を降ります)

741 □□
be ready to *do*
① …する用意ができている (= be prepared to *do*)
② …することもいとわない (= be willing to *do* / be prepared to *do*)

① The contract is ready to be signed.
その契約書は, あとは署名されるばかりになっている.

② The politician is ready to die for his cause.
あの政治家は大義のために死ぬこともいとわない.

742 □□
be bound to *do*

① …する義務がある (= be obliged to *do*)

② きっと…する (= be sure to *do*)

▶ この bound は bind「…を縛りつける」の過去分詞で,「…するように(義務・運命で)縛りつけられている」の意味.

① You are legally bound to notify the company two weeks before quitting.
あなたには退職する 2 週間前に会社に告知する法律上の義務がある.

② He is bound to fail.
彼はきっと失敗するだろう.

◆ be bound for A「A(目的地)行きである」という表現もある: This train is bound for Berlin.(この電車はベルリン行きです)⇒ 91

743 □□
be inclined to *do*

① …する傾向がある, …しがちだ (= tend to *do* / be apt to *do* / be prone to *do* / be liable to *do*)

② …したい気がする (= feel like *doing*)

▶ incline は「…を傾ける」という意味. ②は「何かをする方向に気持ちが傾いている→したい気がする」となる.

① She is inclined to be moody. 彼女は不機嫌になりがちだ.

② I am inclined to join in the beach cleanup. 浜辺の清掃に参加したいです.

744 □□
be liable to *do*

① …する傾向がある, …しがちだ (= tend to *do* / be apt to *do* / be prone to *do* / be inclined to *do*)

② …しそうだ, …する恐れがある (= be likely to *do*)

▶ ①は通例, 望ましくないことに対して用いる.

① He is liable to say anything that comes into his head.
彼は頭に浮かんだことを何でも口にする傾向がある.

② This computer is liable to break down any minute.
このコンピューターはつねに故障する恐れがある.

◆ be liable for A「A に法的な責任がある」という表現もある: We are liable for compliance with the regulation.(我々はその規定を順守する責任がある)

745 □□
hold good / hold true

① 当てはまる (= be the case)

② 有効である (= be valid)

▶ この good は「適した, 有効な」の意味.

① The argument holds good in any case. その主張はどのような場合にも当てはまる.

② This ticket holds good for 3 days. このチケットは 3 日間有効だ.

◆ 上記例文の①は The argument holds in any case. ②は This ticket is good for 3 days. とそれぞれ言い換えることができる.

746 □□
go by

① (時が) 経つ ② (人・車などが) 通り過ぎる

▶ この by は「そばを，近くを」から「(時間が) 過ぎて，(場所を) 通り過ぎて」の意味をもつようになった.

① Time seems to go by quickly as we get older.
年をとるにつれて，時間が経つのが早くなるようだ.

② I stood at the window, watching people go by.
私は窓辺に立ち，人々が通り過ぎるのを見ていた.

◆ pass by にも「(時が) 経つ，(人・車などが) 通り過ぎる」という意味がある.

747 □□
make it

① 成功する，うまくやる (= succeed)

② 時間に間に合う，(間に合って) 到着する

▶ この表現の it は特定の名詞を指すのではなく，状況を漠然とあらわしており「それ」とは訳さない.

① I studied hard and managed to make it into the university of my choice.
一生懸命勉強して，なんとか志望大学に合格することができた.

② I have a meeting at 9 a.m., but if I leave now, I can make it on time.
午前 9 時に会議があるけれど，今出発すれば時間に間に合う.

748 □□
make *one's* way

① 進む ② 成功する，出世する

① They made their way into the forest.
彼らは森の中に進んでいった.

② He made his way in the world.
彼は立身出世した.

◆ make way「道をあける」との区別に注意：Make way for the ambulance. (救急車に道をあけてください)

749 □□
a variety of A

① 様々な A (= various A)

② A の一種 (= a kind of A)

▶ ①では A に複数名詞，集合名詞が置かれ，②の「変種，異種」の意味では無冠詞の単数名詞が置かれる.

① She made this stew with a variety of vegetables.
彼女はさまざまな野菜を使ってこのシチューを作った.

② This fruit looks like a pear, but it is a variety of apple.
この果物はナシに似ているが，リンゴの一種だ.

Part 5

難関大を突破する最前線の熟語

127項目

このパートでは難関大受験生にとって欠かすことのできない慣用表現を網羅しています．最近の入試問題に頻出する「最前線の熟語」を集めました．

Section 1　自動詞＋前置詞＋ A

750 **dispense with A**
□□
A なしですます (= do without A / go without A / live without A / forgo A),
A を不要にする

▶ この dispense は「…を与える」, with は「…に関して」の意味.「A に関して, しないでもよいという特権を自分に与える→ A なしですます」となる.

The painter can dispense with an interpreter.
あの画家は通訳なしですますことができる.

751 **yearn for A**
□□
A を切望する (= long for A / crave (for) A / hanker after A),
A (人・物) を恋しく思う (= miss A)

Some who yearn for children adopt orphans.
子供がほしくて孤児を養子にする人もいる.

◆ yearn to *do*「…することを切望する」(= crave to *do* / hanker to *do*) という表現もある.

752 **drive at A**
□□
A を意図する, A を言おうとする (= get at A)

▶ 通例, 以下の例文でのみ用いる. what が A にあたる.

What are you driving at? あなたが言いたいのは何なのですか.

753 **tell on [upon] A**
□□
A (人) の体にこたえる, A に (不利に) 影響する

▶ この tell は「ものをいう, 影響を与える」の意味. 通例, マイナスの影響を与える場合に用いる.

Each step told on her tired legs.
一歩一歩が彼女の疲れた脚にはこたえた.

754 **yield to A**
□□
A (力・感情など) に屈する, A に降参する (= give in to A / give way to A / submit to A / surrender to A)

He yielded to temptation, eating two marshmallows.
彼は誘惑に屈してマシュマロを二つ食べた.

◆ yield A to B「(圧力などに屈して) A を B に明け渡す」(= surrender A to B) という表現もある.

755 **center around [on] A**
□□
(話題・関心・活動などが) **A に集中する, A を中心に展開する**

▶ この center は「中央とする」という意味の動詞.「A の近辺を中心とする→ A に集中する」となる.

The discussion centered around the constitutional amendment.
議論は憲法改正に集中した.

756 **ask after A**

A を見舞う，A の容態を聞く (= inquire after A)

▶ この after は「…のあとを追って→…を気づかって」の意味．

I'm calling to ask after Mr. Green in Ward 3.

(電話で) 第 3 病棟のグリーンさんの容態をお聞きしたいのですが．

757 **meddle in [with] A**

A に干渉する，A におせっかいを焼く (= interfere in A / put *one's* nose into A)

The spokesman accused the US of meddling in China's internal affairs.

スポークスマンは中国の内政干渉をしているとアメリカを非難した．

758 **abstain from A**

A を控える，A を避ける，A (投票) を棄権する

▶ abstain は「避ける，棄権する」という意味，from は〈分離〉の用法．

He took a vow to abstain from alcohol.

彼は酒を控えると誓った．

コラム to は「調和・一致・適合」を表す

go to extremes「極端に走る」/ go from bad to worse「悪化する」/ to *one's* heart's content「心ゆくまで」など，「…へ」を意味する〈方向・到達点〉の to はおなじみであろう．しかし，dance to music「音楽に合わせて踊る」/ the key to the door「ドアの鍵」などに見られるように，〈調和・一致・適合〉を表す to を意識している受験生は少ない．以下，入試によく出る慣用表現にフォーカスしてみよう．

◇ adapt (*oneself*) to A 「A に順応する」
◇ adjust (*oneself*) to A 「A に順応する」
◇ be used [accustomed] to A 「A に慣れている」
◇ be true to life 「実物そっくりである」
◇ be true to the original 「原作に忠実である」
◇ to A's taste 「A の好みに合って」(否定文・疑問文で使うことが多い)
◇ to A's liking 「A の好みに合って」(否定文・疑問文で使うことが多い)
◇ A made to order 「注文製の A」

Section 2　他動詞＋ A ＋前置詞＋ B

759 □□ **diagnose A as B**

A（病気・人）を B（病名）と診断する

▶ この diagnose は「…を診断する」，as は前置詞で「…として」の意味．

The doctor diagnosed her illness as pneumonia. 医師は彼女の病気を肺炎と診断した．

760 □□ **strike A as B** Gr 2 (9)

A（人）に B という印象を与える（= impress A as B）

▶ この strike は「…の心を打つ，…に印象を与える」，as は前置詞で「…として」の意味．

The story doesn't strike me as anything to laugh about.
その話は私には笑いごとだとは思えない．

761 □□ **treat A to B**　**A（人）に B をおごる**

▶ この treat は「…にごちそうする，…におごる」，to は「…に向けて」の意味．

She treated me to dinner.　彼女は私に食事をおごってくれた．

762 □□ **condemn A to B**

A（人）に B（苦境など）を強いる，A に B を運命づける

▶ S is condemned to A.「S は A を強いられる，S は A を運命づけられる」という受動態で使うことが多い．

He was condemned to a life of loneliness. 彼は孤独な生活を強いられた．

コラム as of A の謎

as of 2024 は「2024 年現在」と訳されることが多い（⇒ 432）．どうしてこのような意味になるのかは明確にはわかっていない．では，英語の母語話者（native speakers of English）はこの言いまわしをどう考えているのだろうか．信頼できる複数のインフォーマント（情報提供者）によれば，多くのネイティブスピーカーは as of を as for「…に関しては」の意味で使っているらしいということだ．厳密に言えば，〈as of 2024 = as for the situation in 2024〉と考えているようだ．とはいえ，日常会話ではたんに「…において」と置き換えて，そのつど簡便な表現で捉えているらしい．たとえば次のとおりである．

As of February 1st, 12 hostages were still alive.
「2 月 1 日の時点で，12 人の人質がまだ生きていた」
= On February 1st, 12 hostages were still alive.

また，as of は as from「…以降」という意味で使われることもある．その場合は，from ... on / starting ... という簡単な表現を思い浮べているようだ．

This price is effective as of next Friday.「この価格は次の金曜日から適用されます」
= This price is effective from next Friday on.
= This price is effective starting next Friday.

Section 3 3語以上の動詞句

763 **test positive for A**
(検査で) A (薬物・ウイルスなど) **の陽性反応がでる** (= be tested positive for A)

Athletes who tested positive for steroids were disqualified.
ステロイドの陽性反応がでた選手は失格となった.

◆ test negative for A「A の陰性反応がでる」(= be tested negative for A) という表現もある.

764 **eat away at A** A (岩・海岸など) **を浸食する**, **A** (金属など) **を腐食する**
▶ work away「せっせと働く」のように away には「どんどん」という意味がある.「A をどんどん食べていく→ A を浸食する」となる.

Waves have eaten away at the sand dunes. 波が砂丘を浸食してしまった.

765 **take A's breath away**
A (人) **をはっとさせる**, **A を圧倒する** (= overwhelm A),
A に (喜び・驚きで) **息もつかせない**
▶ take A away は「A を取り除く」の意味.

The beauty of the Taj Mahal took my breath away.
タージマハルの美しさに私は息をのんだ.

766 **pave the way for [to] A**
A (新たなこと・未知のこと) **への道をひらく**
▶ この pave は「…を舗装する」の意味.「A のために道を舗装する→ A への道をひらく」となる.

The data from the probe will pave the way for a more detailed exploration of Mars.
探査機からのデータが, 火星についてのより詳細な調査への道をひらいてくれるだろう.

767 **see A as a glass half full**
A を楽観的にみる (= be optimistic about A / look at [on] the bright side of A)
▶ コップに半分の水が入っている状態を「半分も入っている」と考えること.

On the whole, I see things as a glass half full. 私はたいていは物事を楽観的にみる.

◆ see A as a glass half empty「A を悲観的にみる」(= be pessimistic about A / look at [on] the dark side of A) という表現もある.
◆ see the glass (as) half full「楽観的である」, see the glass (as) half empty「悲観的である」という表現もある.

768 **hit the [a] glass ceiling / reach the [a] glass ceiling**
ガラスの天井にぶつかる, グラスシーリングにあう, 目に見えない障壁にぶつかる
▶ glass ceiling「ガラスの天井」とは, 資質や実績があっても, 女性やマイノリティーが一定の職位以上には昇進させてもらえない風潮や阻害要因のこと. 皆を平等に扱うという建前なのに見えない障害があることを比喩的に示している.

When women aspire to higher office, they often hit the glass ceiling.
女性が上級職を望むと, 見えない障壁にぶつかることが多い.

769 **sit on the fence**

どっちつかずの態度をとる，日和見(ひよりみ)的な態度をとる，まだ決まっていない

▶「フェンスの上に座る」が文字どおりの意味．「どちらの側にもまだ降り立っていない」とイメージしてみよう．

The weakness of the book is that it sits on the fence on important issues.
その本の欠点は，重要な問題に関してどっちつかずだという点だ．

770 **bring A to the table**

A（議案など）を会議の場に提供する，A（貢献・恩恵）をもたらす

▶「A をテーブルまで持ってくる」が原義．table には「仕事や話し合いの場」といった意味がある．

He often brings fresh ideas to the table when we launch a new project.
新しい企画を始めるとき，彼は新しいアイディアをよく持ち込んでくれる．

771 **rub salt in the wound(s)**

人の気持ちをさらに傷つける，傷口に塩を塗る，不幸が続く

Losing was bad enough. Watching them receive the trophy rubbed salt in the wound.
負けただけで十分つらいが，相手がトロフィーを授与されるのを見るのはなおさらだった．

◆ rub it in「（嫌なことを）繰り返し言う」，rub A the wrong way「A（人）の気持ちを逆なでする」という表現もある．

772 **come home to A**

A（人）にとって痛切に感じられる

▶ drive a nail home（釘を深く打ち込む）のように，home には「ぐさりと，深く，痛切に」という意味がある．「A の心の深いところまでやってくる→痛切に感じられる」となる．

The danger of tsunamis came home to me when I saw a documentary on them.
津波に関するドキュメンタリーをみて，私は津波の危険性を痛切に感じた．

773 **bring A home to B / bring home to B A**

A（重大・困難なことなど）を B（人）に痛感させる

▶ home は「ぐさりと，深く，痛切に」の意味．bring A home to B は「A を B の心の深いところまでもってくる→ A を B に痛感させる」となる．A が節などで長くなる場合は以下の例文のように bring home to B A を用いる．

The sight brought home to me the misery of the lives in concentration camps.
その光景は私に強制収容所の悲惨な生活を痛切に感じさせた．

774 **make a fuss about [over] A**

A のことで騒ぎ立てる，A のことですったもんだする

▶ この fuss は「（不必要な）大騒ぎ」の意味．

Don't make such a fuss about a mere scratch.
ほんのかすり傷でそんな大騒ぎをするな．

775 **catch up on A**　A（勉強・仕事など）の遅れを取り戻す

I need to catch up on my work this weekend.
この週末に仕事の遅れを取り戻す必要がある.

◆ catch up「追いつく，追い上げる」という表現もある：Go ahead. I'll catch up soon.（先に行ってください．すぐに追いつきます）

776 **go against the grain / cut against the grain**
（人・物の）性質に合わない，意に反する
▶ この grain は「木目（もくめ）」の意味.「木目に反している［削る］」が原義.

We followed the new supervisor's advice, though it went against the grain.
意に反するものであったが，我々は新しい監督者の忠告に従った.

777 **have a long way to go**
（目標達成まで）かなりの道のりがある，先は長い

I have a long way to go before I even approach his skill level.
彼のような腕前に近づくことすら，私にはまだまだ先は長い.

◆ go a long way「大いに役立つ」（= be very helpful / go far）という表現もある. ⇒ 922

778 **give up A for［as］dead / give A up for［as］dead**
A（人）が死ぬと［死んだものと］あきらめる

The doctors had virtually given her up for dead, but she eventually recovered.
医師たちは彼女が助からないとほとんどあきらめかけていたが，結局彼女は回復した.

779 **take（*one's*）leave of A**
A（人・場所）に別れを告げる（= say goodbye to A）
▶ leave には「別れ，いとまごい」という意味がある. ⇒ 544
▶ 通例，見送る側ではなく，去る側が用いる.

I took leave of the others and made my way home alone in the snow.
私はみんなに別れを告げて，一人雪の中を家路についた.

780 **take leave of *one's* senses**
正気を失う（= go mad / go insane / become uncontrolled / lose *one's* mental faculties）
▶ この senses は「平常心，正気」の意味.「平常心に別れを告げる→正気を失う」となる.

Come on! Have you completely taken leave of your senses?
いいかげんにしろ．完全に正気を失ったのか.

781 **put *one's* nose into A / stick *one's* nose into A**
A に干渉する，A に口出しする（= interfere in A / meddle in A）
▶「A のなかに鼻を突っ込む」が原義.

My sister is always putting her nose into my personal business.
私の姉はいつも私の個人的なことに干渉する.

◆ nosy / nosey「詮索好きな，おせっかいな」という形容詞もある.

782 □□ **take a fancy to A**　Aを好きになる

▶この fancy は「好み，嗜好」の意味.

I took a fancy to the kitten the moment I laid eyes on it.
見かけたとたん，私はその子猫が好きになってしまった.

◆ have a fancy to [for] A「Aが好きである」(= be fond of A) という表現もある.

コラム　点を表す at

at は，空間的・時間的な広がりを持たない〈点〉を表す.「…の点で [へ]，…のところに [で]」がその中核的意味で，おもに場所・分野・時間の「一点」について用いられる．たとえば，be good at A は「Aという一点においてよい→Aが得意だ」と考えることができるし，be at a loss は「喪失の地点にいる→途方にくれている」と解することができる．以下，代表的なものを列挙しよう.

◇ at best　「よくても，せいぜい」
◇ at *one's* best　「最もよい状態で」
◇ at ease　「落ち着いて，くつろいで」
◇ at first　「最初のうちは」
◇ at hand　「手元に，近づいて」
◇ at heart　「心の底では」
◇ at risk　「危険な状態で」
◇ at stake　「危機に瀕して，賭けられて」
◇ at a distance　「ある距離をおいて」
◇ at a glance　「ひと目見て」
◇ at a [one] time　「一度に」
◇ at the same time「同時に」
◇ at *one's* wits' [wit's] end　「考えあぐねて，途方にくれて」
◇ at A's convenience　「Aの都合のよいときに」
◇ at the mercy of A　「Aのなすがままになって」
◇ at the sight of A　「Aを見て」
◇ at the thought of A　「Aを考えて」
◇ be bad [poor] at A　「Aが不得意だ」

また，集中・活動・従事の〈点〉を表すこともある.

◇ at church　「礼拝中」
◇ at issue　「論争中の [で]」
◇ at lunch　「昼食中」
◇ at school　「授業中，学校で」
◇ at work　「仕事中」

Section 4　be ＋形容詞＋前置詞＋ A

783 □□ **be lined with A**

（道・棚などに）**A が並んでいる**

▶ 動詞の line には「…を並べる」という意味がある.

The sidewalk is lined with trees and lampposts. その歩道は街路樹と街灯が並んでいる.

784 □□ **be flanked by［with］A**

側面に A がいる，A で脇を固めている

▶ flank は名詞として「（牛などの）脇腹，フットボールチームの陣形の側面」，動詞として「…の側面に位置する」の意味.

The president was flanked by bodyguards.
大統領は両脇をボディーガードに守られていた.

785 □□ **be short for A**

A（正式名称など）**の短縮形である，A の略である**（= stand for A）

B.C. is short for "before Christ."
B.C. は before Christ（紀元前）の略である.

◆ be short of A「A が不足している」との区別に注意：I'm short of money this month, so I can't go on a vacation.（今月はお金が不足しているので，休暇に出かけられない）

786 □□ **be cut out for A**　（生まれつき）**A に向いている**

▶「A のために切り取られている」が原義．そこから，「A にぴったりと合った（素材で）」という意味が生まれた.

▶ 否定文・疑問文で用いることが多い.

I don't think I am cut out for manual labor.
私は自分が肉体労働に向いているとは思いません.

◆ be cut out to *do*「…するのに向いている」という表現もある.

787 □□ **be hard up for A**

A がなくて困っている（= be pushed for A）

▶ この hard up は「困窮して」の意味．hard up には「嵐の中で舵を上手いっぱいにきる状態」という意味がある.「嵐に遭っている状態にある→困難な状態にある」となる.

He seems to be well off, but actually he is hard up for money.
彼は裕福に見えるが，実は金欠で困っている.

788 □□ **be vulnerable to A**

A（攻撃・誘惑など）**に対して脆弱である，A**（病気など）**にかかりやすい，A**（批判・非難など）**を受けやすい**（= be open to A / be susceptible to A）

▶ この vulnerable は「弱い，攻撃を受けやすい」という意味の形容詞.

The fort is vulnerable to attack from the east. その砦(とりで)は東からの攻撃に弱い.

789 **be susceptible to A**

A（病気など）にかかりやすい，A の影響を受けやすい（= be open to A / be vulnerable to A）

▶ この susceptible は「感染しやすい，影響を受けやすい」という意味の形容詞.

I am susceptible to colds. 私は風邪を引きやすい.

790 **be intent on [upon] A**

A に没頭している，A に熱中している（= be absorbed in A）

▶ この intent は「注意を集中して」の意味. on は〈意識の接触→意識の集中〉を表す.

The researchers are intent on finding ways to eliminate deadly childhood diseases.
研究者たちは致命的な小児病の根絶方法をさがすことに没頭している.

791 **be hooked on A**　A に夢中である（= be crazy about A / be keen on A）

▶ hook は名詞として「(引っかけるための) ホック，釣り針」，動詞として「(比喩的に) (人) を釣る，巧みに誘う，関心を持たせる」の意味.

She has been hooked on making boxed lunches recently.
彼女は最近お弁当作りに夢中だ.

792 **be possessed of A**

A（富・才能・物など）を持っている（= possess A / be blessed with A / be endowed with A）

▶ この possessed は「所有している」の意味の形容詞.

She is possessed of great wealth. 彼女は大きな財産を所有している.

793 **be possessed by [with] A**

A にとりつかれている，（あまりに好きで・心配で）A で頭がいっぱいである（= be obsessed by [with] A）

▶ この possessed は「とりつかれた」という意味の形容詞.

Humanity has always been possessed by power. 人類はいつも権力にとりつかれてきた.

794 **be occupied with [in] A**

A で忙しい（= be busy with A），A に従事している（= be engaged in A）

▶ 動詞の occupy は「…を占める」の意味. この occupied は「手が塞がれている，忙しい」という意味の形容詞.

After having three kids, she has been occupied with taking care of them.
三人の子供を持ってから，彼女はその世話で忙しい.

795 **be devoid of A**

A（本来は必要なもの）が欠けている（= be without A / be void of A / be missing A / be lacking in A）

▶ devoid は「(…が) ない，(…が) 欠けている」という意味の形容詞.

He seems to be devoid of compassion. 彼は思いやりが欠けているようだ.

796 □□ **be akin to A** Aに似ている (= be similar to A)，Aと同族だ，Aと親戚だ

▶ akin は「類似した，同種の」という意味の形容詞．

Forcing people to listen to this terrible music is akin to torture.
人にこんなひどい音楽を聞かせるのは拷問のようなものだ．

797 □□ **be eligible for A**

A（年金受給・釈放など）の資格がある，A（職務・地位など）にふさわしい
(= be qualified for A / be fit for A / be suitable for A / be appropriate for A)

▶ eligible は「選ばれる資格がある」という意味の形容詞．

A model prisoner, he is now eligible for release after having served half his term in prison.
模範囚である彼は，刑期の半分を務めて現在釈放される資格がある．

◆ be eligible to *do*「…する資格がある」という表現もある．
◆ ⇔ be ineligible for A「Aの資格がない，Aにふさわしくない」

Part 5 Section 4

コラム 語順の食い違い

語順 (word order) が「自然な英語」と「不自然な英語」を分かつことがある．日本人にとって，四季といえば「春夏秋冬」の順であるが，英語圏の人たちは「冬春夏秋」の順で言い表そうとする．日本語と英語では，語順が異なったり，逆になったりするものがある．ここでは代表的なものを以下に列挙しよう．

◇春夏秋冬 → winter, spring, summer and fall (冬春夏秋)
◇遅かれ早かれ → sooner or later (早かれ遅かれ)
◇東西南北 → north, south, east and west (北南東西)
◇夢と希望 → hopes and dreams (希望と夢)
◇飲食 → eating and drinking (食飲)
◇住所氏名 → name and address (氏名住所)
◇売買 → buying and selling (買売)
◇左右 → right and left (右左)
◇白黒 → black and white (黒白)
◇新旧 → old and new (旧新)
◇貧富 → wealth and poverty (富貧)
◇需要と供給 → supply and demand (供給と需要)
◇老いも若きも → young and old (若きも老いも)
◇古き良き時代 → the good old days (良き古き時代)
◇あれこれ → this and that (これあれ)
◇あっちこっち → here and there (こっちあっち)
◇前後に → back and forth (後前に)

Section 5　前置詞＋ A

798 □□ **in style**　豪華に，優雅で，派手で

▶ この style は「(振る舞いの) 優雅さ，品の良さ」の意味.

The wedding was fantastic. They celebrated in style.
彼らの結婚式は素晴らしかった．とても豪華な式だった.

799 □□ **to the letter**

文字通りに (= literally)，言われたとおりに，正確に (= accurately)

▶ この to は「…に合わせて，…に応じて」，the letter は「字義，文字通りの意味」の意味.

They followed the instruction to the letter.
彼らは言われたとおりその指示に従った.

800 □□ **on the march**

(軍隊が) 進軍して，進展中で，台頭しつつあって

▶ この on は「…の最中で」，march は「行進」の意味.「行進中で」が原義.

Medical science is always on the march.
医学はつねに進歩している.

801 □□ **in the pipeline**

進行中で (= in progress / under way)，開発中で

▶ pipeline (パイプライン) の中でどんどん進んで行くイメージ.

Does your team have anything in the pipeline at the moment?
あなたのチームで現在進行中の案件はありますか.

802 □□ **of *one's* own accord**

(人が) 自発的に (= voluntarily)，(物・事が) ひとりでに (= of *oneself*)

▶ この accord は「一致，合致」の意味.「自分の意思に合致して→自発的に」となる.

She gave a donation to a charity of her own accord.
彼女は自発的にチャリティーに寄付をした.

803 □□ **to the effect that S V**　…という趣旨の

▶ この effect は「趣旨・内容」の意味．that は同格節を導く接続詞.

He said something to the effect that he would have to change jobs.
彼は転職しなくてはならないだろうという趣旨の発言をした.

804 □□ **to the point**

要領を得ている，的を射ている (= relevant / appropriate)

▶ この to は〈適合・一致〉の用法.「ポイント (要点) と適合して→要領を得て」となる.

The instructions were precise and to the point.
指示は正確で要領を得ていた.

◆ ⇔ beside [off] the point「要領を得ない，的はずれで」⇒ 404

805 □□ **at A's convenience**

Aの都合のよい時に

▶ このconvenienceは「好都合」の意味．

Please come at your earliest convenience. 都合がつきしだい来てください．

806 □□ **in due course / in due time**

やがて (= in the course of time)，事が順調にすすめば

▶ このdueは「予定される，順当な」，courseは「進路，進行」の意味．「順当に進路を進めば→やがて」となる．

You will find out what this means in due course.
これが何を意味するか，やがてわかるでしょう．

807 □□ **in earnest**

(人が) 本気で，真剣に (= seriously)，(事が) 本格的に

▶ このearnestは「誠実さ，真面目さ」の意味の名詞．

The election campaign has begun in earnest. 選挙戦が本格的に始まった．

808 □□ **in question**　**当の，当該の，問題の**

▶ 名詞の直後に置くことが多い．

I will explain the matter in question.
当該案件についてご説明いたします．

◆ ⇔ out of the question「問題外で」(= impossible) ⇒ 387

809 □□ **behind bars**　**獄中で**

▶ このbarは「(牢獄の) 鉄格子」の意味．

He spent most of his life behind bars.
彼は人生のほとんどを獄中で過ごした．

◆ barには「法曹界，弁護士業」の意味もあり，bar exam「司法試験」，pass the bar「司法試験に合格する」という表現もある．

810 □□ **on trial**　**裁判中で，裁判にかけられて**

▶ このonは「…の最中で」，trialは「裁判，審理」の意味．

The case is now on trial. その事件は今裁判中です．

◆ put A on trial「A (人) を裁判にかける」という表現もある．

Section 6　群前置詞

811 □□ **at the foot of A**　A（山・丘など）のふもとに

The church is at the foot of the hill. 教会は丘のふもとにある.

◆ at the mouth of A「A（川）の河口に」という表現もある.

812 □□ **in the company of A / in A's company** Gr 28

A（人）と一緒に（= with A）

▶ company は「共に（com）＋パンを食べる仲間（pany）」が原義. ここでは「同行, 同席, 一緒にいること」の意味.

I traveled in the company of two friends as far as Istanbul.
私は二人の友達と一緒にイスタンブールまで旅をした.

◆ 例文中の as far as A「A（場所）まで」も重要な群前置詞.

813 □□ **in the hands of A / in A's hands**

A の管理下で, A に支配されて, A の手の中に

▶ この hand は「（管理の象徴としての）手, 管理, 支配」の意味.

The captain has the lives of several thousand people in his hands.
船長は数千人の命を預かっている.

814 □□ **in the dark about A**　A について知らないで

▶「A については真っ暗闇の中にいる」が原義.

She kept him in the dark about her abortion.
彼女は妊娠中絶したことを彼には隠しておいた.

815 □□ **as opposed to A**

A とは対照的に（= in contrast to [with] A）, A ではなく

▶「A とは対照的なものとして」が原義.

He is optimistic, as opposed to his mother. 母親とは対照的に, 彼は楽観的だ.

816 □□ **for all A** Gr 28

A にもかかわらず（= despite A / notwithstanding A / with all A / in spite of A）

▶ この for は〈交換〉の用法.「すべての…と引き換えにしても」が原義. ⇒ 669

For all their efforts, they failed to score.
努力したにもかかわらず, 彼らは得点できなかった.

817 □□ **in accordance with A** Gr 28

A に従って, A に一致して

I will act in accordance with your instructions. ご指示に従って行動します.

◆ accordingly「それに従って」, accord with A「A と一致する」という表現もある: When we receive your instructions, we will act accordingly.（ご指示をいただきましたら, それに従って行動します）

818 □□ **in [over] the course of A** Gr 28

A の間に，A するうちに (= during A)

▶ この course は「推移，経過」の意味.

We may encounter dangers in the course of this expedition.
今回の探検の間に我々は危険に遭遇するかもしれない.

◆ in (the) course of time「時間の推移の中で→そのうちに，やがて」(= in due course) という表現もある. ⇒ 806

819 □□ **on the brink of A / on the verge of A**

A の寸前で，今にも A しようとして (= on [at] the point of A)

▶ この brink は「へり，境界線」，verge は「絶壁のふち，端」の意味.

The firm is on the verge of bankruptcy.
その会社は倒産寸前だ.

820 □□ **in the wake of A**

A の結果として (= as a result of A)，**A の通過後に**

▶ この wake は「船の通った跡」の意味.「船が通った跡に」が原義.

Airport security became extra tight in the wake of a bomb threat.
爆破予告を受けて空港の警備はきわめて厳重になった.

821 □□ **for [in] the cause of A**

A (正義・平和など) **のために**

▶ この cause は「大義」の意味.

Let us be united and fight for the cause of justice.
正義のために団結して戦おう.

822 □□ **in the event of A**

A の場合には (= in case of A)

In the event of a fire, please do not use the elevator.
火事の際は，エレベーターを使用しないでください.

823 □□ **in token of A** Gr 28

A の印として，A の証拠に (= as a token of A)

She gave him a rose in token of her affection.
彼女は彼に愛情の印としてバラを贈った.

Section 7　副詞句を中心とした熟語

824 **vice versa**　逆もまた真なり

▶ この表現はラテン語由来で「位置が逆転した」が原義.

Animals and insects cannot do without plants and vice versa.
動物や昆虫は植物なしでは生きられないが，逆もまた真なりである.

◆ The reverse is also true. で言い換えることもある.

825 **down the road**

いつか，将来は，やがては (= sometime in the future)

▶「その道の先に」が原義.

If you cut corners now, you will have to pay the price down the road.
いま手を抜くと，いつかその代償を払うことになる.

826 **behind the curtain**

秘密に，こっそり，黒幕になって，カーテンの向こうに

I know what is going on behind the curtain.
内密に何が起こっているか私は知っている.

◆ 冷戦時代の共産主義陣営内のことを指して，behind the iron curtain「鉄のカーテンの向こうに」ということもある.

827 **behind closed doors**　非公開で，こっそりと

▶「閉まったドアの後ろに」が原義.

The trial will be held behind closed doors. その裁判は非公開で行なわれる.

828 **from dawn to dusk**　朝から晩まで

▶ この dawn は「夜明け，明け方」，dusk は「夕暮れ時，たそがれ」の意味の名詞.

We worked from dawn to dusk, seven days a week.
我々は朝から晩まで，年中無休で働いた.

829 **before A's very eyes**

A の目の前で

▶ この very はあとの名詞を強調する用法で「まさに」の意味.

The murder took place before our very eyes.
その殺人事件は我々の目の前で起こった.

◆ before は「…の前に」の意味であるが，次のように比喩的に用いられることがある：He bowed before authority.（彼は権力の前に屈した）

830 **all told**

全部で，合計で (= altogether / in all)，全体として (= as a whole)

▶ この told は「…を数える」の意味の tell の過去分詞.「すべてが数えられて」が原義.

Our debts are 3 billion yen all told. 負債額は総額三十億円です.

831 □□ **as A go**

ふつうの A を考えると，並みの A と比べると

As kids' movies go, it was reasonably entertaining.
子供向けの映画にしては，その映画はまあまあ楽しかった．

◆ A には通例，複数名詞が置かれるが，as the world goes「世間並みに言えば」という表現もある：As the world goes, love remains the most powerful force in the universe.（世間並みに言えば，依然として愛は宇宙で最も強い力である）

832 □□ **as it happens**

たまたま（= by chance），**実は**（= actually），**あいにく**（= unfortunately）

▶ 意外なことを述べるときに用いる．過去形は as it happened

As it happens, I have the very book you want.
たまたま私は，あなたが欲しがっているまさにその本を持っている．

833 □□ **such as it is / such as they are**

つまらないものだが，お粗末ながら

▶「それは現状のようなものではあるが→それは大したものではないが」となった．話し言葉として用いることが多い．

You are welcome to use my car, such as it is.
大した車ではありませんが，どうぞお使いください．

834 □□ **to and fro**

あちらこちらへ（= back and forth）

▶ fro は「あちらへ，向こうへ」の意味であるが，to and fro という成句でしか用いない．

He stood up and began to pace to and fro.
彼は立ち上がり，あちこちに行ったり来たりし始めた．

コラム 生物を使ってたとえる as ... as 構文

as ... as A「A と同じくらい」の A の位置に生物をおいてたとえる慣用表現がある．ここでは入試頻出の6つを紹介しよう．

◇ be (as) busy as a beaver 「ビーバーのように忙しい→とても忙しい」
◇ be (as) busy as a bee 「ハチのように忙しい→とても忙しい」
◇ be (as) cunning [sly] as a fox 「キツネのようにずる賢い→とてもずる賢い」
◇ be (as) free as a bird 「鳥のように自由である→とても自由である」
◇ be (as) happy as a lark 「ヒバリのように楽しい→とても楽しい気分である」
◇ be (as) wise as an owl 「フクロウのように賢い→とても賢い」

▶ 英語圏では，フクロウはしばしば知恵の象徴として用いられる．

Section 8　動詞を中心とした熟語

835 □□
smoke out A / smoke A out

A（動物・人など）をいぶし出す，
A（犯人など）を（隠れ場所から）追い出す（= drive out A）

▶ out は「追い出して」という意味の副詞.

We smoked bees out of their hive.　我々は巣から蜂をいぶし出した.

836 □□
muscle out A (of B)

（B から）A を力ずくで追い出す（= expel A / force out A）

▶ この muscle は「強引に押し進む」という意味の動詞.

He was muscled out of the leadership of the company in the board meeting.
取締役会で彼は会社のトップの座から追い出された.

837 □□
drive out A / drive A out

A（人・物）を追い出す，A を排斥する（= exclude A）

▶ drive には「…を追いやる」の意味がある.

Bad money drives out good.
悪貨は良貨を駆逐する.（= 低俗な人やものが繁栄することで善良な人や良質なものが衰退する）

838 □□
wipe out A / wipe A out

A（敵・問題・記憶など）を一掃する，A を絶滅させる（= destroy A / extinguish A / exterminate A / eradicate A / kill off A）

▶ この wipe は「…を拭く」，out は「（汚れなどが）落ちて，消えて」の意味．汚れを拭いて落とすように完全になくすというイメージ.

The government promised to wipe out poverty.　政府は貧困を一掃すると約束した.

839 □□
root out A / root A out

A を根絶する（= eradicate A / get rid of A）

▶「根から断ち切ってなくす」が原義．be sold out「売り切れる」のように out には「なくなって，尽きて」の意味がある.

Action is being taken to root out corruption in the police force.
警察の腐敗を根絶するための処置が今まさに実施されている.

840 □□
wash up A / wash A up

A（漂流物・人・動物）を岸に打ち上げる

▶ 通例，受動態で用いる.

A large whale was found washed up on Auckland's Red Beach this morning.
巨大なクジラがオークランドのレッドビーチに打ち上げられているのが今朝発見された.

◆ The waves are washing the shore.「波が岸を洗っている」のように，wash には波を主語にして「…に打ちつける，…を洗う」という意味もある.

841 □□ **water down A / water A down**

A の効果を薄める，A（言葉の強さ・内容の濃さなど）をやわらげる

▶ この water は「…を水で薄める」という意味の動詞.

If you make an excuse in apologizing, it will water down your apology.
謝罪するときに言い訳をすると，謝罪の効果が薄まってしまう.

842 □□ **leaf through A**

A（本のページなど）をパラパラとめくる，A（本など）をざっと読む（= skim through A）

▶ leaf には「本の一枚（表と裏の2ページ分）」の意味の名詞があるが，この leaf は「ざっと目を通す」という意味の動詞．through には「最初から最後まで」という意味がある.

I leafed through the remaining pages.
私は残りのページをパラパラとめくった.

843 □□ **beef up A / beef A up**

A（組織・設備・政策など）を強化する（= strengthen A）

▶ beef には「牛肉」だけではなく「筋肉」の意味がある．beef up は「筋肉をアップさせる→強化する」となる.

We need to find some new players to beef up the team.
チームの強化につながる新しいプレイヤー数人を探す必要がある.

844 □□ **map out A / map A out**

A（戦略・計画など）を詳細に作成する

▶ 動詞の map「地図を描く」という意味から「未来図を描く」というイメージを持つとよい.

Our agents will help you to map out a strategy for wealth accumulation in the future.
我が社の担当者が，将来の資産形成のための戦略を立てるお手伝いをします.

845 □□ **cross out A / cross A out**

線を引いて A を消す，バツ印をつけて A を消す（= delete A）

If you think it's wrong, cross it out and write it again.
それが間違いだと思ったら，取り消し線を引いて書き直しなさい.

◆ ink out A「A をペンなどで塗りつぶして消す」，white out A「A を修正液で消す」という表現もある.

846 □□ **cover up A / cover A up**

A（悪事・本心など）を隠す，A を隠ぺいする（= hide A / conceal A）

They tried to cover up the bribery.
彼らは賄賂をもみ消そうとした.

◆ ⇔ reveal A「A を明らかにする，A を人に漏らす」

847 □□
build in A / build A in
A（家具など）を作りつけにする，A（条件など）を組み入れる，A を盛り込む（= include A / incorporate A）

▶「ビルトイン」は「前もって取り付けられた」という意味で，日本語でも使われる．

Legislators are building in additional measures to protect business interest abroad.
議員たちは海外での企業の権益を保護するための追加策を組み入れている．

848 □□
ward off A / ward A off
A（人・動物・攻撃など）をかわす，A を防ぐ（= defend against A / protect against A / guard against A / stave off A），A を追い払う（= repel A / drive away A）

▶ ward という単語は古くは「保護する」という意味の動詞として用いられた．動詞としては現在では ward off A という表現としてのみ使われる．

She was given a magic charm to ward off evil spirits.
彼女は悪霊を払うためのお守りをもらった．

849 □□
tell off A / tell A off
A を叱る（= scold A / dress down A / call down A）

▶ scold A for B「B のことで A を叱る」のように，for で叱る理由を述べることがあり，以下の例文でも用いられている．

The teacher told the boy off for swearing.
乱暴な言葉づかいをしたことで，先生が少年を叱った．

850 □□
wrap up A / wrap A up
A（仕事・議論など）を終わりにする，A をまとめる

▶ wrap は「…を包む，…をくるむ」の意味．「包んでまとめて終わりにする」というイメージだと覚えやすい．

They will wrap up the meeting fairly quickly.
彼らはあっという間に会議を終えてしまうでしょう．

◆ 自動詞用法として S wrap up.「S が終わる」という表現もある．

851 □□
mess up A / mess A up
A をしくじる（= bungle A），A を台なしにする（= spoil A），A を散らかす

We had a chance to win the game and we messed it up.
試合に勝つチャンスはあったが，ものにできなかった．

◆ 自動詞用法で S mess up.「S がしくじる」という表現もある：I really messed up on the second question on the test.（テストの第 2 問目でひどくしくじってしまった）

852 □□
strike up A / strike A up
A（演奏・会話・交友など）を始める

It can be difficult to strike up a conversation with a complete stranger.
まったく見知らぬ人との会話を始めるのは難しいこともある．

◆ 自動詞用法として S strike up.「S（歌・演奏）が始まる」という表現もある：When the national anthem strikes up, people put their hands to their chests.（国歌斉唱が始まると，人々は自分の手を胸に当てる）

853 □□ **carry through A / carry A through**

A（仕事など）をやり抜く，A を成し遂げる（= accomplish A / get through A）

▶ この through は「終わりまで」の意味．「終わりまで運んで行く→やり抜く」となる．

Be sure to carry the project through to the end.
必ず最後までプロジェクトをやり抜きなさい．

854 □□ **rake in A / rake A in**　**A（大金）を儲ける**（= shovel in A），**A を手に入れる**

▶ rake は名詞で「熊手」，動詞で「…をかき集める」の意味．熊手でかき集めるように儲けるイメージ．

The movie has raked in more than $100 million worldwide.
その映画は全世界での興行収入が 1 億ドルを超えた．

855 □□ **cash in on A**

A に目をつけて儲ける（= capitalize on A），
A（機会など）を利用する（= trade on A / take advantage of A）

▶ cash は「現金」の意味の名詞だけでなく，「現金に換える」という意味の動詞の用法がある．

The hotel is cashing in on the area's emergence as a golf mecca.
その地区がゴルフのメッカとして台頭してきたのを利用してそのホテルは儲けている．

856 □□ **sing along**　（人・曲・楽器と）**一緒に歌う**

▶ この along は「一緒に」の意味．例文の to は〈調和〉の用法で「…に合わせて」の意味．

The radio station played a Louis Armstrong song, and I found myself singing along to it.
ラジオでルイ・アームストロングの曲が流れると，いつの間にか一緒に歌っていた．

857 □□ **go public**　（個人会社が）**株式を公開する，株式会社になる**

▶ この public は「上場した，株式を公開した」という意味の形容詞．

The company went public in September 1989.
その会社は 1989 年 9 月に株式を公開した．

858 □□ **cut corners**　**手を抜く，近道をする**

▶「運転手が角を曲がらずに近道をする」が原義．

The encyclopedia took nearly 30 years to complete because its makers refused to cut corners.
制作者たちが手を抜くことを拒んだので，その百科事典は完成にほぼ 30 年かかった．

859 □□ **hit bottom**　（値段・経済指標などが）**底値になる，底を打つ**

Stock prices of the New York Stock Exchange finally hit bottom.
ニューヨーク証券取引所の株価はやっと底を打った．

◆ peak out「頭打ちになる」という表現もある：The housing market in the city has finally peaked out after several years of steady growth.（市内の住宅市場は，数年にわたる安定した成長の後，ついに頭打ちになった）

860 **practice medicine** 医院を開業する，診療する

▶ この practice は「(医療・法律など) に従事する，…を開業する」，medicine は「医療・医術」の意味.

He has been licensed to practice medicine.
彼は開業医としての免許を受けている.

◆ practice law「弁護士を開業している」という表現もある.

861 **pull A's leg**

A をからかう (= tease A)

▶「足を引っ張る，邪魔をする」の意味はないことに注意.

Don't pull my leg. I've had enough. からかわないで．もうたくさんだ.

862 **call A names**

(特に子供が) A (人) をののしる，A を蔑称で呼ぶ

▶ この names は fool (馬鹿者)，chicken (臆病者) のような「蔑称」の意味．call A B「A を B と［で］呼ぶ」の文型なので，「A を蔑称で呼ぶ→ A をののしる」となる.

The boy is worried that if he wears glasses at school, the other children will call him names.
その男の子は，学校でメガネをかけたら他の子供たちにからかわれると心配している.

◆ He called me names. (彼は私をののしった) と He called my name. (彼は私の名前を呼んだ) を混同しないように注意.

863 **call it a day** (一日の仕事を) 終わりにする

▶ この it は「目の前の仕事の状態」を指している．「そのあたりを一日分の仕事と呼ぶことにしよう→今日はここまでにしよう」となる.

Since it's getting dark, let's call it a day.
暗くなってきたから，このへんで終わりにしよう.

◆ 夜であれば，call it a night を用いることもある.

864 **be at［behind］the wheel** ハンドルを握っている，運転している

▶ この wheel は「車のハンドル」の意味.

She is a different person when she is at the wheel.
ハンドルを握ると，彼女は別人になる.

◆ be at the wheel of A「A を支配している」という表現もある.

865 **be at the helm of A**

A の実権を握っている，A の指導者である (= be in control of A)

▶ この helm は「船の舵」の意味．「船の舵を握って」が原義.

She is the first woman to be at the helm of this corporation.
彼女はこの会社の実権を握る初めての女性だ.

866 **be on (*one's*) guard** 警戒している，用心している

▶ この on は「…の最中で」，guard は「警戒，用心」の意味で，よって「警戒中である」となる．何を警戒するかを示すときは以下の例文のように against「…に対して」を用いる．

When in tourist spots, you have to be on your guard against pickpockets.
観光地にいるときは，スリに気をつけなくてはならない．

◆ ⇔ be off (*one's*) guard「油断している」

867 **be at *one's* wit's end** 途方にくれている (= be at sea / be at a loss)

▶ この wit は「思考力，知恵」の意味．「自分の思考力の最終地点にいる→途方にくれて」となる．

Her son got kicked out of school again and she was at her wit's end.
息子がまた退学になり，彼女は途方にくれていた．

868 **be in circulation** （貨幣などが）流通している，（うわさなどが）出回っている

▶ この circulation は「流通，循環」の意味．

Several thousand fake notes are in circulation. 数千枚もの偽札が出回っている．

◆ ⇔ be out of circulation「流通していない，使われていない」

869 **be at stake**

危機にさらされている (= be at risk / be in danger)，賭けられている

▶ この stake は「賭け金，賭けの元手」，at stake は「賭けられて」が原義．賭けると元手を失うこともあるので，「危機にさらされて」とイメージできる．

Because of an increase in devastating bushfires, the flora and fauna in the region are at stake.
破滅的な山火事の増加により，その地域の動植物は危機にさらされている．

870 **be at odds with A**

（人が）A（人）と争っている，（物・事が）A と一致しない (= be inconsistent with A)

▶ You have odd socks on.「靴下が左右で違うよ」のように，この odd は「食い違って，ちぐはぐな」の意味．be at odds は「意見などが食い違っている」が原義．

▶ 何について争っているのかを示すときは以下の例文のように over「…に関して，…のことで」を用いる．

The girl's parents are at odds with each other over her education.
少女の両親は教育問題のことでもめている．

871 **white-collar workers** オフィス勤務の事務労働者，ホワイトカラー

▶「スーツを着て，襟 (collar) が白いシャツを着ている労働者たち」が原義．

Today, not many white-collar workers actually wear white shirts.
今日，ホワイトカラーで実際に白いシャツを着ている人は多くない．

◆ blue-collar workers「肉体労働者」，white-collar crime「ホワイトカラー犯罪（横領・着服・収賄などの犯罪）」という表現もある：The white-collar crime not only affected the company's finances but also had consequences for the livelihoods of many blue-collar workers.（そのホワイトカラー犯罪は企業の財務だけでなく，多くの肉体労働者の生計にも影響を及ぼした）

872 **nature or nurture** 生まれか育ちか

▶ この nature は「生まれもった性質」, nurture は「養育, 教育」の意味. 才能や性格などが遺伝的に引き継がれるものなのか, それとも後天的な環境によるものなのかを議論するときに使われる表現. 韻 (いん) を踏んでいる.

There has been a constant nature or nurture debate among child development professionals.
子供の発達の専門家の間では, 生まれか育ちかの議論が絶えない.

873 **flora and fauna** 植物相と動物相, 動植物

▶ ある特定の地域の動物・植物全体を指す表現. flora は [フ**ロー**ラ], fauna は [**フォー**ナ] と発音する. fauna and flora でも同義.

The flora and fauna in Australia are really unique.
オーストラリアの動植物は実に独特である.

874 **per capita** 一人当たりの (= per person)

▶ per は「…につき」の意味. capita は「頭」を意味するラテン語に由来する.

The country that drinks the most beer in the world per capita is the Czech Republic.
一人当たりで世界一ビールを飲む国はチェコ共和国だ.

875 **born and bred** 生まれも育ちも, 生粋の

▶ この born は bear「…を産む」の, bred は breed「…を育てる」の過去分詞.

He is a Parisian born and bred. 彼は生粋のパリっ子だ.

876 **down to earth** 地に足のついた, 現実的な

▶ この earth は「地面」の意味. 「地面に降り立っている→地に足のついた→現実的な」となる.

Sally has achieved incredible success, but she has stayed down to earth.
サリーは大変な成功を収めたが, 浮わついたところがない.

コラム A is to B what C is to D. の文構造

〈A is to B what C is to D.〉は,「A の B に対する関係は, C の D に対する関係に等しい」と訳すことが多い. たとえば, Light is to plants what food is to animals. という英文は「光と植物の関係は, 食べ物と動物の関係に等しい」という日本語に変換されるが, どうしてこんな訳になるのだろうか.

Light is (to plants) what food is to animals.
S V (M) C

このように考えられているためである (M= 修飾語/副詞句).「光は, 動物にとっての食べ物のようなものだ」という SVC の文に M (= to plants「植物に対しては」) が付与され, 現在のような構造になったのである. つまり, この what は関係代名詞で, 関係代名詞の導く名詞節が補語 (C) だったというわけである. ここに「光: 植物=食べ物: 動物」という関係を見いだし,「光と植物の関係は, 食べ物と動物の関係に等しい」と訳すようになったのである.

Part 6
難関大を突破する比喩表現
102項目

最近の入試問題では比喩表現が数多く出題されています.
本パートで比喩表現にフォーカスして難関大受験に備えましょう.

Section 1　必出の比喩表現

877 □□ **over the moon**　天にも昇る心地で，有頂天で

▶ 起源は明らかではないが，マザーグースの童歌がもとになっていると考えられている．「(うれしくて) 天にも昇る気持ちで」の意味．

We just found out I'm pregnant. We're over the moon!
妊娠してるってことがわかったの．私たちはもう天にも昇る気持ちよ！

878 □□ **once in a blue moon**

めったに…ない (= almost never / (very) rarely [seldom] / hardly ever)，ごくまれにしか…ない

▶ 諸説あるが，いずれにしても青い月はめったに見られるものではないということに由来する．

She drinks once in a blue moon. 彼女はごくまれにしかお酒を飲まない．

879 □□ **out of the blue**

突然，思いがけなく (= unexpectedly)

▶ 晴れている空から稲妻が走ることを「晴天の霹靂 (へきれき)」というが，英語では (a bolt) out of the blue (sky) という．

The news of the accident came out of the blue.
事故の知らせは突然やってきた．

880 □□ **for a rainy day**

まさかのときのために (= just in case)

▶「雨の日にそなえて」は「まさかのときのために，困難な時を想定して」の比喩表現．

Save some money for a rainy day. まさかのときのために貯金しておきなさい．

881 □□ **on second thought(s)**　考え直してみて

▶「再考」を second thought(s) という．考え直した結果，最初の考えとは違う考え (2番目の考え) に思い至ったときに用いられる．

On second thought, let's put off the meeting until Friday.
考えてみたけれど，会議は金曜日に延期しよう．

882 □□ **around [round] the clock**　四六時中

▶ 時計の短針が一周まわるイメージ．日本語の「四六時中，まる一日中」(= all day and all night) にあたる．

The doctors had to work around the clock.
医者たちは昼夜なく働かざるをえなかった．

883 □□ **every inch**

あらゆる点で (= completely)，隅から隅まで

▶ inch (インチ) は長さの単位であるが，every inch で「どこをとっても，どの点においても」の意味をもつようになった．身分などをあらわす名詞の前で強調のために用いられることが多い．

He is every inch a gentleman. 彼はまぎれもなく紳士だ．

884 **in a nutshell**

簡単に言えば (= in summary / to put it briefly), **要するに**

▶ ナッツ（木の実）の殻は小さく中身が少量しか入っていないことに由来する．nutshell は「狭い場所」の比喩として用いられたことが，やがて「クルミの殻のような小さなところに入るだけのわずかな言葉で」の意味をもつようになった．

In a nutshell, we agree to the demand for a pay raise but reject all other demands.
簡潔に言うと，賃上げ要求には応じるが，その他の要求にはいっさい応じないということだ．

885 **under A's thumb**　**A の言いなりになって**

▶ 親指に押さえつけられ，言いなりになるイメージ．

Jason is under his father's thumb. ジェイソンは父親の言いなりになっている．

◆ ちなみに，Thumbs up! は「賛成!／いいね!」，Thumbs down! は「反対!／だめ!」の意思を表す．

886 **in A's shoes**

A の立場に身をおいて (= in A's place)

▶ この shoes は「立場」の意味．in A's shoes で「（つらい立場にいる）A の身になって」となる．put *oneself* in A's shoes は「A の身になってみる」であるが，「自分自身を A の立場におく」と考えてみればわかりやすいだろう．

Just put yourself in my shoes. 私の身にもなってください．

887 **by the skin of *one's* teeth**

間一髪で (= narrowly / barely), **かろうじて**

▶ 聖書に由来する．「歯の皮の差で」が原義．歯に皮はないが，ないものをたとえとして用いている．日本語の「紙一重の差で」と同等の表現．

He avoided a car accident by the skin of his teeth.
彼は間一髪のところで，自動車事故を免れた．

888 **by the book**

規則どおりに (= according to the book / as the book says), **型どおりに**

▶「本に述べられているとおりに」が原義．「型どおりに，規則どおりに，杓子（しゃくし）定規に」の意味で用いられる．

On this project, it might be a good idea to go by the book.
この企画に関しては，型どおりに進めるのがいいと思う．

889 **from scratch**

ゼロから (= from the first / from the start), **最初から**

▶ scratch は物の表面についた「引っかき傷」．スポーツ競技をするとき，地面を引っ掻いて（スタート）ラインを描くことがあるが，そこから from scratch は「ゼロから，始めから」の意味をもつようになった．

We need to start from scratch.
私たちはゼロから始める必要がある．

Section 2 ここで差がつく慣用表現

890 □□ **have a green thumb**

園芸が好きである (= like doing the gardening), 園芸の才がある

▶ 庭いじりをしていると親指が緑色になるというイメージ. have green fingers (緑の指を持つ) も同意.

She has a green thumb, so it is not surprising she has a beautiful garden.
彼女は園芸が好きだから, 彼女の家の庭が美しいのも不思議ではない.

891 □□ **burn the candle at both ends** 朝早くから夜遅くまで行動する

▶「両端からロウソクに火をつける」が「二方面で精力を浪費する」を意味するようになり,「朝早くから夜遅くまで働く, 無理をする」となった.

Don't burn the candle at both ends.
体に無理を強いるようなことはしてはいけない.

892 □□ **burn the midnight oil** 夜遅くまで仕事 [勉強] をする

▶「真夜中の油を燃やす」が原義. 仕事や勉強のため夜遅くまで明かりとして油を燃やしたことから「夜遅くまで仕事 [勉強] をする」となった.

Did you burn the midnight oil last night?
昨晩は夜遅くまで仕事をしたのかい?

893 □□ **jump the gun** フライングをする, 先走る

▶ 競走や競泳でスタートの銃声 (the gun) より早く飛び出す (jump) こと. つまり「フライングをする」ことを英語では jump the gun という. 転じて「早まったことをする, あわてて先走る」という意味をもつようになった.

A: I'm thinking about investing in stocks.
株の投資をやってみようと思っているんだ.
B: Don't jump the gun. Take your time to think about it.
早まらないでね. じっくり考えて.

894 □□ **keep *one's* fingers crossed** 祈る

▶「指をクロスさせておく」が原義. 人差し指と中指を交差して十字架に見立てることから「祈る」の意味が生まれた.

I'll try my best. Keep your fingers crossed for me.
ベストを尽くします. うまくいくように祈っていてください.

keep *one's* fingers crossed

895 **put on airs** 気取る，いばった態度をとる，お高くとまる

▶ air「空気」の複数形である airs は「気取った態度，いばった態度」の意味．それを「身につける，まとう」（put on）のだから，「気取る」という意味になる．

He has never put on airs. 彼は一度としていばった態度を見せたことがない．

896 **think outside the box** 自由な発想をする

▶「箱の外で考える」が原義．「既成の枠にとらわれずに考える，自由で独創的な考えをする，自由な発想をする，斬新なアイディアを出す」の意味で用いられる．

You need to think outside the box if you want to be number one.
一番になりたければ，自由な発想をする必要がある．

897 **read between the lines** Gr 24
行間を読む

▶ 文字どおり「行間を読む」であるが，「言外の意味を読み取る，隠れた真相を見つける」という意味で用いられる．

When you read, it is important to read between the lines.
文章を読むときは，行間を読むことが大切だ．

898 **rain cats and dogs** 雨が激しく降る，土砂降りになる

▶ 猫は大雨を呼び，犬は強風を呼ぶという北欧神話に由来する．「その日は土砂降りだった」は通例，It rained hard on that day. / It rained heavily on that day. などと表現するが，入試ではこの古風な言いまわしが出題されることもある．

It rained cats and dogs on that day. その日は土砂降りだった．

899 **play it by ear** 臨機応変に行動する

▶ 耳を頼りに即興で楽曲を演奏したことに由来する．「即興でやる，その場の状況に応じて行動する，臨機応変にやる」ことを表す．

I was totally unprepared and had to play it by ear.
まったく準備していなかったので臨機応変にやるしかなかった．

900 **call a spade a spade**
単刀直入に言う (= speak frankly / speak directly)，あからさまに言う

▶「鋤（すき）(spade) を鋤と呼ぶ」から，「遠まわしに言わずに単刀直入に言う，ずけずけと言う」という意味で用いられるようになった．

You should have called a spade a spade to remove yourself from suspicion.
あなたは疑惑を晴らすために単刀直入に言うべきだった．

901 **beat around [about] the bush** 遠まわしに言う

▶「薮（やぶ）のまわりをたたく」が原義．そこから「遠まわしに言う，まわりくどい言い方をする，要点を言わない」となった．

Stop beating around the bush. 持ってまわった言い方はやめてくれ．

◆ ⇔ get [come] to the point「要点を言う」

902 □□ **make (both) ends meet** 収支を合わせる

▶ 収支表 (balance sheet) の収入 (income) と支出 (outgo) の「両方の帳尻 (both ends) を合わせる」(使役動詞の make を使った make A *do* の形をとっている) ことに由来する.「収入の範囲内でやりくりする, 赤字を出さない, 収入以上にお金を使わない」の意味. 現代英語では, both は省略するのがふつう.

It is pretty hard to make ends meet these days.
このところ収入の範囲内でやりくりするのはかなり難しい.

903 □□ **do more harm than good** 百害あって一利なし, 有害無益である

▶ do harm「害を与える」/ do good「利益を与える」/ more A than B「B というよりも A」を組み合わせた表現.

Excessive stress does more harm than good. 過度のストレスは百害あって一利なしだ.

904 □□ **ring a bell** ピンとくる

▶「鐘を鳴らす」が原義. 時計が普及する前, 鐘の音が行事などの開始の合図であった. 転じて「思い当たるところがある, ピンとくる」の意味をもつようになった.

That name doesn't ring a bell. その名前に思い当たるところはありません.

905 □□ **cry for the moon**

ないものねだりをする (= ask for the moon / reach for the moon)

▶「月を求めて泣き叫ぶ」が意味するところは,「月を求めて泣き叫んでも月が手に入るはずもない」である. そこから「非現実的な要求をする, ないものねだりをする」という意味になった.

In Tokyo, a lot of workers are anxious to buy a house, but they're just crying for the moon.
東京では, 多くの勤労者が家を購入したいと思っている. しかし, それは不可能を望んでいるにすぎない.

906 □□ **guilty pleasure** うしろめたい喜び

▶ guilty は「罪の意識がある」という意味.「頭ではわかっているがやめられない喜び」を guilty pleasure (うしろめたい喜び, やましい喜び) という.

My guilty pleasure is sweets. いけないと思いつつ, 甘いものを食べてしまう.

907 □□ **turn over a new leaf** 再出発する, 生活を一変させる

▶「新しいページをめくる」が原義.「改心する, 気持ちを入れ替える, 生活を一変させる」などの意味で用いられる.

I'm going to turn over a new leaf and get up early every day.
新規まき直しで, 毎日早起きをするつもりだ.

908 □□ **make a face / make faces** 顔をしかめる, 顔をゆがめる

▶ 不満・嫌悪・苦痛をあらわして「しかめっつらをする, いやな顔をする」の意味.

When I mentioned his name, she made a face.
彼の名前を出すと, 彼女はいやな顔をした.

◆ イギリス英語では, pull a face / pull faces と表現することもある.

909 □□ **have *one's* head in the clouds** 夢想にふけっている

▶「頭が雲の中にある」が原義．そこから「夢想にふけっている，うわの空でいる」という意味が生まれた．

She can't focus. She always has her head in the clouds.
彼女はものごとに集中できない．いつも夢想にふけってしまうのだ．

910 □□ **have butterflies in *one's* stomach**
気分が落ち着かない（= be very nervous）

▶「胃の中に数匹の蝶がいる」が原義．「気持ちがざわざわして落ち着かない，ひどく緊張している」の意味．

A: Are you nervous? 緊張しているの？
B: Yeah. I don't know why, but I have butterflies in my stomach.
うん，なんだかわからないけど，落ち着かないの．

911 □□ **sleep on it** ひと晩よく考える（= think it over）

▶「その問題（案件）の上で寝る」が原義．転じて，「（ひと晩寝て）よく考える」の意味．その場で決心がつかないときに用いる．

A: I'm sure you'll like it. 気に入っていただけると思うのですが．
B: OK. Let me sleep on it. わかりました．ひと晩じっくり考えさせてください．

912 □□ **hit the books** 猛勉強する（= study very hard）

▶「本に打ち込む」が「熱心に勉強する，（張り切って）勉強にとりかかる」となった．

Stop watching TV and hit the books. テレビを見るのはやめて，勉強に集中しなさい．

913 □□ **hit the nail on the head** 要点をつく

▶ hit A on B で「A の B をたたく」の意味．「くぎの頭をたたく」が原義．くぎは適切なところを打てばまっすぐに入ることから，転じて「要点をつく，核心をつく」の意味をもつようになった．

What she said really hit the nail on the head. 彼女の発言はまさに核心をついた．

914 □□ **cast a shadow** 影を落とす

▶ cast は「（光や影などを）投じる」，shadow は「暗い影，不吉な予感」を意味する．

The scandal cast a shadow over her reputation.
そのスキャンダルは彼女の名声に暗い影を投げかけた．

915 □□ **hold *one's* tongue** 黙る

▶ 舌（tongue）を動かさずにしゃべることはできないから，「黙る，口を慎む」の意味をもつようになった．hold は「（動きのあるもの）を抑えておく」の意味．

If you can't say anything useful, it is best to hold your tongue.
有益なことが言えないのなら，黙っているのがいちばんだ．

916 □□ **hold *one's* breath** 息を殺す，かたずをのむ

▶「息を抑えておく，息を制御する」がもともとの意味．「息を殺す，かたずをのむ」にあたる．

The girl held her breath as she watched his performance.
その女の子はかたずをのんで，彼の演技を見つめていた．

917 **Hold your horses.** 落ち着いて．

▶「馬を抑えておけ」が原義．競馬でフライングをしないように騎手に「手綱を引きなさい」と注意をうながしたことに由来する．命令文で用いられることが多く，「あわてるな／落ち着け／様子をよく見ろ」の意味で用いられる．

Hold your horses! Think it over before you make such a big decision.
落ち着いて！ そのような大きな決断をする前はじっくり考えなさい．

918 **turn back the clock** 時間を戻す

▶「時計（の針）を巻き戻す」が文字どおりの意味であるが，「時間を戻す，過去に戻る」の意味でも用いられる．

If you could turn back the clock, would you change anything?
時間を戻すことができたら，変えてみたいことがある？

919 **bring home the bacon**

生活費を稼ぐ（= earn money for *one's* family to live on）

▶「家族を養うために生活の糧となるベーコンを家に持ち帰る」が原義．そこから「生活を支える，生活費を稼ぐ」の意味をもつようになった．

As a single mother, my mom had to bring home the bacon.
シングルマザーとして，母は生活費を稼がなくてはならなかった．

920 **know the ropes** こつを知っている

▶「ロープを知っている」とは，「船員がロープを操って帆を張る方法を身につけている」ということ．転じて，「（仕事などの）こつを知っている，事情を知っている」の意味で用いられる．learn the ropes「こつを身につける」という表現もある．

Sorry, I'm a newcomer and I don't know the ropes yet.
すみません．新入りなので，まだ仕事のやり方を知らないんです．

921 **can't make head(s) or tail(s) of A**

A が理解できない（= can't understand A）

▶ コインの表（head）と裏（tail）の区別がつかないことのたとえから「理解できない」という意味になった．通例，can't / couldn't を伴った否定文で用いられる．

I couldn't make heads or tails of what she was trying to say.
彼女の言おうとしていることが理解できなかった．

922 **go a long way** 大いに役立つ（= help very much）

▶「長い道のりを行く」から，「大いに役立つ，とても効果がある」の意味をもつようになった．

Your advice will go a long way toward attaining her goal.
あなたの助言は彼女の目標達成に大いに役立つだろう．

923 **follow *one's* nose** 直感に頼る，まっすぐに進む

▶「鼻にしたがう」が原義．「直感に頼る，まっすぐに進む」の意味をもつ．

When you aren't sure what to do, just follow your nose.
何をすべきかわからないときは，自分の直感にしたがいなさい．

924 **bury *one's* head in the sand** 厳しい現実に目をつぶる

▶「砂の中に頭を埋める」が原義．そこから「厳しい現実に目をつぶる，現実を直視しようとしない」という意味で用いられるようになった．

Whenever there's a crisis, she just buries her head in the sand.
危機が起こると，彼女はいつも厳しい現実に目をつぶるんだ．

925 **leave no stone unturned**
できるだけの手を尽くす (= do everything possible)

▶ このイディオムの歴史は紀元前にさかのぼる．隠された財宝を探し出そうとした者が Delphi（デルフィ）のアポロ神殿にお伺いを立てたところ，それが Leave no stone unturned. であったという故事に由来する．「ひっくり返されていない石はひとつもない状態にする」が，「あらゆる手段を講じる，やれることはすべてやる，八方手を尽くす」という意味になった．

He left no stone unturned to carry out the mission.
任務を遂行するために彼はあらゆる手段を講じた．

926 **make A's hair stand on end** A をぞっとさせる (= frighten A / shock A)

▶「髪の毛を直立状態にする (stand on end)」が原義．そこから「(人を) ぞっとさせる，身の毛がよだつ思いをさせる，(人に) ショックを与える」となった．

The mere sight of a snake made my hair stand on end.
ヘビを見ただけでぞっとしてしまった．

927 **move mountains** 不可能を可能にする

▶ 聖書に由来する．「山を動かす」が文字どおりの意味であるが，「(愛や信仰が) 不可能を可能にする，すばらしい成果を達成する，あらゆる努力をする」といった意味合いで用いられる．

We can move mountains if we unite.
我々が団結すれば，不可能を可能にすることができる．

928 **have a sweet tooth** 甘いものが好きだ (= like sweets)

▶「甘いものが好きである／甘党だ」の意味．この tooth は「(食べ物の) 好み」の意味で用いられている．

I have a sweet tooth. 私は甘党である．

929 **see eye to eye** 意見が一致する (= be in agreement)

▶「見つめ合う」ではなく，「意見が一致する，同意見である」という意味．しばしば否定文で用いられる．

Negotiations broke down because we couldn't see eye to eye.
意見が一致しなかったので，交渉は決裂した．

930 **spill the beans** うっかり秘密をもらす

▶ 諸説あるが，古代ギリシャで行なわれていた匿名での投票で，賛成は白，反対は黒の豆 (beans) を壷 (つぼ) に入れた．しかし，豆がこぼれてしまい，投票結果がばれてしまうことがあったことに由来するという説が有力．

Emily spilled the beans. Everybody knows she can't keep a secret.
エミリーが秘密をもらしたんだ．彼女は口が軽いことで有名だよ．

931 **turn a deaf ear to A**　**A に耳を貸さない**

▶「A に対して聞こえない耳を向ける」が原義.「A に耳を貸さない，A の言うことを聞こうとはしない」の意味で使われる.

She turned a deaf ear to my advice.
彼女は私の忠告に耳を貸さなかった.

932 **turn a blind eye to A**　**A に対して見て見ぬふりをする**

▶「A に見えない目を向ける」から「A (不正など) に対して見て見ぬふりをする，A を故意に無視する」などの意味をもつに至った.

She turned a blind eye to their injustice.
彼女は彼らの不正に対して見て見ぬふりをした.

933 **bear [produce] fruit**　**(計画，活動，努力が) 実を結ぶ**

▶ 植物が「実を結ぶ」が転じて，計画，活動，努力などが「実を結ぶ，よい結果が出る」となった.

None of these schemes have borne fruit.
これらの計画のうちどれひとつとして実を結んではいない.

◆ fruit がらみでは，聖書に由来する forbidden fruit「禁断の果実」も押さえておきたい．なかでも Forbidden fruit is sweetest.「禁断の果実はいちばんおいしい／手に入れてはいけないと言われると欲しくなるものだ／してはならぬと言われるとしたくなるものだ」はよく用いられる.

934 **take to *one's* heels**　**(一目散に) 逃げる**

▶「かかと (heels) に頼る」が原義の文語体．口語では run away を使うのが一般的.

The burglar took to his heels when the alarm rang.
警報が鳴ると，強盗は一目散に逃げた.

935 **drop A a line**　**A に短い手紙を出す，A に葉書を送る**

▶「一行ほどの短い手紙 (a line) を A のためにポストの中に落とす」というイメージ.

Don't forget to drop me a line when you get to Thailand.
タイに着いたら，忘れずに手紙を書き送ってください.

936 **build castles in the air**　**非現実的な空想にふける**

▶「空中に城を築く」が原義．そこから「実現できそうにない空想にふける，夢物語を語る」となった.

The government is building castles in the air and making the public believe it.
政府は実現できない空想にふけり，それを大衆に信じ込ませようとしている.

937 **make a mountain out of a molehill**

ささいなことを大げさに言う (= make an unimportant matter seem important)

▶「(小さな) モグラ塚から (大きな) 山をつくる」が原義.「ささいなことを大げさに言う，針小棒大に言う」の意味で用いられる.

Don't make a mountain out of a molehill. You've just cut your finger on a piece of glass.
ちょっとしたことを大げさに言うな．ガラスの破片でちょっと指を切っただけじゃないか.

938 □□ **show *one's* true colors** 本性をあらわす

▶ この colors は「(国や船の) 旗 (の色)」で，かつて洋上の戦闘では軍艦が敵をあざむくために自国のものではない旗を掲げることがあった．そこで，「本当の旗を見せる」が「本性をあらわす」となった．この colors は，nature (本性) / character (性分) に言い換えることができる．

He finally showed his true colors.
彼もとうとう本性をあらわしたな．

939 □□ **get carried away** 興奮する，調子に乗る

▶ carry away A「A を持ち去る」の受動態である be carried away (正常な判断ができなくなるほど自分自身が持ち去られてしまっている) が，「夢中になっている，興奮している」などの意味をもつようになった．be を get にすれば「(思わず) 興奮する，調子に乗る」の意味になる．

Don't get so carried away.
そんなに熱くなるなよ．

940 □□ **break the ice** 座をなごませる，(難問解決の) きっかけをつくる

▶ 砕氷船 (icebreaker) が氷を割って他の船の通り道をつくったことに由来する．「氷を割る」が「(パーティーや会議などで) 話の口火を切る，座をなごませる」となった．「(難問解決の) きっかけをつくる」の意味でも用いられる．

Everyone was too nervous to talk until Tom broke the ice with a joke.
みんな緊張して話さなかったが，トムがジョークで座をなごませてくれた．

MEMO

Section 3　名詞中心の比喩表現

941 □□ **a drop in the bucket**　とるに足りない量（= a drop in the sea [ocean]）

▶「バケツの一滴」は，「とるに足りない量，ほんのわずかな金額，大海の一滴，スズメの涙，焼け石に水」をあらわす．

He lost 10,000 dollars in the gamble, which was a drop in the bucket compared to his annual income.
彼はギャンブルで 1 万ドルを失ったが，その額は年収に比べればごくわずかなものだった．

942 □□ **sour grapes**　負け惜しみ

▶ イソップの寓話で，高いところにあるブドウに手が届かなかったキツネが「どうせあのブドウは酸っぱいさ」と自分に言い聞かせてその場を立ち去ったことに由来する．そこから sour grapes（酸っぱいブドウ）が「負け惜しみ」を意味するようになった．

▶「負け惜しみを言う」は cry sour grapes（酸っぱいブドウと叫ぶ）と言い表す．

Don't cry sour grapes. 負け惜しみを言うな．

943 □□ **a chicken-or[and]-egg problem**
議論しても結論の出ない問題

▶ ニワトリは卵を産み，卵からニワトリが生まれる．それをたどっていくと，どっちが先だったのか，わからなくなってしまう．因果関係が判断できないような状況を表し，議論しても埒(らち)があかない，堂々めぐりの状態にある問題について言及するときに用いる．

A: Profit or investment? 利益優先，それとも投資？
B: It's a chicken-or-egg problem. それは議論しても結論が出ない問題だ．

944 □□ **a landslide victory**　圧倒的大勝利

▶ landslide は「地滑り」の意味．日本語でもそうであるが，選挙での圧勝を「地滑り的な大勝利」と言い表す．

He was re-elected in a landslide victory over his opponent.
彼は対抗馬を圧倒的な大差で破って再選を果たした．

945 □□ **a pain in the neck**　悩みの種

▶「首の痛み」という文字どおりの意味でも用いられるが，そこから転じて「悩みの種，うんざりさせるもの [人]」の意味でも使われる．

A: You need a lot of documents when you apply for a passport.
　パスポートの申請にはたくさんの書類が必要ですね．
B: I know. It's a pain in the neck. そうね．面倒くさいわね．

946 □□ **an apple-polisher**　ごまをする人

▶ 生徒が先生のご機嫌をとるために，ぴかぴかに磨いたリンゴを贈る習わしがあったことから，polish the apple（リンゴを磨く）が「ごまをする，おべっかを使う」となった．そこから「ごまをする人，おべっかを使う人」を an apple-polisher と呼ぶようになった．

Don't rely on Sam. He is an apple-polisher.
サムを信用してはいけない．おべっか使いだから．

947 □□ **a rain check** 後日の招待，またの機会

▶ rain check は野球や野外コンサートが雨で中止になったときに配られる「雨天順延券」のことで，そこから招待や誘いを受けたときに「また後日に招待してもらうこと，またの機会」の意味をもつようになった．

I'm exhausted today. Can I take a rain check?
きょうはくたくたなんだ．また誘ってもらえるかい？

948 □□ **a blessing in disguise** 形を変えた幸福

▶ 直訳をすると，「変装した（in disguise）恵み（a blessing）」である．「不幸に見えて実はありがたいもの，不運に見えるが結局は幸運なこと」の意味で使われる．

The toughest time was a blessing in disguise in the long run.
長い目で見れば，最もつらい時期がよい経験になった．

949 □□ **a wet blanket** 座を白けさせる人，けちをつける人

▶ a wet blanket（濡れた毛布）は，けなして「座を白けさせる人，けちをつける人」を指し，a person who stops others from enjoying something（他の人が何かを楽しもうとするのを邪魔する人）と定義される．パーティーなどが盛り上がっているときに，「濡れた毛布」を覆いかぶせるように，場を白けさせる人のことをいうようになった．

Why did you invite Karen to the party? She's a wet blanket.
どうしてカレンをパーティーに呼んだの？ 彼女は場を白けさせるだけだよ．

950 □□ **a white elephant**
やっかいもの，（金のかかる）迷惑なもの

▶ 昔，シャム（現在のタイ）の王様が，気に入らない家来に白い象を贈った．白い象（a white elephant）は神聖なもので，労働させることもできず手放すこともできない．しかし，飼育には莫大な費用がかかるため，その家来は貧乏になってしまったことに由来する．

The art museum is a white elephant; it cost millions but is always empty.
その美術館は無用の長物だ．大金をかけて造ったのに，いつも人が入っていない．

951 □□ **an olive branch** 平和の到来，和解，仲直り

▶「オリーブの（葉のついた）枝」は，もともと古代ギリシャで平和のシンボルとして用いられたことに由来する．ノアの箱舟からハトがくちばしにオリーブの枝をくわえて戻ってきたことで，洪水が引いたことを知ったという『旧約聖書』の「創世記」においても象徴的に用いられている．

The company offered an olive branch to the local people by compensating them.
その会社は地元住民に補償金を支払うことで和解を申し出た．

952 □□ **a piece of cake** 簡単なこと，たやすいこと

▶ ひと切れのケーキはひと口で食べられる．転じて，ものごとが簡単なさまを指すようになった．

Don't worry; this job is a piece of cake.
心配するな．この仕事はとても簡単だから．

◆ It's（as）easy as pie.（パイを食べることと同じぐらいやさしい）/ It's（as）easy as ABC.（ABC と同じぐらいやさしい）などの表現に言い換えられる．

953 □□
the apple of A's eye
A のとても大切にしている人［もの］

▶ もともと the apple of A's eye（目のりんご）は「瞳」の意味で用いられていた．瞳孔（どうこう）は最も保護されなくてはならないことから，「目の中に入れても痛くないほどの愛らしい人［もの］」の意味で使われるようになった．

She is the apple of my eye. 彼女は目の中に入れても痛くないほどの存在だ．

954 □□
the rat race　出世争い

▶ rat race（ネズミのレース）とは「無意味なばかげた競走」のこと．転じて，仕事人生における「保身のための激しい競り合い，成功をつかみとろうとする死にもの狂いの闘争，競争相手を出し抜くための熾烈な出世争い」を指すようになった．

I think you should get out of the rat race. そんな出世競争とは縁を切ったらどうなの．

955 □□
the pros and cons
プラス面とマイナス面

▶ pro というのは「賛成意見，良い点」，con は「反対意見，悪い点」で，ラテン語に由来する．the pros and cons は「プラス面とマイナス面，賛否両論」で，merits and demerits「メリットとデメリット」/ advantages and disadvantages「利点と欠点」/ strong points and weak points「長所と短所」などの代わりに用いられる．

Let's compare the pros and cons of each proposal.
それぞれの案のプラス面とマイナス面を比較しましょう．

956 □□
the last straw　我慢の限界を越えるわずかなもの

▶ ラクダは重い荷物を運んでくれる動物だが，the last straw that breaks the camel's back（ラクダの背を折ってしまう最後のわら一本）という言いまわしがある．転じて，「我慢の限界を越えるわずかなもの，重荷に耐えかねる最後の行為」を指す．

Tom's lying about his debt was the last straw for me.
トムが借金のことでうそをついたことは私にとって我慢の限界だった．

957 □□
the green light　許可，ゴーサイン

▶ green light とは「青信号」のこと．比喩的に計画などを実行に移す「許可，ゴーサイン」の意味で用いられる．the OK / the go-ahead ということもある．

▶ permission「許可」や approval「承認」とほぼ同意．ちなみに「ゴーサイン」は和製英語．

Our boss gave her plan the green light. 上司は彼女の計画にゴーサインを出した．

958 □□
the tip of the iceberg　氷山の一角

▶ 海面上に見える氷山は全体のごく一部にすぎないことからこの表現が生まれた．

This case is only the tip of the iceberg. この事件は氷山の一角にすぎない．

959 □□
the black sheep　（家族や組織の）もてあまし者，やっかい者

▶ 黒い羊の毛には悪魔の印が付いているという迷信があったことや，黒い羊は市場価値がなかったことなどに由来する．

George is the black sheep of the family. He is a habitual troublemaker.
ジョージは一家のもてあまし者だ．いつもごたごたばかり起こしている．

960 □□ **(the) carrot and (the) stick** アメとムチ

▶「ニンジンと棒」は馬やロバを働かせる手段に由来する．好物はニンジンなので，これが「アメ」（褒美，報酬），しつけや労働をさせるための棒が「ムチ」（厳しさ，罰）である．

A good manager uses both the carrot and the stick.
優秀な経営者はアメとムチの使い分けをする．

961 □□ **stage fright** 人前であがること

▶ stage fright（舞台での恐怖）とは「舞台に上がったときの不安感，人前であがること」を指す．

I always get stage fright, and can't speak normally.
人前に出るといつもあがってしまうので，ふだん通りに話せないんだ．

962 □□ **Achilles' heel** 唯一の弱点

▶「アキレスのかかと」が文字どおりの意味．トロイ戦争の英雄アキレスの母が，息子を不死身にしようとアキレスのかかとをつかんでステュクス川に浸したが，かかとだけが水に浸されず「唯一の弱点」となった，というギリシャ神話に由来する．日本語の「弁慶の泣きどころ」にあたる．

His Achilles' heel is temper. 彼の唯一の弱点は怒りっぽいことだ．

コラム 聖書の英語（1）

英米文化の根幹をなす聖書（the Bible）についての知識は，英語学習者にとっては欠かせない．ここでは入試で狙われる聖書の言葉を見ていくことにする．

◇ the Garden of Eden「エデンの園」

▶ アダム（Adam）とイヴ（Eve）が暮らしていた楽園．転じて「（地上最後の）楽園，極楽（状態）」を表す．

◇ the forbidden fruit「禁断の果実」 ⇒ 933

▶ アダムとイヴが神から食べることを禁止されていた知恵の木の実．「不義の快楽，誘惑」の意味で用いられる．

◇ the Ten Commandments「十戒」

▶ エジプトを出た預言者モーゼが，シナイ山で神から授かった十の戒律．commandment は「戒律，戒め」の意味で用いられる．

◇ the Tower of Babel「バベルの塔」

▶ バベル（Babylon のヘブライ語名）の町で，人間は天まで届くような高い塔を建てようとした．しかし，神はそこに人間のおごりをみてとった．そこで神は人間の傲慢をたしなめるために，人間同士の言葉を通じなくさせ，以来，言語がさまざまになったとされる．そこからバベルの塔は，「さまざまな言語がとび交う場所，言葉の混乱」のほか，「不可能な計画，人間のおごり」を示唆するようになった．

Section 4　口語・読解で狙われる決まり文句

963 □□ **be green with envy**　ひどくねたんでいる

▶ green が「嫉妬して」の意味をもつのはシェイクスピアの戯曲『オセロ』に由来する．be green with envy で「ひどくねたんでいる，ひどくうらやましがっている」の意味で用いられる．

She is green with envy because you have succeeded.
あなたが成功したので，彼女はひどくねたんでいる．

964 □□ **be (all) Greek**　ぜんぜんわからない

▶ ラテン語（Latin）しかわからないローマ人がギリシャ語（Greek）を聞いたときにチンプンカンプンであったことに由来する．『ジュリアス・シーザー』（シェイクスピア）から．

This manual is all Greek to me. このマニュアルは私にはチンプンカンプンだ．

965 □□ **be wet behind the ears**　未熟である

▶ 生まれたばかりの馬や牛の耳の後ろが濡れていることから生まれた表現．「未熟である，くちばしが黄色い」の意味をもつ．

Don't expect Mike to solve this problem. He is still wet behind the ears.
マイクがこの問題を解決できるなんて思わないほうがいい．まだ未熟なんだから．

◆ He is still green.「彼はまだ未熟だ」のように，green にも「未熟な」(= not ripe：熟していない）の意味があることも覚えておこう．

966 □□ **be under the weather**　体調がすぐれない

▶ 船酔いをした船員は天気の影響のない甲板の下（under the weather）に行くように促されたことから生じた表現．「体調が悪い，具合が悪い」，ときには「二日酔いである」の意味で使われることもある．

Are you alright? You seem to be a little under the weather.
だいじょうぶ？ ちょっと体の具合が悪そうだけど．

967 □□ **be on the go**　忙しくしている（= be on the move）

▶ go を「活力，元気」という名詞で用いている．on the go で「忙しくしている（= busy），活動的である（= active）」の意味をもつ．また，この表現は always / all the time「始終」などの表現を伴うことが多い．

She is always on the go. 彼女はいつも忙しくしている．

968 □□ **be (just / right) around the corner**

間近である（= be drawing near / be at hand）

▶「角を曲がったところに」が原義．場所を表す場合のほかに，何かの時期が迫っているということも示唆する．「間近である，もうすぐである」の意味．

Christmas is just around the corner. クリスマスはもう間近だ．

969 □□ **be (all) the rage**　（大）流行になっている

▶ rage は風，波，感情の「猛威」をあらわすが，転じて「（大）流行」となった．「（大）ブームになっている／（大）流行になっている」の意味．

Their songs are all the rage on YouTube. 彼らの歌が YouTube で大流行している．

970 □□ **be no match for A**　A にはかなわない

▶ この match は「好敵手」の意味で，「自分の競争相手にもならないほど A がすぐれている」を含意する．

I am no match for her in cooking. 料理では彼女にはとてもかなわない．

971 □□ **be on the ... side**　いくぶん…である

▶「…の側にいる」が「いくぶん…である，…気味である」となった．口語でよく用いられる．be on A's side「A の味方をしている」と区別すること．

He is on the heavy side. 彼は太り気味だ．

972 □□ **be not A's cup of tea**　A の性には合わない

▶ もともと tea（紅茶）に親しみを感じてきた英国で使われ出した表現．直訳は「A の紅茶ではない」であるが，おもに否定文で用いられ，「A の性には合わない，A のタイプではない」となった．

Living in the countryside is not my cup of tea. 田舎暮らしは私の性に合わない．

973 □□ **be in the red**　赤字である，借金をしている

▶ 昔，収支上の赤字は赤インクで，黒字は黒インクで書いたことに由来する．「借金をしている」(= be in debt) の意味もある．

His company has been in the red for two years. 彼の会社はこの 2 年ずっと赤字だ．

◆ ⇔ be in the black「黒字である」

974 □□ **be on the tip of A's tongue**　A ののどまで出かかっている

▶ 日本語では「のどまで出かかっている」と表現するが，英語では「舌先にある」と言い表す．

Her name is on the tip of my tongue, but I can't think of it.
彼女の名前がのどまで出かかっているんだけど思い出せない．

975 □□ **be all thumbs**　不器用である，ぎこちない（= be clumsy）

▶ thumb は「親指」の意味．すべての指が親指のように太かったら，物の扱いに不自由を感じるはずだ．そこからこの慣用句が生まれた．

When it comes to crafts, I'm all thumbs. 手仕事のこととなると，私はまったく不器用だ．

◆ ちなみに英語の finger（指）に thumb（親指）は含まれず，「5 本の指」は four fingers and one thumb という．

976 □□ **A little bird told me.**　小耳にはさんだ．

▶「小鳥が教えてくれた」が原義．情報の出所をあえて明らかにしたくないときに用いる．「ある人から聞きました／小耳にはさみました」にあたる．

A: How did you know they got divorced? 彼らが離婚したのをどうして知ったの？
B: A little bird told me. 風のうわさでね．

977 □□ **The bottom line is that ... .**　要するに…だ．

▶ 計算書や決算書のいちばん下の行（bottom line）に集計結果が記入されることから「収支の最終損益」の意味をもつ．転じて「要するに…だ／肝心なことは…だ」となった．

The bottom line is that we need to cut expenses.
要するに，費用を削減する必要があるということだ．

978 □□ **The ball is in A's court.**　あとは A（相手）しだいだ．

▶「ボールは相手のコートにある」は，「今度はむこうが行動する番である」という意味で用いられ，事は相手しだいなので，こちらが心配してもしょうがないというニュアンスを含む．

We did everything we could. So the ball is in her court now.
こっちはできることはすべてやった．あとは彼女がどう対応するかだ．

コラム　聖書の英語（2）

◇ a [the] fly in the ointment「軟膏（なんこう）のなかのハエ」

▶旧約聖書の「伝道の書」のなかに「死んだハエは香料をつくる者のあぶらを臭くし，少しの愚痴は智恵と誉れよりも重い」とある．そこから，「玉にキズ，価値を損なうもの，興ざめ」の意味で用いられるようになった．

◇ the salt of the earth「地の塩」

▶自分に従ってきた人々に向かってイエスは，You are the salt of the earth.「あなたがたは地の塩である」と言った．「地の塩」とは，役に立たなくなって地に捨てられた塩ではなく，地を生かす塩のことで，イエスを信じる人は，社会を住みよい場所に変える責務があるという意味で用いられる．転じて「世人の鏡，善良で信頼のおける人，社会の指導者となる人物」の意味をもつようになった．

◇ walk on water「水の上を歩く」

▶キリストは舟に乗った弟子たちを追ってガリラヤ湖を歩いて渡った．つまり，水上歩行をしたのである．転じて「不可能と思われることを行なう，奇跡を起こす」の意味で用いられる．

◇ a stray sheep「迷える小羊」

▶ある人に 100 匹の羊があり，そのなかの 1 匹が迷い出たら，99 匹を残して，その迷い出た羊を探しに出かけ，それを見つけたなら，迷わないでいる 99 匹のためよりも，むしろその 1 匹のために喜ぶであろう，とイエスは言った．迷い出た羊とは，罪を犯した人間のことを比喩的に示している．「迷える小羊」は，「悩みを抱えた人」の意味で用いられる．

◇ Do unto others as you would have them do unto you.「己れの欲するところを人にも施せ」

▶自分がしてもらいたいように他人にもしなさい，という意味．この言葉は The Golden Rule（黄金律）とも呼ばれ，キリスト教のなかでももっとも重要な教えとされている．unto は to の古語．

◇ Armageddon「ハルマゲドン，アルマゲドン」

▶新約聖書に「汚れた霊どもは，ヘブライ語でハルマゲドンと呼ばれるところに王たちを集めた」との記述がある．そして，この「ハルマゲドン」こそ，善と悪の軍政が決着をつける the last battle（最後の戦い）の場となるのである．そこから「世界の終末に起こるとされる善と悪の最終戦争（の場）」の意味をもつようになった．

Part 7
合否を分けることわざ・名言
99項目

ことわざや名言の知識は，作文のみならず読解問題においても欠かせません．まさに合否を分けるカギとなります．

Section 1　作文で狙われる金言・名句

979 □□ **The grass is always greener on the other side of the fence.**
隣の芝はいつも青い.

▶「塀の向こう側の芝生はうちの芝生よりもいつも青々としている」が原義．つまり，「よその芝生はいつ見てもうちの芝より緑が濃くてきれいに見える」ということ．転じて「人は自分の境遇に満足しないものだ／他人のものは何でもよく見える」となった．The grass is always greener. とだけ言うこともある．

980 □□ **Actions speak louder than words.**
行動は言葉よりも雄弁である.

▶「行動は言葉よりも声高に語る」．転じて「行動は言葉よりも説得力がある／実際の行為は口先であれこれ言うより真意をよく伝える／言葉より実践」の意味で用いられる．日本語の「不言実行」（理屈を言わずにやるべきことを黙って実行すること）に近い表現．

981 □□ **Practice makes perfect.**
習うより慣れろ.

▶「練習が完全をつくりあげる／練習を積むと完璧になる」が原義．「継続は力なり」（= Continuity is the father of success.）とほぼ同意．

982 □□ **Time is money.**
時は金なり.

▶「時間は貴重なものだから，むだに費やしてはいけない」という教訓．

983 □□ **Knowledge is power.**
知は力なり.

▶ 人間の知性の優位を説いた英国の哲学者フランシス・ベーコンの言葉．

984 □□ **Prevention is better than cure.**
予防は治療にまさる.

▶「病気にかからないように気をつけるほうが，病気にかかって治療を受けるよりはましだ」のほか，「事故や事件を未然に防ぐほうが，事後処理に追われるよりもよい」の意味で用いられる．

◆ アメリカ人は，An ounce of prevention is worth a pound of cure.「1 オンスの予防は 1 ポンドの治療に相当する」と言い表すことが多い．

985 □□ **Out of sight, out of mind.**
去る者は日々に疎し.

▶「視界の外に出ると，心からも外に出てしまう」が原義．「親しかった人でも，遠ざかるとしだいに情が薄れる」を意味する．Far from eye, far from heart. が同意表現．

986 □□ **Truth is stranger than fiction.**
真実は小説よりも奇なり.

▶「世の中の出来事は虚構の小説よりも奇妙である」という意味．奇想天外なできごとが起こったことを耳にしたときに用いる．

◆ Fact is stranger than fiction.「事実は小説よりも奇なり」ということもある．

987 □□ **Seeing is believing.**

百聞は一見にしかず.

▶「見ることは信じることだ」が原義.「何度も聞くよりは, 実際に一度, 自分の目で見るほうがまさる」や「自分自身の目で確かめれば, 真実として受け入れるようになる」という意味で用いられる.

◆ To see is to believe. ということもある. また, A picture is worth a thousand words.「1 枚の絵は 1000 の言葉に値する」という表現も同じ意味で用いられる.

988 □□ **Time flies.**

光陰矢のごとし.

▶「時間は飛ぶように過ぎ去る／時が経つのは早いものだ」. この fly（さっと過ぎる）は pass quickly（すばやく過ぎ去る）の意味.

989 □□ **Kill two birds with one stone.**

一石二鳥.

▶「1 つの石で二羽の鳥を同時に打ち落とす」が原義. 転じて「1 つのことをして 2 つの利を得たり, 2 つの目的を達成したりする」という意味で用いられる.「一挙両得」と訳すこともある.

990 □□ **No pain, no gain.**

苦労なくして得るものはなし.

▶「痛みなくして, 得るものはなし」は「努力してはじめて報われる」を意味する.「まかぬ種は生(は)えぬ」と訳すこともある.

991 □□ **First come, first served.**

早い者勝ち.

▶「最初に来た者が最初にもてなしを受けることができる」が原義.「先着順」と訳すこともある. serve は「(食事や必要なもの) を提供する」の意味.

992 □□ **Old habits die hard.**

古い習慣はなかなか改まらない.

▶ die hard は「なかなか死なない」の意味.「長年の習慣を断つのはきわめて難しい」という意味で用いられる.

993 □□ **Easier said than done.**

言うは易(やす)く行うは難(かた)し.

▶ (It is) easier said than done. の短縮形.

▶「言うのは簡単だが, 実行するのはむずかしい」が原義.

994 □□ **There's no place like home.**

わが家にまさる所はない.

▶「(どんなにつましくても) 自分の家ほど住み心地のいいところはない」の意味で用いられる.

995 □□ **All good things must come to an end.**

すべて良いものには必ず終わりが来るものだ.

▶「良きことも永遠には続かない」ことを示唆する表現.

▶この must は「必ず…する」の意味. come to an end は「(事などが) 終わる」という熟語.
⇒ 191

996 □□ **No man [person] is an island.**

人は持ちつ持たれつ.

▶「孤島である人間などいない」が原義.「人は孤立して生きるものではない／人間はたった一人では生きられない」という教訓.

▶ Let's help each other. No person is an island.「お互い助け合いましょう. 人は持ちつ持たれつですよ」のように用いられる.

997 □□ **Easy come, easy go.**

悪銭身につかず.

▶「簡単にやって来るものは簡単に出てゆく／得やすいものは失いやすい」が原義.

998 □□ **Don't judge a book by its cover.**

外見だけで判断するな.

▶「本は表紙で判断してはいけない」は,「見かけでものを判断するな／人や物を外見で判断してはいけない」のたとえ.

◆ You can't tell a book by its cover. と言い表すこともある. can't tell A は「A を識別できない」の意味.

999 □□ **A friend in need is a friend indeed.**

まさかの時の友こそ真の友.

▶「困った時 (in need) に頼りになる友が本当の意味での (indeed) 友である」が原義.

▶ in need と indeed が韻 (いん) を踏んでいることにも注目.

1000 □□ **Honesty is the best policy.**

正直は最良の策.

▶「正直であることが最上の方策である」.「うそやごまかしが利くのは一時的であり, 何事においても正直にしていれば, 信頼を得て, 物心両面において豊かな人生を送ることができる」という訓戒.

1001 □□ **Speech is silver, (but) silence is golden.**

雄弁は銀なり. (されど) 沈黙は金なり.

▶「しゃべることは大切だが, 黙っていることはもっと大切である／話すよりも黙っていたほうがいいときがある」の意味で用いられる.

▶しばしば Silence is golden.「沈黙は金なり」とだけ言う.

1002 **When it rains, it pours.**

二度あることは三度ある.

▶「降ればどしゃぶり」が原義.「良きにつけ，悪しきにつけ，ものごとは重なって起こるものだ」を示唆する．pour は「(雨が) 激しく降る」の意味.

◆ It never rains but it pours. ということもある．never ... but ～「～することなしに…することは決してない」の構文にも注目．この but は否定文のあとで用いる接続詞で，「…しないでは」という意味の副詞節を導く.

1003 **It is never too late to learn.**

学ぶのに遅すぎるということはない.

▶ too ... to *do*「あまりに…すぎて～ない」を使ったことわざ．「年をとりすぎて学べないということはない」が原義.「いくつになっても知識は増やすことができる／知的好奇心を旺盛に保っていれば，年齢に関係なく人生をはつらつとして生きていける」の意味で用いられる.

◆ You are never too old to learn. と言い表すこともある.

1004 **Look before you leap.**

転ばぬ先の杖 (つえ).

▶「跳ぶ前にあたりを見よ」は，「じっくり考えてから決めなさい」という意味.「石橋を叩いて渡れ」と訳すこともある.

◆ これと同義のことわざに，Better safe than sorry.「あとで後悔するよりも，安全なほうがいい／転ばぬ先の杖／備えあれば憂いなし」がある.

1005 **Where there is a will, there is a way.**

精神一到 (いっとう) **何事か成らざらん.**

▶「意志 (a will) のあるところに道 (a way) は開ける」が原義．where「…があるところに」は接続詞で副詞節を導いている.

1006 **Better late than never.**

遅くても何もしないよりまし.

▶ It is better late than never. の縮約形.

▶「たとえ遅くなっても，行動しなかったり挑戦しないよりもましだ」の意味で使われる．また，遅れて誕生日プレゼントを渡した際に，「遅くても何も渡さないよりはましでしょう」とユーモラスに弁解するときなどにも用いる.

1007 **Genius is one percent inspiration and ninety-nine percent perspiration.**

天才とは，1 パーセントのひらめきと，99 パーセントの努力である.

▶ 成功するためには斬新な発想が必要であるが，努力はそれ以上に重要であることを説く．inspiration (ひらめき，霊感) と perspiration (汗，努力) が韻を踏んでいて覚えやすく，世界中で知られる名言となっている．アメリカの発明王トーマス・エジソンの言葉で，周囲は彼を天才と呼んだが，エジソンはみずからを努力の人とみなしていた.

◆ Nothing beats hard work.「努力に勝るものはない」という類句もある.

1008 □□ **Imitation is the sincerest form of flattery.**

模倣は最も誠実なお世辞なり.

▶「真似ること (Imitation) は最も誠意のあるお世辞 (flattery) だ」が原義. 模倣とは観察し忠実に再現することであり, 憧れと称賛のあらわれということもできる.

コラム 難関大で狙われる比喩表現

ここでは, これまであまり取り上げられることのなかった比喩表現をお見せしよう. 解説を読めば, たやすくそのイメージがわくであろう.

◇ on top of the world「幸せいっぱいで」(= very happy)

▶ 世界の頂上にいるというイメージ.

◇ turn the tables「形勢を逆転させる」

▶「テーブルを回転させる」が原義. 転じて「(自分に有利になるように) 形勢を逆転させる, 仕返しをする」となった.

◇ under the table「賄賂(わいろ)として, 不正に, こっそりと」

▶「テーブルの下で」が原義. おもにビジネスの世界で用いられる.

◇ pull strings「陰で操る」

▶ 陰で糸 (strings) を引いて (pull),「(背後から) 影響力を行使する」の意味で用いる.

◇ go [run] around in circles「(議論が) 堂々めぐりをする」

▶「輪の中でぐるぐる回る」が原義. 転じて「(議論が) 堂々めぐりをする, (事態が) 一向に進んでいない」の意味で使われる.

◇ Knock (on) wood.「これからも幸運が続きますように」

▶ 運のよい話や自慢話をしたあとに使うアメリカ口語表現. 昔から木には良い霊が宿っているとされてきた. たたりを避けようと, 木でできたものをたたくまじないが起源とされている. イギリス英語では touch wood (木にさわる) と表現する.

Section 2　知恵の宝庫

1009 □□ **Accidents will happen.**

事故は起こるものだ.

▶「事故は起こるものだからしょうがない」の意味.

▶ この will「…するものだ」は「本来的傾向・習性」をあらわす. Boys will be boys.「男の子はやんちゃをするものだ」の will と同じ.

1010 □□ **No smoke without fire.**

火のないところに煙は立たぬ.

▶「まったく根拠のない噂はない／噂が立つ以上, 何らかの事実があるはずだ」の意味.

▶ There's no smoke without fire. の短縮形. Where there's smoke, there's fire.「煙のあるところに火がある」と言い表すこともある.

1011 □□ **Birds of a feather flock together.**

類は友を呼ぶ.

▶「同じ羽の鳥は群れをなす」が原義.「気の合った者や性質の似かよった者は自然に寄り集まり友人となる」の意味.

▶ a = the same / feather「(鳥の) 羽」/ flock「群れる」も要チェック.

1012 □□ **It is no use crying over spilt milk.**

覆水 (ふくすい) **盆に返らず.**

▶「こぼれた牛乳を嘆いてもどうにもならない」が原義.「覆水盆に返らず」は「こぼれた水 (=覆水) は二度と盆の上には戻らない」の意味で,「一度してしまったことは取り返しがつかない」ことのたとえ.

▶ It is no use *doing*.「…してもむだである」/ cry over A「A のことを嘆く」/ spilt milk「こぼれたミルク」も要チェック.

◆ Don't cry over spilt milk. ということもある.

1013 □□ **If at first you don't succeed, try, try again.**

七転び八起き.

▶「最初は成功しなくても何回もやってみるべきだ」が原義.「最後まであきらめてはいけない／挑戦し続けよ」の意味で用いられる.

▶ at first は「最初 (のうちは)」の意味.

1014 □□ **Tomorrow is another day.**

明日は明日の風が吹く.

▶「明日はまた別の日である」が原義. 楽観的な想定のもとで問題の解決を先送りしようとする際に用いられる.

◆ 逆のことわざとして, Tomorrow never comes.「明日は決して来ない／明日まで解決を先送りしてはならない」がある.

1015 □□ **A little knowledge is a dangerous thing.**

生兵法(なまびょうほう)**は大怪我のもと.**

▶「少しばかりの知識は危険なもの」が原義.「生兵法」とは，兵法（=剣術）を少しかじっただけの未熟である状態を表す.

◆ A little learning is a dangerous thing.「少しばかりの学問は危険なもの」と表現することもある.

1016 □□ **When in Rome, do as the Romans do.**

郷に入っては郷に従え.

▶「ローマではローマ人のようにふるまえ」が原義.「人は住んでいる土地の風俗や習慣に従うのが処世の法である」ということを説く.

▶ as は様態を表す接続詞で，「…するように」の意味.

1017 □□ **Never say die.**

弱音を吐くな.

▶「死ぬなんて決して言うな」が原義.「勇気を出せ」の意味でも用いられる.

1018 □□ **There is no accounting for taste.**

蓼(たで)**食う虫も好きずき.**

▶ 蓼の実は苦いのでたいていの動物は嫌がるが，それを好んで食べる虫もいることから，このように言われるようになった．英語では，「人の好みは説明しようがない」が原義.

▶ There is no *doing*.「…することはできない」/ account for A「A を説明する」/ taste「好み，趣味」も要チェック.

1019 □□ **Rome was not built in a day.**

ローマは一日にして成らず.

▶「ローマは一日でつくられたのではなかった」が原義.「大事業は一朝一夕にはできない」という意味で使われる.「千里の道も一歩から」がこれに近いことわざ.

1020 □□ **Slow and [but] steady wins the race.**

急がば回れ.

▶「ゆっくりと着実なのが結局はレースに勝つ」が原義.〈Slow and [but] steady〉というひとつの概念が主語になっているので単数扱い（wins）をする.

1021 □□ **Necessity is the mother of invention.**

必要は発明の母.

▶「逆境や欠乏が独創的な解決策を生み出す原動力となる」の意味で用いられる.「窮すれば通ずる」と訳すこともある.

▶ the mother of A は「A を生み出すもの，A の源」の意味.

1022 □□ **A bird in the hand is worth two in the bush.**

明日の百より今日の五十.

▶「手の中の 1 羽の鳥はやぶの中の 2 羽の鳥の値うちがある」は，あてにならないものに期待をかけず，確実なものに重きをおけという教訓.

1023 □□ **Every little bit helps.**

塵(ちり)も積もれば山となる.

▶「どんな小さなことでも役に立つ」が原義.「小さな努力を積み重ねていけば，いつか大きな結果を得られる」の意味で用いられる.

▶ この help は自動詞で,「役立つ，助けになる」の意味.

1024 □□ **Art is long, (and) life is short.**

芸術は長く，人生は短い.

▶「芸術作品は人間の寿命よりも長く生き続ける」という意味で用いられる.

1025 □□ **The early bird catches [gets] the worm.**

早起きは三文の得.

▶「早起きの鳥は虫を捕まえる」から,「人に先んじる者はチャンスを得る」という意味で用いられる.

1026 □□ **No news is good news.**

便りのないのはよい便り.

▶「何の知らせもないというのは，万事うまくいっている証拠だ」という意味で使われることが多いが，知らせるべきことを知らせなかったことの言い訳にも用いられる.

1027 □□ **Don't count your chickens before they're hatched.**

取らぬタヌキの皮算用.

▶「卵からかえらぬうちに，ひなを数えるな」が原義.「不確実な事柄に期待をかけて，それをもとにした計画をあれこれ考えるな」の意味で使われる.

Part 7 Section 2

コラム 意外な意味をもつ名詞

ある特定の文脈のなかで使われると，意外な意味をもつ名詞がある．以下，入試で出題さるものをチェックしよう.

◇ an early bird「早起きする人」(= an early riser) ⇒ 1025

Most ambitious business people are early birds.

多くの野心的なビジネスパーソンは早起きだ.

▶ a night owl「夜更かしする人」(夜のフクロウ)

◇ a tip「役立つ情報，(やり方などについての) 助言」

Do you have any tips for removing wine stains?

ワインのしみを取るいい方法はありますか.

◇ a shot「試み，やってみること」(= a try)

I'll give it a shot. ひとつやってみよう.

◇ a lemon「出来損ない，欠陥商品，欠陥車」

This car is a lemon. この車は欠陥車だ.

▶ 外見ではその酸っぱさが判断できないことから，レモンが「欠陥商品，欠陥車」の意味をもつようになった.

Section 3　長文に見える教訓・戒め

1028 □□ **Curiosity killed the cat.**

詮索好きは身を誤る.

▶「好奇心は猫をも殺した」から,「好奇心もほどほどにしないと, いろいろな面倒に巻き込まれることがある」の意味で用いられる.

1029 □□ **Live and let live.**

自分も生き, 他人も生かせ.

▶ 人はみな欠点や弱点があるのだから, 他人のあらさがしをせず,「互いの領域で邪魔することなくやっていこう」という意味で用いられる.

▶ Live and let (others) live. (使役動詞 let を使った let A *do*〈許可・容認〉の形) と考えるとわかりやすいだろう.

1030 □□ **Waste not, want not.**

浪費なければ不足なし.

▶「むだをしなければ, 不足することはない」のだから, 物や金を粗末にするなという戒め.

▶ この want は「不足する, 欠く」の意味.

◆ よく似たことわざに, Save [Lay up] for a rainy day.「雨の日に備えよ／万一の場合に備えて蓄えを忘れるな」がある.

1031 □□ **An apple a day keeps the doctor away.**

1 日りんご 1 個で医者いらず.

▶「1 日 1 個のりんごが医者を遠ざける」が原義. りんごは健康によいという民間伝承の知恵に基づく. 身体によいものを食べていれば病気にならないという意味で用いる.

▶ a day の不定冠詞 a は「…につき」(= per) の意味.

1032 □□ **Like father, like son.**

蛙(かえる)の子は蛙.

▶ 何事も子は親に似るものであることのたとえ.「この親にしてこの子あり」という意味で用いられ, 親の性質や特徴は子に伝わるということを含意する.「凡人の子は凡人」という意味で用いられることもあるので, 使うときは注意を要する.

▶ 母と娘の関係では, Like mother, like daughter. という.

◆ The apple doesn't fall far from the tree.「りんごはその木から離れたところには落ちない→子 (りんご) は親 (木) に似るものだ」という表現もある.

1033 □□ **An eye for an eye (and a tooth for a tooth).**

目には目を (歯には歯を).

▶「他人の目を害した者はみずからの目をもって償い, 歯を害した者は歯をもって償わなければならない」が原義. 被害と同等の報復をおこなうが当然とするたとえとして用いられる. ハンムラビ法典 (紀元前にバビロニアを統治したハンムラビ王が制定した法典) が由来とされる.

1034 □□ **Love is blind.**

恋は盲目.

▶「恋をすると相手の欠点に気づかなくなる／恋をすると理性を失ってしまう」などの意味をもつ.

1035 □□ **If it ain't broke, don't fix it.**

壊れていなければ直すな.

▶「機械や器具は壊れていなければ修理の必要がない」が原義,「企画したことが順調に進んでいるのなら計画を変えることはない」を含意する.「なにごとにおいても, うまくいっているのなら, 変更をする必要はない」と解釈してよい.

▶ ain't は〈am not / is not / are not〉や〈have not / has not〉の略式形で, ここでは〈is not〉の縮約形として用いられている.

1036 □□ **The mind rules the body.**

病は気から.

▶「心が身体を支配する」が原義. 動詞の rule は「支配する, 統治する」の意味.

1037 □□ **Two heads are better than one.**

三人寄れば文殊(もんじゅ)の知恵.

▶「一人よりも二人の頭脳があったほうがうまくいく」が原義. 一人であれこれ考えるよりも, 仲間に相談して解決したほうがよいという意味で用いられる.「文殊」とは知恵をつかさどる菩薩のこと.

1038 □□ **Haste makes waste.**

急がば回れ.

▶「あまり急ぐとかえって失敗を招きやすい／せいては事を仕損じる」という忠告. それぞれの単語に含まれる [ei] の音が韻を踏んでいる.

1039 □□ **You can lead a horse to water, but you can't make it drink.**

いやがることはさせられない.

▶「馬を水のあるところまで連れていくのはできるが, 水を飲ませることはできない」がもともとの意味.「やる気のない人はどんなに指導しようとしてもだめだ」のたとえとして用いられる.

1040 □□ **You can't teach an old dog new tricks.**

老犬に新しい芸を仕込むことはできない.

▶「年を取ってからは, なかなか新しいことは覚えられない」の意味で用いられる.「騏驎(きりん)も老いては駑馬(どば)に劣る」ということわざに近い.

1041 □□ **You can't have your cake and eat it too.**

一度に二つ良いことはない.

▶「ケーキを持ちながら, なおかつ食べることはできない」が原義.「両方いいとこ取りはできない／どちらかを取るしかない／虫がよすぎるぞ」の意味で用いられる.「二つのことを同時に実現することは不可能だ」のたとえ.

▶ You can't eat your cake and have it too. のように eat と have を逆にして言い表すこともある.

1042 □□ **The pen is mightier than the sword.**

ペンは剣よりも強し.

▶「言論・文筆の力は武力に勝る」という意味で用いられる. mighty は「力の強い, 強力な」の意味. ここでは比較級で用いられている.

1043 □□ **Let bygones be bygones.**

済んだことは水に流せ.

▶ この bygone は「過去 (のこと)」(通例, bygones と複数形にする). 「過ぎたことは過ぎたこととして受容せよ→過去のことはいつまでも悔やむべきではない」という教え.

1044 □□ **There is no royal road to learning.**

学問に王道なし.

▶「学問を修めるには安易な方法はなく, 等しく経なければならない過程がある」というたとえ.

1045 □□ **There is no rule without some exception.**

例外のない規則はない.

▶「どんな規則にも当てはまらない例外がある」ということわざ.

▶ some exception は「何らかの例外」という意味で用いられている.

◆ There is no rule but has some exception. という文語的な表現もある. この but は関係代名詞で, 否定語を含む先行詞の後ろで用いられ, 〈that (関係代名詞) + not〉の意味をもち, There is no rule that doesn't have some exception. と同意.

1046 □□ **You cannot see the forest [wood] for the trees.**

木を見て森を見ず.

▶「木々を見ているため森が見えない」が原義. 「小さなことにこだわり心を奪われて, 全体が見えていない」ことのたとえとして用いられる.

1047 □□ **Never [Don't] put off till tomorrow what you can do today.**

今日できることを明日に延ばすな.

▶「今日やるべきことを明日に延期してはいけない/今日やるべきことは今日のうちにやってしまいなさい」という教訓.

▶ put off A「A を延期する」というイディオムにも注目. ⇒ 166

1048 □□ **God [Heaven] helps those who help themselves.**

天はみずから助くる者を助く.

▶「神 [天] はみずからすすんで努力する人に援助の手を差しのべる」は, 怠惰を戒め, 自助努力をうながす忠告として用いられる.

▶ those who ...「…する人々」と help *oneself*「みずから努力する」に注目.

◆ God [Heaven] helps them that help themselves. / Help yourself and heaven will help you. などの同意表現もある.

1049 □□ **Spare the rod and (you) spoil the child.**

かわいい子には旅をさせよ.

▶〈命令文+ and 〜〉は「…しなさい. そうすれば〜」を表す. 「むち (rod) を惜しめ (spare) ば, 子供をだめにしてしまう (spoil)」の意味. 「子供をだめにしたくなければ, 厳しく育てよ」と解される.

1050 **All's well that ends well.**
□□ **終わりよければすべてよし.**

▶「首尾よく終わるものはすべてよいものだ」が原義.「結果が満足のゆくものであればそれでよい／ものごとは最後の仕上げが肝心だ」の意味で使われる. that は関係代名詞で, 先行詞は文頭の all である. また, All's と ends がどちらも "s" で終わっているうえに, どちらも well が続いているので語呂がいい表現となっている.

1051 **Nothing ventured, nothing gained.**
□□ **虎穴に入らずんば虎子を得ず.**

▶「冒険なくしては, 何も得られない」の意味. ものごとに敢然として挑めという忠告であり, 無謀な行為の自己弁護としても用いられる.

▶ Nothing venture, nothing gain. ということもある.

1052 **Familiarity breeds contempt.**
□□ **慣れ親しみは侮りを生む.**

▶ 親しみすぎるとその人の欠点や弱みが見えて, いつのまにか軽蔑心や嫌悪感が生じることがあるという対人関係の戒め.

▶ breed は「生み出す, もたらす」, contempt は「軽蔑, 侮蔑」の意味.

コラム speak ill of A の不自然

大学入試のための熟語集を数冊めくってみると, どれも speak ill of A「A の悪口を言う」というイディオムを載せている（この ill は「悪意をもって, 意地悪く」という意味の副詞）. というわけで,「他人の悪口を言ってはいけない」を, 受験生に英訳してもらうと, たいてい以下のような英文を書く.

You shouldn't speak ill of other people.

ところが, speak ill of A という熟語は, たいへん古めかしく, 日常会話で耳にすることはめったにない表現なのである.

Don't speak ill of the dead.「死者をむち打ってはならぬ」

死んだ人の言行を非難して「死者をむち打つ」と言うが, このような格言めいた言いまわしでしか用いないのが現状である. では, ネイティブスピーカーは「他人の悪口を言ってはいけない」をどのように言っているのだろうか.

You shouldn't say bad things about other people.
You shouldn't talk [speak] badly about other people.

say bad things about A「A の悪口を言う」（bad のところは terrible / horrible などに変えて使うこともある）や talk [speak] badly [bad] about A「A のことをひどく言う」を用いているのである.

Section 4　先人たちに学ぶ格言・成句

1053 □□ **Make hay while the sun shines.**

好機を逃すな.

▶「日の照っているうちに干し草（hay）を作れ」は,「絶好のチャンスを最大限に利用せよ」のたとえ. 英国では天気が変わりやすいから, 刈り取った草の天日干しは日が照っている時間こそが好機であった.

1054 □□ **Strike while the iron is hot.**

鉄は熱いうちに打て.

▶ 鍛冶（かじ）職人の言葉に由来する「鉄（iron）は熱いうちに打て」は, 転じて「機会を逃すな／機が熟したらただちに行動せよ」の意味として用いられる.

1055 □□ **A drowning man will catch at a straw.**

溺れる者はわらをもつかむ.

▶「人は希望がなくなっていくと, どんなにわずかなチャンスにもすがりつこうとする」の意味で用いられる.

▶ will は「…しようとする」〈習性・傾向〉, catch at A は「A をつかもうとして（幾度も）手を出す」, straw は「（麦）わら」の意味.

1056 □□ **Do not bite off more than you can chew.**

手に余るような仕事を引き受けるな.

▶「噛む（chew）ことができないものを噛み切ろう（bite off）とするな」が原義.

▶ more than S can *do* は「S ができる以上のもの」という意味なので,「S にはできないもの」と否定的に捉えるのがよい.「自分の許容範囲を越えるようなことを背負ってはいけない／身の丈（たけ）に合ったことをせよ」という警告.

1057 □□ **You can't make an omelet without breaking（a few / some）eggs.**

卵を割らないとオムレツはつくれない.

▶「何かを得るためには, 何かを犠牲にしなければならない／価値あることを成し遂げるにはほかのことをあきらめないといけない」の比喩的表現.

1058 □□ **All that glitters is not gold.**

光るものすべて金ならず.

▶「輝くものすべてが金とは限らない」は,「外見のよさは中身の悪さを隠していることがあるので, 外面に気をとられて内面を見誤るな」を含意する.

▶ that は関係代名詞（先行詞は all）. glitter は「きらきら輝く」の意味. all ... not「すべてが…だとは限らない」は部分否定.

1059 □□ **Experience is the best teacher.**

経験こそが最良の師.

▶「経験は最もよい教師である」は,「経験を通じて人は学ぶのである／何かを習得する場合, 本を読んだり人に聞いて学ぶよりも実際に経験して学ぶほうがよい」を含意する.

◆ 関連したことわざに, Experience is the mother of wisdom.「経験は知恵の母である」がある.

1060 **A man is known by the company he keeps.**

人はつき合っている仲間でわかる.

▶「人のよしあしは交友を見ればわかる」は,「友人の影響は大きいからつき合う友は厳選すべきである」という教え. be known by A「A によってわかる」と keep company「つき合う」にも注目.
▶ 現代では gender equality（男女平等）の観点から a man を一般の人の意味で使うのを避け, People are known by the company they keep. ということが多い.

1061 **History repeats itself.**

歴史は繰り返す.

▶ 文字どおりの訳は「歴史はみずからを繰り返す」であるが,「一度あることは二度ある」との意味で用いられることが多い.

◆ 類句に, Misfortunes never come alone.「災難は単独では来ない」がある.

1062 **A burnt child dreads the fire.**

あつものに懲りてなますを吹く.

▶「やけどした子は火を怖がる（dread）」が原義. 日本語では「あつものに懲りてなますを吹く」という. あつもの（熱い吸い物など）で火傷をした人は, なます（生魚や肉を細かく刻んで酢をあえた食べ物）のような冷たい食べ物も吹いてさますと表現する. 一度の失敗に懲りて, 必要以上の用心をするたとえ.

1063 **Power corrupts.**

権力は腐敗する.

▶「権力を持つ人は腐敗しがちである」という意味で用いられる.
▶ 英国の歴史家アクトンは, Power tends to corrupt, and absolute power corrupts absolutely.「権力は腐敗するものであり, 絶対的権力は絶対的に腐敗する」と述べ, これもまた頻繁に引用されることとなった. absolute power（絶対的権力）は「専制君主の権力」を指すことは言うまでもない.

1064 **A rolling stone gathers no moss.**

転石苔（こけ）**を生ぜず.**

▶ このことわざは二つの解釈ができる. 一つは a rolling stone（転がる石）を職業や住居を転々と変える人とみなす解釈である. この場合, moss（苔）はお金や成功などの意味をもつ. 石が絶えず転がっていると苔がつかないように, 職業や住居を頻繁に変えて落ち着きのない生活をしていると成功を手にすることができないという戒めである. これはおもに英国人の考え方である. 一方, あらゆる機会をとらえて自分の能力や適性を生かそうとする積極的に活動をする人を a rolling stone にたとえることがある. その場合の moss は陰湿さや不活発なもののたとえである. そうしたアクティブな人には停滞がなく, 前途はますます開けていくという米国流の解釈だ. 現在では, 後者の意味で使う人が多い.

1065 **Habit is a second nature.**

習慣は第二の天性なり.

▶ 習慣の力は大きなもので, 生まれつきの性質（第一の天性）と変わらないほど日常の行動に影響を及ぼすものであるとの教訓.

1066 □□ **Every cloud has a silver lining.**

どの雲にも銀色の裏地がついている．

▶ lining とは衣服などの「裏地」のこと．地球から見える暗い雲も，逆から見れば太陽の光を受けて銀色に輝いている．この格言は雲（cloud）をたとえとして，「最悪の事態に遭遇しても悲観的にならず，その裏には希望の光があることを信じて明るい兆しを求めて人生航路を歩むことが必要である」と忠告している．

1067 □□ **Beauty is in the eye of the beholder.**

美は見る人の目の中にある．

▶「見る人によって人や物の見方は異なるが，美についても同じことが言える」という意味で用いられる．beholder は「見る人」の意味．

1068 □□ **Brevity is the soul of wit.**

簡潔は機知の精髄．

▶「話したり書いたりする場合はできるだけ手短に要領よくまとめよ」という訓戒．brevity は「（表現の）簡潔」，the soul of A は「A の精髄」，wit は「機知」の意味．

1069 □□ **Variety is the spice of life.**

いろいろあってこそ人生は楽しい．

▶「多様性は人生のスパイス（薬味）である」とは，「さまざまな出来事が人生に風味を添えてくれる」ということ．variety は「多様性，変化に富むこと」，spice of life は「人生のスパイス，人生に趣を添えるもの」の意味．

1070 □□ **Blood is thicker than water.**

血は水よりも濃い．

▶ 血とは血縁関係，水とは他人との関係をあらわす．「同じ血を分けた者は他人より強く結ばれている／他人よりまず身内」という意味で用いられる．

1071 □□ **The end justifies the means.**

目的は手段を正当化する．

▶「目的がよいものであれば，手段が不当なものであっても許される／重要な目的を達成するためには，違法な手段に訴えることが容認される」の意味で用いられる．

1072 □□ **The proof of the pudding is in the eating.**

論より証拠．

▶「プディングであることの証明は食べてみることにある／プディングの味は食べてみないとわからない」が原義．「ものごとの価値はそれを経験することによってのみ試すことができる」の意味で使われる．proof は「（善し悪しを試す）試験，吟味」の意味．

▶ The proof is in the eating. / The proof is in the pudding. の形もある．

1073 □□ **All work and no play makes Jack a dull boy.**

よく学び，よく遊べ．

▶「勉強ばかりして遊ばないと男の子はばかになる→勉強や仕事には適度の休息や娯楽が必要であり，それによって能率があがる」の意味で用いられる．Jack は一般的な意味での「男の子」の意味．ちなみに「女の子」は Jill という．dull は「頭の鈍い，頭の働きが悪い」の意味で使われている．

1074 □□ **Don't put the cart before the horse.**

本末転倒するな.

▶ 馬が荷車を引くのであって，荷車が馬を引っ張るのではない.「馬の前に荷車を置くな」は，「ものごとは適切な順序で取り扱わなくてはならない」のたとえ. この格言は，本末を転倒したり，原因と結果を取り違えたりしてはいけないということを説く.

1075 □□ **Hunger is the best sauce.**

空腹にまずいものなし.

▶「空腹こそが最上のソースである」が原義. 空腹は最良の調味料.「空腹のときは何を食べてもおいしい」を意味する.

1076 □□ **Hope for the best and prepare for the worst.**

最善を期待し，最悪に備えよ.

▶「将来に対して楽観的であるべきだが，同時に最悪の事態に対する準備を怠ってはならない」との教訓.

1077 □□ **Health is better than wealth.**

健康は富にまさる.

▶「健康で丈夫な体は財産にまさるものだ／健康第一」と言いたいときに用いる.

◆ Health is above wealth. ということもある. この above は「…よりまさって」という意味の前置詞.

MEMO

コラム 色を使った慣用表現

《white》

◇ a white lie　「悪意のない嘘」

◇ a white elephant　「やっかいもの，（金のかかる）迷惑なもの」 ⇒ 950

◇ go [turn] white　「（病気や恐怖などで）青ざめる」

《black》

◇ be in the black　「黒字である」 ⇒ 973

◇ the black sheep of A　「A（家族・組織）のもてあまし者」 ⇒ 959

《red》

◇ be in the red　「赤字である」⇒ 973

◇ the red carpet　「赤じゅうたん，丁重なもてなし」

《blue》

◇ once in a blue moon　「めったに…ない」 ⇒ 878

◇ out of the blue　「突然，思いがけなく」 ⇒ 879

◇ feel blue　「憂鬱である，ふさいでいる」（= feel depressed）

《green》

◇ have a green thumb　「園芸が好きである」 ⇒ 890

◇ the green light　「許可，ゴーサイン」 ⇒ 957

◇ be green with envy　「ひどくねたんでいる」 ⇒ 963

◇ be still green　「まだ未熟である，まだうぶである」

Part **8**

合否を分ける口語表現

149項目

最近の入試問題では，コミュニケーションのための英語が重視されています．このパートで，増加傾向にある口語・会話問題をクリアする力をつけましょう．

Section 1　出会い・応対・別れ

1078 □□ **Nice to meet you.**

よろしく.

▶「はじめまして／お目にかかれてうれしいです／よろしく」にあたる表現．この表現は It's nice to meet you. の It's が略された短縮形．(I'm) Glad [Pleased] to meet you. ということもある．

A: Hi. Nice to meet you. やあ．はじめまして．
B: Glad to meet you. よろしく．

◆ 初対面の人と別れるときのあいさつは，(It was) Nice meeting you.「お会いできてよかったです」を用いる．

◆ 2 度目に会ったときは，I'm happy to see you again. / (It's) Good to see you again.「またお会いできてうれしいです」という．

1079 □□ **I didn't catch your first name.**

お名前が聞き取れませんでした.

▶ catch は耳にした言葉を「聞き取る」，あるいはそれを「理解する」の意味で用いる (否定文や疑問文で使うのが一般的)．

A: Sorry, I didn't catch your first name.
ごめんなさい．お名前が聞き取れませんでした．
B: Sophie. ソフィです．

1080 □□ **What was your name again?**

お名前をもう一度お願いします.

▶ 相手の名前が聞き取れなかったときに再度尋ねる表現．was と again に注目．

A: Sorry, what was your name again?
すみません，お名前をもう一度お願いします．
B: Randy Newman.
ランディ・ニューマンです．

1081 □□ **How's it going these days?**

最近，どうですか?

▶「最近，ものごとはどんなふうにすすんでいますか?」が原義．it は「身の回りのこと」で，everything に言い換えられる．この go は「(物事が) 進行する」で，物事の進捗 (しんちょく) 状況を聞く場合に用いる．

A: How's it going these days? 最近，どうだい?
B: Pretty good. Thanks. 元気にやっているよ．ありがとう．

◆ そのほか，「お元気ですか?」にあたるあいさつ表現としては，How's everything? / How are things going? / How are you? / How are you doing? / How have you been?「その後いかがですか?」/ What's new?「何か変わったことはある?」などがある．

◆「最高だよ／元気です」と返す場合は，Pretty good. / Great. / (Just) Fine. / Very well. などが用いられ，「まあまあだね」という返答をする場合は，I'm OK. / All right. / Not (too) bad. / (I) Can't complain.「不満はない」が使われる．

1082 □□ What's new?
何か変わったことはないかい?

▶ 親しい人同士のあいさつ. What's up?「どうした?」ということもある.

A: What's new? 何か変わったことはないかい?
B: Nothing much. Thanks. 特に何も. ありがとう.

◆ Nothing much.「べつだん何も」/ Nothing in particular.「特に何もない」/ Nothing special.「特別なことは何もない」/ Pretty much the same.「相変わらずさ」などと応じることが多い.

1083 □□ Couldn't be better.
とても元気です. /絶好調です.

▶「お元気ですか?」と聞かれ,「絶好調です」と答えるときの表現. Things couldn't be better than this.「これ以上良い状態はありえないだろう」の短縮形. if 節のない仮定法過去の文であることにも注目.

A: How're things going? どう調子は?
B: Couldn't be better. とても元気です.

1084 □□ I haven't seen you for [in] ages.
久しぶりですね.

▶「長いことお会いしていませんでした」が原義. for ages は for a long time と同意.

A: Hi, Glen. I haven't seen you for ages. やあ, グレン. 久しぶりだね.
B: Mike? You haven't changed at all. マイクかい? ぜんぜん変わらないなあ.

◆ = I haven't seen you for [in] a long time. / It's been a long time. / It's been ages. / Long time no see.

1085 □□ I'd like you to meet A.
A さんをご紹介しましょう.

▶「A さんをあなたに紹介します」というときの決まり文句. meet (初めて会う) という動詞を使っていることに注目.

I'd like you to meet my friend Kate. Kate, this is my friend Haruto.
友人のケイトを紹介するね. ケイト, こちらは友だちのハルト.

◆ = Let me introduce you to A.

1086 □□ What brings you to Japan? / What brought you to Japan?
どうして日本へ来たのですか.

▶「何があなたを日本へ連れてきているのですか/何があなたを日本へ連れてきたのですか」が原義. bring A to B は「A を B に連れてくる」の意味.

A: What brings you to Japan? どうして日本へ来たのですか.
B: The temples and shrines. I've always wanted to see them.
寺院や神社ですね. ずっと見たいと思っていました.

◆ = Why did you come to Japan? / What did you come to Japan for?「何のために日本へ来たのですか」

1087 □□ **What do you do (for a living)?**

ご職業は何ですか.

▶ 職業を尋ねる最も一般的な表現.「(暮らしのために) 習慣的に何をやっているのですか」が原義. そこから「どんな職業に就いているのですか」の意味をもつようになった.

▶ do は「(職業として) 従事する」の意味.

A: What do you do? ご職業は何ですか?
B: I teach Japanese. 日本語の教師です.

1088 □□ **What line (of work [business]) are you in?**

どんな関係のお仕事をしているのですか?

▶「どんな職業分野の中にいるのですか」が原義.

A: What line of work are you in? どんな関係のお仕事をしているのですか?
B: I'm in insurance. 保険関係です.

◆ = What's your line of work? / What's your line? / What kind of work do you do? / What's your job?

◆ 勤務先を聞く場合は, Where do you work? / Who do you work for?「誰のために働いているのですか→どなたが雇い主ですか→どちらにお勤めですか」/ What company do you work for? などと言い表す.

1089 □□ **I hope I'm not disturbing you.**

お邪魔ではないでしょうか.

▶ 他人の家や部屋に入るときの決まり文句.「あなたの邪魔をすることにならないとよいのですが」が原義. disturb A は「A に迷惑をかける, A の邪魔をする」の意味.

A: I hope I'm not disturbing you. お邪魔ではないでしょうか.
B: Not at all. Please come in. だいじょうぶですよ. お入りください.

1090 □□ **Please make yourself comfortable.**

どうぞくつろいでください.

▶ make O C (O を C にする) の文.「あなた自身 (yourself) を居心地のよい (comfortable) 状態にしなさい」が原義. 過去に最もよく出た口語慣用句のひとつ.

Sit down and make yourself comfortable.
座ってくつろいでください.

◆ = Please make yourself at home.「自分自身を自宅にいる状態にしてください→自宅にいるようにくつろいでください」/ Please relax.

1091 □□ **Have fun!**

楽しんでらっしゃい!

▶「どうぞ楽しんでね!」にあたる表現.

A: Have fun! 楽しんでね!
B: Thanks. You, too. ありがとう. あなたもね.

◆ = Have a good time!

1092 **I'm going to miss you.**
あなたがいなくなると寂しくなります.

▶ miss A「A がいなくて寂しく思う」

I'm moving out soon. I'm going to miss you.
もうすぐ引っ越しだ．会えなくなると寂しくなるよ.

◆ = I'll miss you.

1093 **Drop by sometime.**
また立ち寄ってくださいね.

▶ drop by は「(連絡なしに) ひょいと立ち寄る，顔を出す」の意味．drop (立ち寄る) + by (そばに，近くに) と考えてみよう．⇒ 496

A: I'll talk to you soon. また話そうね.
B: Drop by sometime. また立ち寄ってください.

◆ drop by は stop by / come by などに言い換えられる.

1094 **Good luck!**
がんばってね!

▶ 別れの際に「がんばってね!」と声をかけるときの言いまわし．(I wish you) Good luck. の短縮形で，英語では「幸運を祈ります」と発想する.

A: I have to go now. そろそろ行くね.
B: Bye. Good luck! じゃあ．がんばってね!

◆ 逆に「私のことを祈っていてね!」と相手にお願いする場合は，Wish me luck! という.
◆「残念ですね／ツイてないですね」となぐさめるときは，Bad luck. / Tough luck. などと声をかける.

1095 **Take care.**
気をつけてね.

▶ 別れのあいさつ．「お大事に」にあたる Take care (of yourself). を短くしたもの.

A: I've got to go now. そろそろ行かなくちゃ.
B: Take care. See you later. 気をつけてね．またね.

◆ See you.「じゃあまた」/ Take it easy.「じゃあ元気でね」/ So long.「またね」/ Good luck.「がんばってね」などと声をかけることもある.

1096 **Say hello to A.**
A によろしくと伝えてください.

▶「A にハローと言ってください」が原義.

A: Please say hello to Jessica. ジェシカによろしくと伝えてください.
B: I will. はい，そうします.

◆ = Say hi to A. / Give my (best) wishes to A. / Give my (best) regards to A. / Remember me to A.

1097 □□ **I really enjoyed your company.**

ご一緒できて楽しかったです.

▶ 別れ際のあいさつ. A's company は「A と一緒にいること, A と同席すること」の意味.

A: **Nice talking to you.**

お話しできてよかったわ.

B: **Oh, it was my pleasure. I really enjoyed your company.**

こちらこそ. ご一緒できて楽しかったです.

コラム 電話・メールに関する口語表現

◇ Who's calling, please?「どちらさまですか」

▶ = Who's speaking, please? / Who's this, please? / May I ask who's calling?

◇ May I speak to Ms. Matsushita, please?「松下さんはいらっしゃいますか」

▶ = Could I speak to Ms. Matsushita, please?

◇ This is Cheryl Valentine (speaking).「シェリル・ヴァレンタインと申します」

▶ 電話をかけた人が名乗るときの表現.

◇ Speaking.「私です/本人です」

▶ 電話を受けたのが本人であるときの表現.

▶ = This is he [she].

◇ Hold on, please.「切らずにそのままお待ちください」

▶ = Hold the line, please. / One moment, please. / Just a minute, please.

◇ She's not in at the moment.「彼女はただ今, 不在です」

▶ = She's not here [in] right now.

▶ 場合によっては, She's not at her desk.「彼女は席をはずしております」/ She is out right now.「彼女は今, 外出しています」ということもある.

◇ Could I leave a message?「伝言をお願いできますか」

▶ leave a message「伝言を残す」/ take a message「伝言を受け取る」

◇ I'm afraid you have the wrong number.「番号をお間違えのようですが」

◇ I've got to hang up now.「じゃ, 電話を切るよ」

▶ hang up「(電話を) 切る」

▶ = I've got to go now.

◇ I'll email you.「メールします」

▶ = I'll send you an email.

◇ I'll text you.「携帯にメッセージを送ります」

▶ = I'll send you a text.

Section 2　感嘆・激励・感情

1098 □□
Congratulations on A!

A おめでとう!

▶ Congratulations!「おめでとう!」とつねに複数形で用いる.
▶「A おめでとう!」という場合は，Congratulations on A! となる.

Congratulations on your graduation!
ご卒業おめでとう!

1099 
Good job!

よくやった!

▶ 何かのタスクを成し遂げたことをほめるときの表現．この job は「仕事ぶり，できばえ」の意味．You did a good job. を短くしたもの．

Good job, Cindy! You did it!
すごいよ，シンディ!　とうとうやり遂げたね!

◆ このほか，「すばらしい!／すごい!」とほめるときの表現には，(You did) Good work!/ Amazing! / Fantastic! / Terrific! / Awesome! / Great! などがある．

1100 □□
Well done!

でかしたぞ!／よかったね!

▶ 行動，決断，結果などに納得して相手をたたえるときの表現．It was well done. (それは上手になされた) を短くしたもの．Good job! とほぼ同じ意味だが，Well done! は「おめでとう!」のニュアンスを含む．

A: Well done!
　でかしたぞ!
B: Thanks. I couldn't have done this without your support.
　ありがとう．あなたの励ましがなければとてもやり遂げることはできませんでした．

◆ = Way to go!

1101 □□
That's the spirit!

その意気だ!

▶ この spirit は「気力，意気，気魄(きはく)，気概」の意味．相手を励ますときに用いる．「その意気だ!／その調子だ!／そうこなくっちゃ!」などと訳す．

A: I'll give it a try.　チャレンジしてみます．
B: That's the spirit!　その意気だ!

1102 □□
Go for it!

がんばれ!

▶「it (目標) に向かって進め!」が原義．「がんばれ!／しっかりやれよ!」という励ましの表現．

Go for it! You've always wanted to be an actor.
がんばれよ!　俳優になるのが君の夢だったんだから．

1103 □□ **Hang in there!**

がんばって!/あきらめないで!/くじけるな!

▶「苦境の中にあってもつかまっていろ」が原義. スポーツの試合で苦戦している人や, 苦しい状況でものごとをあきらめようとしている人を励ます表現.

Hang in there! Everything will work out.
がんばって. 万事うまくいくから.

1104 □□ **Mind your own business.**

よけいなお世話だ. /放っておいてください.

▶ *one's* (own) business は「自分(自身)のやるべきこと, 自分(自身)と関係のあること」の意味.
▶「自分のやるべきことに気を向けなさい」が原義.「よけいなお世話だ/あなたには関係のないことだ」を意味する.

Please mind your own business. This has nothing to do with you.
よけいなお世話だ. これはあなたには関係ないことだ.

◆ = (It's) None of your business.「あなたには関係のないことだ」/ Stay out of my business. / Leave me alone.「放っておいてください」

1105 □□ **You asked for it.**

自業自得だ.

▶ ask for A は「A を求める」, it は something bad / trouble「面倒」の意味.「自分で面倒を求めた」が原義.「自業自得だ/ざまあみろ/身から出たサビだよ/いい気味だ」にあたる表現.

I told you so. You asked for it. だから言ったでしょ. 自業自得だよ.

◆ = (It) Serves you right.「いい気味だ」/ You deserve it.「当然の報いだ」

1106 □□ **It's my fault.**

私のせいです. /私がいけなかったんです.

▶ A's fault は「A の過ち, A の過失」の意味.「あなたのせいです」なら It's your fault. になる.

A: I'm sorry. It's my fault. ごめんなさい. 私のせいです.
B: It's okay. Don't worry about it. だいじょうぶだよ. 気にしないで.

◆ = I'm to blame.「責められるべきは私です」

1107 □□ **Never mind.**

気にしないで.

▶「いや, 何でもない/忘れていいよ」と言いかけたことを取り消したりするときに用いられる. イギリス英語では謝罪やお礼に対して使うこともある.
▶ 日本人はよく「ドンマイ」と言うが, Don't mind. (×) という英語表現はない.

A: What did you say?
何て言った?
B: Never mind. I was just talking to myself.
気にしないで. ひとりごとを言っただけだから.

1108 □□ **What's on your mind?**

何が気がかりなの？

▶ be on A's mind「A にとって気がかりである」/ have A on *one's* mind「A のことが気がかりである」などの表現も重要.

You seem a little down. What's on your mind?
ちょっと元気ないね．何が気がかりなの.

1109 □□ **Do you really mean it?**

本気で言っているのですか.

▶ mean A で「A を本気で言う」の意味．it は what you are saying「あなたが言っていること」のこと.

A：Do you really mean it? 本気で言っているの？
B：Of course. I'm serious. もちろん．本気さ.

◆ = Are you serious?「本気ですか」

1110 □□ **How dare you *do*!**

よくもずうずうしく…できるな！

▶ 人の言動を「よくもぬけぬけと…できるな」と強く非難するときの表現．この dare「あえて…する」は助動詞なので，後ろには動詞の原形をおく.

How dare you say a thing like that! よくもそんなことが言えるな！

◆ = How can you *do*!

1111 □□ **What (a) nerve!**

なんて厚かましいの！

▶ nerve は「厚かましさ，ずうずうしさ」の意味.
▶ What (a) nerve (you have)! という感嘆文の短縮形.

A：Can I borrow some money? お金を借りられる？
B：What (a) nerve! なんて厚かましいの！

1112 □□ **Enough is enough.**

もうたくさんだ．／もうこれ以上は我慢できない.

▶ 相手の考えや行動にあきれた気持ちを表す言い回し．I can't keep up with you.「ついていけないなあ」というニュアンスを含む.

A：Enough is enough. I'm leaving. もうたくさん．私，帰る.
B：What on earth did I do? いったい僕が何をしたっていうんだ？

1113 □□ **I meant no harm.**

悪意はなかったのです.

▶ 相手を傷つけたことに対する言い訳の表現．mean A「A を意図する」，harm「悪意」にも注目.

I'm really sorry. I meant no harm.
本当にごめんなさい．悪意はなかったのです.

1114 **Calm down.**
落ち着いて.

▶ 興奮していたり，あわてている人に対して用いる．calm には「穏やかな」という意味の形容詞用法や「冷静」という意味の名詞用法があるが，この calm は「静まる，落ち着く」という意味の動詞として用いられている．

Just calm down. Tell me what happened.
落ち着いて．何があったのかちゃんと話して．

1115 **You don't say (so)!**
まさか!

▶「あなたは本気でそんなことを言ってないでしょ!」が原義．そこから「まさか（そんなことはないだろう）!／知らなかった!」の意味で用いられるようになった．

A: I hear Yurika is getting married. ユリカが結婚するらしいよ．
B: You don't say! Who's the lucky guy? まさか！ で，その幸運な男は誰なの．

1116 **That's too bad.**
それは困りましたね．／それは困ったなあ.

▶ 他人への同情や自身の落胆をあらわす決まり文句．あまり深刻でない事柄に対して用いる．「おあいにくさま」や「ざまあみろ」といった皮肉や嫌味の意味で用いることも多い．

A: I don't like my new job. 新しい仕事が気に入らないんだ．
B: That's too bad. I'm sorry to hear that. それは困りましたね．お気の毒さま．

◆ = Too bad.

1117 **What a shame! / What a pity!**
それは残念です!／お気の毒に!

▶ この shame / pity は，「残念なこと，不運なこと」の意味．「それは残念です!／お気の毒に!／それは遺憾です!」にあたる感嘆文表現．

A: Aoi and I broke up. アオイと別れちゃったんだ．
B: What a shame! Don't be so depressed. それは気の毒に! そんなに落ち込まないで．

1118 **I can't thank you enough.**
何とお礼を言っていいのやら.

▶ 感謝の表現．can't ... enough は「十分に…できない／どんなに…してもしすぎることはない」の意味．

A: I can't thank you enough. 何とお礼を言っていいのやら．
B: No problem. Anytime. いいえ．いつでも言ってください．

◆ = I have no words to thank you. / I don't know how to thank you. / Thank you. I really owe you.「ありがとう．恩に着ます」

Section 3　相づち・つなぎ・応答

1119 □□ **Sounds good. / Sounds great.**

いいですね．／おもしろそうだね．

▶ 提案や誘いに同意するときの表現．sound + A（形容詞）「A のように聞こえる」の文．主語の That / It を省略することが多い．

A：How about dinner tonight? 今晩食事でもどう？

B：Sounds good. いいわね．

1120 □□ **That's news to me.**

それは初耳だ．

▶「それは私にとって初めての知らせだ」が原義．「それは初耳だ／そんなの聞いてないよ」の意味で用いられる．

A：Andy is moving to Osaka. アンディが大阪へ引っ越すんだって．

B：Really? That's news to me. 本当？ それは初耳だ．

1121 □□ **That sounds too good to be true.**

それは話ができすぎている．

▶ too ... to *do* 構文．「本当でないぐらいいい話だ→あまりに話ができすぎているので信じられない」の意味で用いられる．

▶ sound のところは be 動詞を使うこともある．

A：I've found a good part-time job. I'll be paid 10,000 yen for two hours!
いいバイトを見つけたんだ．2 時間で 1 万円もらえるんだ．

B：That sounds too good to be true.
それって話ができすぎてるように思う．

1122 □□ **It couldn't have been better.**

最高でした．

▶ ものごとの感想を尋ねられて「最高でした」と応じるときの表現．(It) Couldn't have been better. と主語を省略した形で言うこともある．「あれよりもよいものはありえなかったであろう」と考えられている．⇒ 1083

A：How was the concert? コンサートはどうだった？

B：It couldn't have been better. 最高でした．

◆「最悪でした」なら，(It) Couldn't have been worse. と応じる．

1123 □□ **So far, so good.**

今のところはうまくいっています．

▶ So far, so good. は「今のところは順調です」を表す慣用句．

▶ so far「今までのところは」= until now

A：How's your new job? 新しい仕事はどうだい？

B：So far, so good. 今のところはまずまずだよ．

1124 □□
I didn't mean to.
そんなつもりはなかったんです.

▶ まず，mean *doing*「…することを意味する」と mean to *do*「…するつもりである」を区別すること．I didn't mean to. は，to の後ろの *do* 以下を省略した形.

▶ 下の例文は I didn't mean to (break it). のこと.

A：Oh, no! You broke it! なんてこと！ 壊したわね！

B：Sorry. I didn't mean to. ごめん．そんなつもりはなかったんだ.

1125 □□
Thanks anyway.
いずれにしてもありがとう．／とにかくありがとう.

▶ 依頼や願いが聞き入れられなかったときに用いるお礼の表現.

A：Excuse me, but does the express stop at this station?
　すみませんが，急行はこの駅に停まりますか.

B：I'm afraid I don't know. ちょっとわかりませんね.

A：Thanks anyway. いずれにしてもありがとう.

◆ = Thank you anyway. / Thanks all the same. / Thank you just the same. / Thanks just the same.

1126 □□
Please don't bother.
どうぞおかまいなく.

▶ 相手の気づかいに対して「どうぞおかまいなく」と応じる表現．bother は「あれこれと気をつかう」の意味.

A：Can I get you something to drink? 何か飲み物を持ってこようか？

B：I'm okay. Please don't bother. 大丈夫．どうぞおかまいなく.

1127 □□
How come S V ?
どうして…？／なぜ…？

▶ why のくだけた表現．How does it come about that ...?「どうして…のようなことになるのか」という文語形（it = that 以下 / come about = happen）の does it と about that を略したので，How come の後ろは疑問文の語順ではなく S V が続く．したがって，下の例文に見える「どうしてそこへ行ったの?」は，Why did you go there? と言えても，（×）How come did you go there? とは言えない.

▶ How come?「どうして?」とだけ言うこともある.

How come you went there? どうしてそこへ行ったの？

1128 □□
Why not?
もちろんさ.

▶ 否定的な内容を受けて，Why not? と応じた場合は「なぜですか」の意味になるが，提案・勧誘に対して用いられた場合は「もちろん（いいですよ）」という同意表現となる.

A：Do you want to go see a movie? 映画にでも行こうか.

B：Sure. Why not? うん．いいわね.

1129 **You must be kidding.**

冗談でしょ.

▶「あなたは冗談を言っているに違いない」の意味.

A: You must be kidding. 冗談でしょ.
B: No. I'm serious. いや, 本気だ.

◆ ほぼ同様の意味で, You must be joking. / You've got to be kidding. / You've got to be joking. / No kidding. / No joking. / Are you kidding? / Are you joking? / You're kidding (me). / You're joking. ということもある.

1130 **I mean it.**

私は本気で言っているんです.

▶ mean A は「A を本気で意図する」の意味. この it は「自分の発言」(= what I'm saying) を指している.

A: Do you really mean what you're saying?
本気で言っているのですか.
B: Yes. I mean it.
そうだとも, 本気だ.

1131 **I'm all ears.**

早く聞かせて.

▶「全身が耳の状態である」が原義. 相手に話を促して「さあ, 話を聞かせてもらおうか」の意味で用いる.

A: I have good news for you. いい知らせがあるんだ.
B: For me? I'm all ears. 私に? 早く聞かせて.

◆ = I'm listening.

1132 **By all means.**

ぜひどうぞ.

▶ 承諾・許可の返事の決まり文句.「あらゆる手段を使ってでも」が原義. 日本語の「いいとも/ぜひどうぞ」にあたる.

A: Do you mind if I use your bathroom? トイレをお借りしてもいいですか?
B: By all means. どうぞ.

1133 **Be my guest.**

ご自由にどうぞ.

▶「私の客人でいてください」が原義. 依頼を受け入れる表現で,「いいですよ/どうぞご自由にお使いください/遠慮なくお召しあがりください」にあたる.

A: Can I borrow this book? この本をお借りしていいですか?
B: Be my guest. どうぞ, かまいませんよ.

1134 **I'll [I'd] be glad to. / With pleasure.**

喜んで.

▶ 依頼された際の快諾の表現.

▶ glad のところは，happy / delighted を使うこともある.

A：Could you give me a hand? ちょっと手を貸してくれますか？

B：Sure. I'll be glad to. いいですよ．喜んで.

1135 **..., though.**

でも…ですがね.

▶ 相手の言葉を受けて，「でも…／だけど…」と内容の一部を否定する表現.

▶ この though は副詞（although に副詞用法はない）で，通例，文末に置かれる.

A：Beautiful day! すばらしい天気ですね！

B：Yes. A bit windy, though. そうですね．ちょっと風が強いですけど.

1136 **That (all) depends. / It (all) depends.**

それは時と場合による．／それは事情によりけりです.

▶ 明快な返事を避けるときの表現.

A：Does she always talk that way?
彼女はいつもあんなふうに話すの？

B：That depends.
時と場合によってですよ.

1137 **Suit yourself.**

勝手にしろ．／どうぞお好きなように.

▶「自分の好きなようにしなさい」の意味．不満や怒りをあらわして使われることが多い.

A：We'd rather not talk about it.
それについては話さないでおこうよ.

B：OK. Suit yourself.
わかった．勝手にしろ.

◆ = Have it your own way. / Do as you like.

1138 **Beats me.**

（どうしてだか）さっぱりわからない．／さあね.

▶ beat A は「A を打ち負かす→ A を困惑させる」の意味．「質問に答えられなくて負けを認める」といったニュアンスを含むカジュアルな表現．しばしば主語（It）を省略して用いられる.

A：Why is Manami so depressed?
どうしてマナミはあんなに落ち込んでいるの？

B：Beats me.
さあね.

◆ = I don't know.

1139 □□ **Don't mention it. / You're welcome.**

どういたしまして.

▶ 相手からお礼やお詫びを言われたときに，丁寧に打ち消すあいさつ表現.

▶ Don't mention it. の it はお礼やお詫びの言葉を指す.「そんなことは言わなくてもいい」が原義.

A：Thank you so much for accepting my package.
荷物を預かってくださってありがとうございました.

B：Don't mention it. Here it is.
どういたしまして．はい，どうぞ.

◆ =（It's）My pleasure. / The pleasure is mine. / Not at all. / No problem. / It was nothing. / No trouble at all. / That's all right. / Think nothing of it.

1140 □□ **I'd like to, but ... / I'd love to, but ...**

そうしたいのですが，…

▶ 依頼をやんわりと断る表現.「いやだね」と依頼を強く拒否する場合は No way. という表現を用いる.

▶ to の後ろでは，やりとりの中で繰り返された表現が省略されている．下の例文は，I'd like to（go shopping in Shibuya）, but ... と考えてみよう.

A：Do you want to go shopping in Shibuya?
渋谷へ買い物に行かない?

B：I'd like to, but I have to practice the violin.
そうしたいんだけど，ヴァイオリンの練習があるの.

◆ = I wish I could, but ...

1141 □□ **I couldn't care less.**

まったく気にならない.

▶ if 節のない仮定法過去の文.「気にしようとしても少しも気にならない」が原義.「まったく気にも留めない／興味ないね」の意味.

A：There's a rumor going around that she was fired.
彼女がクビになったといううわさが広まっているよ.

B：I know. I couldn't care less.
知ってるよ．興味ないね.

1142 □□ **Who cares?**

かまうものか.

▶「誰が気にするだろうか」が原義．反語的に「誰がかまうものか／どうだっていい」の意味をもつ．投げやりで失礼な印象を与えることもある.

A：It looks like rain. 雨が降りそうだね.

B：Who cares? どうだっていいよ.

◆ = Nobody cares. / I don't care.

Part 8 Section 3

1143 □□ **So what?**

だから何だって言うの.

▶ 相手に詰問されたとき，開き直って発する言葉.「どうってことないでしょ」の意味で用いられる.

She bought an expensive yacht? So what?

彼女が高いヨットを買ったって？　それがどうだって言うの.

1144 □□ **Same here.**

私も同じです.

▶ 自分も同じような状況にあることを表す．前の人と同じものを注文したり，相手の意見に賛同したりするときに用いる.

A: I'll have the French toast, please. フレンチトーストをください.

B: Same here. 私も同じものをお願いします.

◆ = Me, too.

1145 □□ **I bet ...**

きっと…だと思う.

▶ bet は「賭ける」から意味展開して，「(賭けてもいいぐらい) 絶対に…だ，きっと…だと思う」の意味で用いられる.

Taste this. I bet you like it.

これを試食してごらん．きっと気に入るよ.

◆ = I'm sure ...「…であることを確信している」

1146 □□ **That explains it.**

なるほど．／それでわかりました.

▶ 何かに納得した気持ちをあらわす．「それなら説明がつく／そういうことだったのか／なるほど／それでわかりました」の意味で用いられる.

▶ explain A は「A の原因を説明する，A の説明となる」の意味.

A: I can't get a hold of Tsumugi. ツムギと連絡が取れないんだ.

B: Her number has changed. 電話番号が変わったんだ.

A: That explains it. そういうことだったのか.

1147 □□ **Either will do.**

どちらでもけっこうです.

▶ この do は「間に合う／役に立つ／用が足りる」の意味をもつ自動詞．通例，will を伴う.

A: Which one do you prefer? どちらが好みですか？

B: Either will do. どちらでもけっこうです.

◆ = Either will be fine.

◆ Anything will do.「なんでもけっこうです」/ That won't do.「それじゃだめだ」などの表現も頻出.

1148 **Let me see ... / Let's see ... / Let me think ...**
えーと…．

▶ 思案をするときに発する表現．Well ... とだけ言うこともある．

Let me see ... where did I put my glasses?
えーと…どこに眼鏡を置いたかな．

1149 **Look (here).**
よく聞いて．／いいかい．

▶ 相手の注意を喚起するときの表現．

Look. The problem with your acting is it's too exaggerated.
よく聞けよ．君の演技の問題点は大げさすぎることだ．

◆ = Listen.

1150 **Excuse me? / Sorry?**
何とおっしゃいました？

▶ 相手の言ったことが聞き取れなかったときに用いる．いずれも上げ調子で言う．

Excuse me? I didn't catch that.
何とおっしゃいました？ 聞き取れませんでした．

◆ = What did you say? / I beg your pardon? / Beg your pardon? / Pardon? (pardon を含んだものはかしこまった表現)．pardon は過失や無作法に対する「容赦」を意味する．

1151 **That reminds me.**
それで思い出した．

▶「それが私に思い出させる」が原義．会話の流れであることを思い出したときに用いる．

A: How do I look?
どう似合う？
B: Oh, that reminds me. It's Halloween today.
ああ，それで思い出した．きょうはハロウィンか．

1152 **Come to think of it, ...**
そう言えば…

▶「そう言えば…，考えてみると」と，新しい話題を思いついたときの表現．
▶ When I come to think of it「それについて考えるようになると」の短縮形．

A: I think Peter has a girlfriend.
ピーターはガールフレンドでもできたんじゃないか．
B: Come to think of it, he's really concerned about fashion lately.
そう言えば，最近，ファッションにこだわっているしね．

◆ = Now that you mention it, ...

1153 □□ **I've got something to talk to you about.**

お話ししたいことがあるのですが.

▶ 相談ごとを持ちかけるときの切り出し文句.

▶ have got = have

I've got something to talk to you about. Could you spare me a minute?
お話ししたいことがあるのですが. お時間を少し割いていただけませんか.

◆ = I'd like to have a word with you.

1154 □□ **(I'm) Coming. / I'll be right there.**

今そっちへ行きます.

▶ 話している相手のところへ「行く」は come を用いる. また, 確実に起こりうる〈近未来〉は進行形であらわす.

A: Dinner is ready. Come downstairs. 夕ごはんができたわよ. おりてらっしゃい.
B: Coming. すぐ行く.

コラム 難関大で狙われる口語表現 (1)

◇ ASAP「できるだけ早く」

▶ = as soon as possible

◇ Just a second [sec].「ちょっと待って」

▶ = Just a minute.

◇ Who is it?「誰?/どなた?」

▶ ノックやベルの音に応対するときの表現. Who's there? ということもある.

◇ You know what?「ねえねえ, あのね」

▶ 話を切り出すとき, 相手の注意を引く表現. Guess what!「あのね!」ということもある.

◇ It's a deal!「話は決まった!/それで手を打とう!」

▶ = It's settled.

◇ for God's sake / for heaven's sake「お願いだから」

▶ 命令文を強めるときなどに用いられる.

◇ No way!「無理だ!/だめだ!」

▶ 拒絶の返答として用いる.

◇ Definitely!「もちろん!/ぜったいにそうだ!」

▶ = Absolutely.

◇ Definitely not!「絶対にだめだ!/ありえない!」

▶ = Absolutely not.

◇ Sure thing.「いいとも」

▶「確かなこと/確実なこと」が原義. そこから, 承諾を意味する口語表現となった.

▶ = Sure.

Section 4　依頼・勧誘・提案

1155 □□ **Would you mind *doing*? / Do you mind *doing*?**

…していただけませんか.

▶ 疑問文で用いられた mind は「いやがる，気にする」の意味.「…するのは嫌でしょうか」が原義.

A: Would you mind turning down the temperature a bit?
室温を少し下げていただけませんか.

B: Of course not.
はい.

◆「ええ，いいですよ」とか「かまいませんよ」と承諾する場合は，Sure. / No, not at all. / Of course not. / Certainly not. / No problem. / Definitely not. / Absolutely not. / All right. などと答える（Sure. / All right. を除く他の表現はすべて否定語を伴う）.

◆「いいえ，だめです」と応じる場合は，Yes, I'm afraid I would. / Yes, I do mind. / Yes, of course. / Yes, certainly. / Definitely. / Absolutely. / I'm sorry, but ... などと言ってからその理由を述べる.

1156 □□ **Do you mind if I ...? / Would you mind if I ...?**

…してもかまいませんか.

▶「もし…したら，あなたは気にしますか?」が原義.

▶ Would you mind if I smoked here ? のように，would で始めた場合の if 節は仮定法過去にするのがふつう.

A: Do you mind if I smoke?
タバコを吸ってもかまいませんか?

B: I'd rather you didn't. I'm allergic to cigarette smoke.
遠慮してください. タバコの煙アレルギーなんです.

◆ = Do [Would] you mind my [me] *doing*?（日常会話で使われる頻度は高くないが入試では頻出）.

◆「ええ，いいですよ」とか「かまいませんよ」と承諾する場合は，No, go ahead. / No, not at all. / Of course not. / Certainly not. / Not in the least. / No problem. / Definitely not. / Absolutely not. / No, please do. などと答えることが多い.

◆「いいえ，だめです」とか「ちょっと困ります」は，I'd rather you didn't.「できれば，やめていただきたいのですが」/ I'm afraid I would. / I'm afraid you can't. / Yes, I do [would] mind. などと言ってからその理由を述べる.

1157 □□ **Would you do me a favor? / Will you do me a favor?**

お願いしたいことがあるのですが.

▶ 人に頼みごとをするときの切り出し文句. do A a favor は「A に好意をほどこす」の意味.

A: Would you do me a favor?
お願いしたいことがあるのですが.

B: What is it?
何だい?

◆ = May I ask you a favor? / May I ask a favor of you? / Would you do something for me?

1158 **I would appreciate it if you'd *do*.**

…してくれたらありがたいのですが.

▶ 丁寧な依頼表現.「もし…してくれたら，そのことに感謝します」が原義.

I would appreciate it if you'd **pick me up at three.**

3 時に車で迎えに来てくれるとありがたいのですが.

1159 **(I'm) Sorry to bother you, but …**

ご面倒をおかけしますが…

▶ 人に頼みごとをするときの前置きとして用いる. bother A は「A に迷惑をかける」の意味.

Sorry to bother you, but **could you pick me up at the airport?**

ご面倒をおかけしますが，空港に迎えに来ていただけますか.

◆ = (I'm) Sorry to trouble you, but … / I hate to bother you, but …

1160 **Sorry to interrupt, but …**

お忙しいところ恐縮ですが…／お話の途中ですみませんが…

▶ やむをえず相手の会話や仕事を中断させてしまうときに用いる表現.

Sorry to interrupt, but **can I talk to you for a moment?**

お忙しいところ恐縮ですが，少しお話できますか.

◆ = Sorry to disturb you, but …「邪魔して悪いんだけど…」

1161 **Take your time.**

ゆっくりどうぞ.

▶「ゆっくりどうぞ／のんびりやりなさい」にあたる表現. あわてて何かをしている人に向かって言う.

You don't have to hurry. Take your time.

急ぐことなんてないからね. ゆっくりどうぞ.

1162 **Why don't you *do*?**

…してみたら？

▶ Why don't you *do*?「…してみたら?」は提案・勧誘を表す.

A: Why don't you **give it a try?** 挑戦してみたら？

B: **OK. I'll try.** わかった. やってみる.

1163 **Why don't we *do*?**

(一緒に) …しませんか？

▶ Let's *do*.「一緒に…しようよ」より丁寧な勧誘表現.

Why don't we **go out for dinner?**

夕食をご一緒しませんか？

1164 **Is that OK (with you) ?**

(あなたは) それでだいじょうぶですか.

▶「それで都合がつきますか」の意味. 人を主語にした Are you OK?「だいじょうぶですか／ケガはしていませんか」と区別すること.

Karen wants to move the meeting to Friday. Is that OK with you?
カレンが会議を金曜日に変更したいと言っているんだ. あなたはそれでだいじょうぶ?

1165 **What if S V?**

もし…したらどうしますか.

▶ あることを想定して, それについての考えを聞き出したり述べたりする表現.

▶ What are you going to do if ...「もし…したらどうするつもりですか」/ What would you do if ...「仮に…したらどうするつもりですか」/ What should I do if ...「仮に…したらどうしたらいいのだろうか」などの短縮形. if 節の動詞は非現実的なことを想定していれば仮定法過去で言い表す.

A: What if there's a medical emergency?
医療緊急事態が起こったらどうしたらいいのでしょうか.

B: Call an ambulance.
救急車を呼んでください .

コラム would rather のミステリー

「むしろ…したい」にあたる口語表現と言えば, would rather ... である.

(1) I'd rather not talk about it.　それについてはむしろ話したくない.

このように助動詞として扱われ, したがって後ろに動詞の原形をしたがえる. ところが, 次のような文もある.

(2) I'd rather you came with me.　むしろ私と一緒に来てくれるといいのですが.

助動詞が後ろに節 (S V) を導いているのである. それも仮定法過去の文を. どうしてだろうか. 歴史的なことを言うと, will は「願望」を表す本動詞 (wille: 古英語) だったのである. 〈would rather + S V (＝目的語となる名詞節)〉となるのも, それが仮定法過去の文になるのもその名残りであったのだ. 追加情報を交えながら, would rather の用法についてまとめてみよう.

(1) のように, 後ろに動詞の原形をしたがえる.

(○) I'd rather not talk about it.

(×) I'd rather not to talk about it.

(2) のように, 後ろに節をしたがえる.

(○) I'd rather you came with me.

(×) I'd rather you come with me.

a. 補文となる節は仮定法過去の文である.

b. 補文となる節に "that" をつけない.

c. 主節の主語と補文の主語は異なる.

Section 5　案内・乗り物・場所

1166 □□ **Where am I (now) ? / Where are we (now) ?**

ここはどこですか.

▶ 現在地をたずねる言い方.

A: Excuse me. Where am I? すみません. ここはどこでしょうか.

B: You're on Meiji Avenue. ここは明治通りです.

◆ 会話の中断後に Where were we? と言えば,「何の話をしてたっけ?／どこまで話しましたっけ?」の意味になるので注意.

1167 □□ **Here we are.**

さあ, 着きました.

▶ 目的地に到着したときに発する言葉. ひとりでつぶやくときは Here I am. という.

Here we are. This is our new house.

さあ, 着いたぞ. ここが僕たちの新居だ.

1168 □□ **Is this the right train for A?**

A へ行くにはこの電車でいいのですか.

A: Is this the right train for Himeji? 姫路へ行くにはこの電車でいいのですか.

B: No. You're on the wrong train. いいえ. 間違えていますよ.

◆ Is this the right way to A?「A へ行くにはこの道でいいのですか」もあわせて覚えておこう.

1169 □□ **I'm a stranger here (myself) .**

このあたりはよく知りません.

▶ stranger はある土地に「初めて来た人, 不案内の人」を意味する.

A: Excuse me. How can I get to this address?
すみませんが, この住所へはどう行ったらいいのでしょうか.

B: I'm sorry, but I'm a stranger here myself.
ごめんなさい. このあたりはよく知らないのです.

◆ = I don't know my way around here. / I'm not familiar with this area. / I don't know this area very well. / I'm not from here.「地元の人間ではありません」

1170 □□ **A is across from B.**

A は B の向かいにあります.

▶「A は (通りをはさんだ) B の向かいにある」は A is across (the street) from B. という.

The bank is across from the museum.

銀行は博物館の向かいです.

◆ = A is opposite B. (この opposite は前置詞)

1171 □□ **see A on *one's* right [left]**

右手 [左手] に A が見える

▶ on は〈接触・近接〉をあらわし,「…に面して, …に接して」の意味.

Go straight on this street and you'll see the convenience store on your right.
この道をまっすぐ行ってください. そうすれば右手にコンビニが見えてきます.

◆ on A's right [left]「A の右手に [左手に]」/ on the corner「角のところに」もあわせて覚えておこう.

1172 □□ **You can't miss it.**

すぐにわかりますよ.

▶ can't miss it は「それ (目的地) を見逃すはずはない」の意味.

Turn right at the intersection and you can't miss it.
あの交差点を右に曲がれば, すぐにわかりますよ.

◆ = You will find it soon.「すぐにそれを見つけるでしょう」

1173 □□ **How can I get to A?**

A へはどうやって行けばいいですか.

▶ get to A は「A へたどりつく, A へ移動する」の意味で, A という到達点までのプロセスに関心を向けている. How can I go to A? (×) とは言わない.

How can I get to XY supermarket?
XY スーパーへはどうやって行けばいいですか.

◆ = Could you tell me the way to A? / Could you tell me where A is? / Could you tell me how to get to A?

1174 □□ **Fancy meeting you here!**

こんなところで会うなんて偶然ですね!

▶「ここで偶然あなたに会うことを考えてもごらんなさい」が原義.

Fancy meeting you here! What a small world!
こんなところで会うなんて偶然ですね! 世の中は狭いね!

◆ = Imagine meeting you here!

1175 □□ **How often do the trains run?**

電車はどれくらいの間隔で出ていますか.

▶ How often ...? は「どれぐらいの頻度で…?」の意味. run は「(電車やバスが) 運行する」の意味.

A: How often do the trains run?
電車はどれくらいの間隔で出ていますか.

B: Every ten minutes.
10 分おきです.

1176 □□ **I'm off to A.**

A へ出かけるところである.

▶ be off to A は「(今から) A へ出かけるところである」の意味.「どちらへお出かけですか」(Where are you going? / Where are you headed?) は，Where are you off to? と言い表すこともできる.

A : Are you available right now?
いま時間ある?

B : Sorry. I'm off to a meeting. I'll call you around noon.
ごめん. 今から会議なんだ. 昼ごろこっちから電話するよ.

1177 □□ **This way, please.**

どうぞこちらへ.

▶ 人を案内するときの決まり文句.

This way, please. Be careful going down the stairs.
どうぞこちらへ. 階段をおりるときは気をつけて.

◆ = Please come this way. / Right this way.
◆「ついてきてください」と先導する場合は，Please follow me. という.

1178 □□ **Is this seat taken?**

この席は空いていますか.

▶ 劇場やカフェなどで席が空いているかどうかを尋ねるときの表現. この take は「(席や場所を) 取る，占める」の意味. empty は「中身がない，空の」の意味なのでここでは使われない.

A : Is this seat taken? この席は空いていますか.
B : Sorry, it's taken. すみません，空いてません.

◆ = Is this seat occupied?

コラム 難関大で狙われる口語表現 (2)

◇ Take my word for it.「(本当のことだから) 私の言うことを信じて」
◇ It's not my day.「きょうはついていない」
▶ It's my lucky day.「きょうはついている」
◇ I'm like you.「私もきみの考えと同じだ／私もそう思う」
▶ この like は「…に似ている，…のような」という意味の前置詞.
◇ Cut it out!「やめろよ!／よせよ!」
◇ That's not fair.「ずるいぞ／フェアじゃない」
▶ = No fair.

Section 6　買い物・食事・レストラン

1179 □□ **How can I help you?**

いらっしゃいませ.

▶「どのようなご用でしょうか」にあたる表現.

A: How can I help you?　いらっしゃいませ.
B: Hi. I'm looking for a jacket that goes with this shirt.
　こんにちは. このシャツに合うジャケットを探しているのですが.

◆ = May I help you? / What can I do for you?

1180 □□ **Just looking, thanks.**

見ているだけです.

▶ 店員の「いらっしゃいませ」に対して, よく用いられる表現. 主語を省略せず, I'm just looking (around). ということもある.

A: May I help you?　いらっしゃいませ.
B: Just looking, thanks.　見ているだけです. ありがとう.

◆ すでに他の店員に用件を告げている場合は, I'm being helped.「ほかの店員さんにもうお願いしています」と伝える.

1181 □□ **Do you have [sell / carry] A?**

A は置いてありますか.

▶ コンビニやスーパーへ行って,「A は置いてありますか」を Is there A in this shop? (×) とは言わない. 店で働いている人を総称的にとらえて, Do you ...? で始めるのである. 動詞は have / sell のほか, carry「扱っている, 常備している」も使える.

A: Do you have sunscreen?　日焼け止めは置いてありますか.
B: Yes, we do. This way, please.　はい, あります. こちらへどうぞ.

1182 □□ **Can you give me a discount?**

安くなりませんか. ／値引きしてもらえませんか.

▶ give A a discount は「A に値引きを与える」の意味.

A: Can you give me a discount?　まけてもらえませんか.
B: We'll give you a 10% discount.　10% 値引きしましょう.

◆ = Could I get a discount?

1183 □□ **Cash or charge?**

お支払いは現金ですか, それともカードですか.

▶ 支払いをするときに尋ねられる決まり文句.「cash (現金) または charge (カードによる請求) ですか」が原義. Cash or credit (card) ? と聞かれることもある.

A: Cash or charge?　お支払いは現金ですか, それともカードですか.
B: Charge, please.　カードでお願いします.

◆ How would you like to pay?「お支払いはどのようにしますか」と聞かれることもある.

1184 □□

Could I have a refund on this?

これ，返品できますか？

▶ refund は「払い戻し（金），返金」の意味．have［get］a refund「払い戻しをしてもらう」の形で覚えておこう．

A：Could I have a refund on this?
　これ，返品できますか？
B：Sure. Do you have the receipt?
　かしこまりました．領収書はありますか．

1185 □□

A is a good buy.

A はお買い得だ．

▶ この buy は「買い得品」（= bargain）という意味の名詞．

This sofa was a real good buy. このソファは本当にお買い得だった．

◆ = A is a（good / real）bargain.

1186 □□

Keep the change.

おつりはいりません．

▶ change は「小銭」のほか，「つり銭」の意味でも用いられる．
▶ チップを渡す習慣のある国ではおつりをチップ代わりにすることもある．タクシーに乗ったときなどによく用いる．

A：Eight sixty. 8 ドル 60 セントです．
B：Here you are. Keep the change. はい．おつりはいりません．

◆ = You can keep the change.「おつりはとっておいてください」

1187 □□

I'd like to book a table for four people.

4 人のテーブル席の予約をしたいのですが．

▶ レストランの予約をするときの表現．この book は動詞で「予約する」の意味．

A：I'd like to book a table for four people.
　4 人のテーブル席の予約をしたいのですが．
B：Thank you. When would you like your reservation for?
　ありがとうございます．ご予約はいつですか．

◆ = I'd like to make a reservation for four people.

1188 □□

What would you recommend?

お勧めは何ですか？

▶ レストランやカフェなどでその店のお勧めメニューを聞くときの定番フレーズ．recommend A は「A を勧める」の意味．

A：What would you recommend? お勧めは何ですか？
B：The seafood here is awesome. ここのシーフードは最高だよ．

◆ = Do you have any recommendations? / What do you suggest?

1189 **This is on me.**

ここは私がおごります.

▶ on A は「A の費用で」の意味.

A: This is on me. ここは私がおごります.

B: Thank you. Next time I'll pay. ありがとう. 次は私が支払います.

◆ = This is my treat.「これは私のおごりです」/ I'll treat you.「私がおごります」/ Let me pay for this.「ここは支払わせてください」/ I'll take care of the bill.「ここは私が払います」

1190 **Are you being served?**

ご用は承っておりますか?

▶ レストランのウェイトスタッフによる言葉. serve A は「A に仕える」(= wait on A) の意味.

A: Are you being served? ご用は承っておりますか?

B: Not yet. まだです.

◆ = Have you been served? / Have you been waited on? / Is anyone serving you? / Are you being taken care of?

1191 **(Are you) Ready to order?**

ご注文はお決まりですか?

▶ レストランのウェイトスタッフが客に注文をとるときの表現.

A: Ready to order?
ご注文はお決まりですか?

B: I'll have a cheeseburger and an iced coffee.
チーズバーガーとアイスコーヒーをください.

◆ May I take your order?「ご注文をとってもよろしいですか?」ということもある.

1192 **For here, or to go?**

ここで召しあがりますか, それともお持ち帰りですか?

▶ ファストフード店などで耳にする決まり文句.

A: For here, or to go? ここで召しあがりますか, それともお持ち帰りですか?

B: To go, please. 持ち帰りでお願いします.

1193 **How would you like your steak?**

ステーキはどんなふうに焼きますか.

▶ How would you like A?「A はどのようにするのがお好みですか?」は, 料理や飲み物などの調理のしかた, 出し方を尋ねたり, 銀行の窓口で紙幣の内訳はどうするのかを聞くときの表現.

A: How would you like your steak? ステーキはどんなふうに焼きますか?

B: Well done, please. よく焼いてください.

◆ ステーキの焼き方には, rare (肉の内部に生の部分が残る焼き方) / medium rare (レアとミディアムの中間ぐらいの焼き方) / medium (中くらいの焼き方) / well done (肉の内部にまで火をとおす焼き方) がある.

1194 □□ **Let's split the bill. / Let's split the check.**

割り勘でいこう.

▶ the bill [check]（勘定書，請求書）を split（均等に割る）ので，「割り勘でいく」と覚えよう.

A：Let's split the bill.
割り勘でいきましょう.

B：No. I'll take care of it.
いいえ，ここは私に任せてください.

◆ go Dutch「オランダ式でいく→割り勘でいく」が用いられることがある．イギリスとオランダが軍事や貿易において覇権を競っていた 17 世紀に端を発するもので，イギリス人がオランダ人を蔑んだことによる．現在ではめったに用いられないが入試では出題される.

◆ = Let's go fifty-fifty.

1195 □□ **Would you like A?**

A（食べ物や飲み物）はいかがですか.

▶ 食べ物や飲み物を人にすすめるときの表現.

A：Would you like some coffee?
コーヒーでもいかがですか.

B：No, thank you.
いいえ，けっこうです.

◆ = Would you care for A? ⇒ 602

1196 □□ **Help yourself（to A）.**

（A を）ご自由に召しあがってください.

▶ この help は「（人）に（飲食物を）とってやる」の意味.

▶ また，Could I use your phone?「電話をお借りできますか?」などの返答として，Help yourself. ということもある．その場合は「ご自由にお使いください」の意味で用いられている.

Help yourself to some fruit.
くだものをご自由に召しあがってください.

1197 □□ **I'm starving（to death）.**

腹ぺこだ.

▶ I'm hungry.「おなかがすいている」の大げさな表現.

▶ starve は「餓死する，餓死させる」の意味．I'm starved（to death）. ということもある．to death をつけると「腹ぺこで死にそうだ」のニュアンスが強く出る.

A：Are you hungry?
おなかすいてる?

B：Yes, I'm starving to death.
うん，腹ぺこで死にそうだよ.

Section 7　健康・体調・病気

1198 □□ **You look pale.**　顔色がよくないですよ.

▶ look pale「(顔色が) 青ざめて見える」

You look pale. Are you all right?
顔色がよくないよ. だいじょうぶかい?

1199 □□ **I think you should go to the doctor.**
医者に行ったほうがいいよ.

▶ see a doctor「医者に診てもらう」や consult a doctor「医者に相談する」という表現を使うこともある.

You don't look so good. I think you should go to the doctor.
あまり具合が良さそうじゃないわね. お医者さんに行ったら.

1200 □□ **What seems to be the trouble?**
どうなさいましたか.

▶ 医者が患者に病状を尋ねるときの決まり文句.

A: What seems to be the trouble?
どうなさいましたか.

B: I have a bad cough.
咳(せき)がひどいんです.

◆ = What seems to be the problem? / What's the matter? / What's wrong? / How can I help you?

1201 □□ **How are you feeling?**
ご気分はどうですか?

▶ 病気の人に体調を尋ねるときの表現.

A: How are you feeling this morning?
今朝のご気分はどうですか.

B: I still have a slight fever.
まだちょっと微熱があります.

◆ = How do you feel?

1202 □□ **S is killing me.**
S が痛くてたまらない.

▶ たんに「背中が痛い」は My back hurts. というが,「背中が痛くてたまらない／背中が痛くて死にそうだ」は My back is killing me. という. kill A は「A をひどく痛めつける」という意味.

I need to see the dentist. My tooth is killing me.
歯医者へ行かなくっちゃ. 歯が痛くてたまらないんだ.

◆ Ouch! は「痛い!」を意味する感嘆詞. [アゥチ] と発音する.

1203 □□ **Something is wrong with A.**

A の具合が悪い.

▶「A（体調・健康状態など）が悪い／A（状況）が思わしくない／A（機械など）が調子がよくない」の意味で用いられる.

Something is wrong with my stomach.
胃の具合が悪いんだ.

◆ = Something is the matter with A. / There is something wrong with A. / There is something the matter with A.

1204 □□ **have a sore throat**

のどが痛い

▶ sore は「(炎症で) ひりひりする, (けがや筋肉痛で) 痛い」という意味.

A: How can I help you? どうしましたか.
B: I have a sore throat. のどが痛いんです.

◆ = My throat is sore.
◆ have a cold「風邪をひいている」/ have a headache「頭痛がする」/ have a stomachache「胃が痛い, 腹痛がする」/ have a toothache「歯が痛い」/ have a slight fever「微熱がある」/ have a bad cough「ひどい咳が出る」/ have a runny nose「鼻水が出る」/ have a stuffy nose「鼻がつまっている」/ have no appetite「食欲がない」などの表現も押さえておこう.

1205 □□ **I have chills.**

寒気がします.

▶ 単数形の chill は「寒さ, 冷たさ」だが, 複数形の chills は「寒気, 悪寒」を意味する.

A: What's the matter? どうしたの?
B: I have chills. 寒気がするんだ.

1206 □□ **My right eye itches.**

右の目がかゆい.

▶ itch は「(人・体の一部が) かゆい」という動詞. My right eye is itchy. のように形容詞の itchy を使って言い表すこともできる.

A: My right eye itches. 右の目がかゆい.
B: Let me see it. 見せてごらん.

1207 □□ **Take good care of yourself.**

お大事になさってください.

▶ 別れ際, 看護師や薬剤師が患者にかける言葉. take good care of A は「A に十分な配慮をする」の意味.

Take this medicine three times a day. Take good care of yourself.
この薬を日に 3 度服用してください. どうぞお大事に.

1208 **Cheer up!**

元気を出して！

▶ 落ち込んでいる人を励ます表現．cheer up（元気づく）というまとまりで覚えておこう．

Cheer up! Everything will work out.

元気を出せよ！　何もかもうまくいくさ．

1209 **get rid of *one's* cold**

風邪をなおす

▶ get rid of A「A（好ましくないもの）を取り除く，A から脱する」⇒ 642

I still haven't gotten rid of my cold.

まだ風邪がなおらないんだ．

◆ = get over *one's* cold「風邪を克服する」

1210 **take medicine**

薬をのむ

▶ take medicine「薬をのむ」，take two tablets「2 錠服用する」など，薬を「のむ，服用する」は take を用いる．

Take this medicine three times a day.

1 日 3 回，この薬を服用してください．

1211 **have something worth living for**

生きがいをもつ

▶「そのために生きる価値のあるものをもつ」が原義．

▶ A worth *doing*「…する価値のある A」，live for A「A のために生きる」などに注目．

The most important thing is to have something worth living for.

最も重要なことは生きがいをもつことだ．

◆ = have something to live for

MEMO

Section 8　その他

1212 □□ **S is a must.**

S は欠かせない．／S は絶対に必要だ．

▶ この must は名詞で「絶対に欠かすことのできないもの，必ずすべきこと，見るべきところ，聞くべきこと，食べるべきもの」の意味．

Horyuji is a must when you visit Nara.
奈良を訪れたら，法隆寺は必見だ．

1213 □□ **Speak of the devil. / Talk of the devil.**

うわさをすれば影だ．

▶ Speak of the devil and he will appear.「悪魔の話をすれば，悪魔が現れる」ということわざの前半部が口語化した．

Speak of the devil. Hi, Jim. We're just talking about you.
うわさをすれば影だ．やあ，ジム．たった今，きみのうわさをしていたところなんだ．

1214 □□ **Do you have the time?**

いま何時かわかりますか．

▶「現在の時刻」を the time で表す．

A：Excuse me. Do you have the time?
　すみません．いま何時かわかりますか．
B：It's three fifteen.
　3 時 15 分です．

◆ = Do you know the time? / Do you know what time it is? / What time have you got?
◆ Do you have some time?「お時間ありますか?」と区別をすること．

1215 □□ **take attendance**

出席をとる，出欠をとる

▶ attendance は授業や会議などへの「出席」の意味．

Good morning, students. I'll now take attendance.
みなさん，おはよう．今から出席をとります．

◆ = check attendance / call the roll（「出席簿（roll）を大きな声で読みあげる」からこの表現が生まれた）

1216 □□ **cheat on an exam / cheat on a test**

カンニングをする

▶ cunning は「ずる賢い」という意味の形容詞．「カンニングをする」は cheat「だます，いかさまをする，インチキをする」という動詞を使う．

I got caught cheating on a Japanese history exam.
日本史の試験でカンニングがばれてしまった．

1217 □□ **be crazy about A**

A に夢中である

▶ この crazy は「夢中で，熱狂して」の意味．

She is crazy about soccer. 彼女はサッカーに夢中だ．

◆ = be enthusiastic about A

1218 □□ **When is the baby due?**

いつが出産予定日ですか．

▶ due は「出産予定で」という形容詞で，「9 月に出産予定なの」は The baby is due (to arrive) in September. という．the baby は「お腹の中にいる赤ちゃん」を指す．

A: When is the baby due? いつが出産予定日ですか．
B: The baby is due any day now. もういつ生まれてもおかしくないのよ．

◆ 出産予定日を尋ねる言い方には，When are you due (to give birth)? / When is your due date? などもある．

◆ このほか be due は「(人や乗り物が) 到着予定である，提出期限である，支払い期日である」などの意味でも用いられる．

1219 □□ **Where are your manners?**

お行儀はどうしたの？

▶ 子供の不作法を叱るときの決まり文句．manners (通例，複数形) は「行儀，礼儀作法」の意味．

Don't be so rude! Where are your manners?
そんな失礼な態度をとるもんじゃありません．お行儀はどうしたの？

◆ = Behave yourself.「行儀よくしなさい」

1220 □□ **Here you go. / Here you are.**

(ものを差し出して) はい，どうぞ．

▶ ものを差し出したり，手渡すときの表現．

A: Can you pass me the pepper? コショウを取ってくれる？
B: Here you go. はい，どうぞ．

◆ 単数のものを差し出すときは Here it is.，複数のものの場合は Here they are. ともいう．Here. (はい) だけで済ませてしまうこともある．

◆ なお，Here it is. は探し物が「あっ，ここにあった」というときにも用いる．

1221 □□ **Are you done (with A)?**

(A は) 終わった？

▶ この done は do の過去分詞 (=形容詞) で，「終わった，仕上がった，済んだ」という意味．

A: Are you done yet with this magazine? この雑誌，もう読み終わった？
B: I'm not done yet. まだ．

◆ = Are you through (with A)? / Are you finished (with A)?

1222 □□ **I couldn't help it.**

しかたなかった.

▶ この help は「避ける，こらえる，差し控える」の意味．通例，cannot / can't と共に用いる.

A : Why did you do that?
なぜあんなことをしたんだ？

B : I couldn't help it.
しかたなかったんです.

◆ = It couldn't be helped.

1223 □□ **That's all there is to it. / That's all.**

それだけの話さ．／ただそれだけのこと．／それ以上の事情はない.

▶「それに関しては（to it）それがすべてだ」が原義．all の後ろに関係代名詞の that が省略されている．That's all. とだけいう場合が多いが，入試では前者もよく出題されている.

A : Why don't you use a computer?
どうしてパソコンを使わないの？

B : I just don't need one. That's all there is to it.
まったく必要ないんだよ．ただそれだけのこと.

1224 □□ **Watch your step.**

足元に気をつけて.

▶ watch A「A に気をつける，A に注意する」

Watch your step. It's slippery.
足元に注意してね．滑りやすいから.

◆ Watch your mouth [tongue / language].「言葉づかいに気をつけなさい」/ Watch your manners.「行儀作法には気をつけなさい」などの表現にも注意.

1225 □□ **What a coincidence!**

なんという偶然の一致だろう！

▶ coincidence（偶然の一致）を強調した感嘆文.

You were also born on February 21st? What a coincidence!
あなたも 2 月 21 日生まれなの？ 偶然の一致だね！

1226 □□ **You're fired.**

おまえはクビだ.

▶ fire A は「A をクビにする，A を解雇する，A をリストラする」の意味.
▶ 日本語の「リストラ」は restructuring の略で，「企業組織の再編成」の意味である．したがって，「クビにする」の意味では用いられない.

A : As of today, you're fired!
きょう限りで君はクビだ！

B : Oh, no you don't. I quit.
言われなくたって，こっちからやめてやるよ.

Part 1・Part 2 暗記シート — 最頻出のグループと熟語をサクサク覚えよう!

Part 1 のグループ 1 〜 28 の暗記事項について，赤シートを利用して効率よく作業できるようにしたものが，以下の「暗記シート」である．赤シートをかぶせた後，頭文字と訳語だけを頼りに音を出しながらどんどん覚えていこう．

Part 2 は，言い換え部分について赤シートで効率よく覚えていけるように工夫している．イディオムの言い換えは長文問題などでもよく出題されるので，これも音を出しながら効率よく覚えていこう．

Part 1 最頻出の慣用表現グループ

Group 1 自動詞+前置詞+ A

レベル1 □**agree with A**「① A（人）の意見に同意する，②（食べ物・気候などが）A（人）の体質に合う」□**apologize to A for B**「B のことで A（人）に謝罪する」□**enter into A**「① A（仕事・交渉など）を始める（=start A），② A（契約・同盟など）を結ぶ」□**get to A**「A に着く（=reach A / arrive at [in] A）」□**graduate from A**「A を卒業する」□**leave for A**「A（場所・人など）に向けて出発する（=start for A）」□**look after A**「A の世話をする（=care for A / attend to A / take care of A）」□**recover from A**「A（病気・ショックなど）から回復する（=get over A）」□**run for A**「A に立候補する（=stand for A）」□**succeed in A**「A に成功する」

レベル2 □**argue with A**「A（人）と議論する，A に反論する」□**attend to A**「① A に注意を払う（=pay attention to A），② A の世話をする（=look after A / care for A / take care of A）」□**communicate with A**「A と連絡を取り合う，A に意思を伝える」□**complain of [about] A**「A について文句を言う」□**consult with A (about [on] B)**「（B について）A（人）に相談する」□**glance at A**「A をちらりと見る（=take a glance at A）」□**marvel at A**「A に驚く（=wonder at A / be surprised at A）」□**object to A**「A に反対する（=oppose A）」□**occur to A**「（考えなどが）ふと A の心に浮かぶ（=strike A / come to A）」□**participate in A**「A に参加する（=join A / take part in A）」□**search for A**「A（人・物）をさがす（=look for A）」

Group 2（1） 他動詞+ A + with + B 〈供給〉

レベル1 □**provide A with B**「A（人・場所など）に B（必要な物）を供給する（=provide B for A）」□**supply A with B**「A（人）に B（必要な物）を供給する（=supply B to A）」

レベル2 □**burden A with B**「A（人）に B（重荷・責任など）を負わせる」□**equip A with B**「A（人・場所）に B（必要な機器など）を備え付ける，A に B（知識など）を身につけさせる」□**feed A with B**「A（人・動植物）に B（器具・食べ物）を与える」□**furnish A with B**「A（家など）に B（家具など）を備え付ける，A（人・会社など）に B（必要なもの）を供給する（=furnish B to A）」□**present A with B**「A（人）に B（物）を贈呈する（=present B to A）」□**serve A with B**「A（人）に B（食べ物）を出す，A（人・町など）に B（必要な物）を供給する」

Group 2（2） 他動詞+ A + from + *doing* 〈妨害〉

レベル1 □**keep A from *doing***「A が…するのを妨げる」□**prevent A from *doing***「A が…するのを妨げる」□**stop A from *doing***「A が…するのを妨げる」

レベル2 □**ban A from *doing***「A が…するのを禁止する」□**discourage A from *doing***「A が…するのをやめさせる」□**dissuade A from *doing***「A を説得して…することを思いとどまらせる」□**forbid A from *doing***「A が…するのを禁止する」□**hinder A from *doing***「A が…するのを妨げる」□**prohibit A from *doing***「A が…するのを禁止する」

Group 2（3） 他動詞+ A + from + B 〈区別〉

レベル1 □**distinguish A from B**「A を B と区別する（=distinguish (between) A and B）」

レベル2 □**know A from B**「A と B の見分けがつく」□**tell A from B**「A と B を識別する」□**discern A from B**「A と B を識別する」

Group 2 (4)　他動詞＋ A ＋ of ＋ B　〈伝達〉

レベル1 □**inform A of B**「A に B を知らせる (=inform A that S V)」□**remind A of B**「A に B (過去の事柄など) を思い出させる」

レベル2 □**convince A of B**「A に B を確信させる (=convince A that S V)」□**persuade A of B**「A に B を納得させる (=persuade A that S V)」□**warn A of [about] B**「A に B を警告する (=warn A that S V)」

Group 2 (5)　他動詞＋ A ＋ of ＋ B　〈分離・略奪〉

レベル1 □**deprive A of B**「A (人) から B (権利・能力など) を奪う」□**rob A of B**「A (人・場所) から B (金品など) を奪う」□**relieve A of B**「A (人) から B (不安や苦痛など) を取り除く」

レベル2 □**clear A of B**「A (場所) から B (邪魔なもの) を取り除く (=clear B from A)」□**cure A of B**「A (病人) の B (病気) を治す」□**empty A of B**「A (容器) から B (中身) を空ける (=empty B out of A)」□**strip A of B**「A (人・物) から B (覆っているもの) をはぎとる」

Group 2 (6)　他動詞＋ A ＋ of ＋ B　〈要求〉

レベル1 □**ask A of B**「B (人) に A を頼む (=ask A from B)」□**request A of B**「B (人) に A を頼む (=request A from B)」

レベル2 □**beg A of B**「B (人) に A を懇願する (=beg A from B)」□**expect A of B**「B (人) に A を期待する (=expect A from B)」□**require A of B**「B (人) に A を要求する (=require A from B)」

Group 2 (7)　他動詞＋ A ＋ for ＋ B　〈称賛・非難〉

レベル1 □**blame A for B**「B のことで A (人) を責める」□**praise A for B**「B のことで A (人) を称賛する」□**scold A for B**「B のことで A (人) を叱る」□**thank A for B**「B のことで A (人) に感謝する」

レベル2 □**admire A for B**「B のことで A (人) に感心する」□**criticize A for B**「B のことで A (人) を非難する」□**excuse A for B**「A (人) の B (過ちや失礼な行為など) を許す」□**forgive A for B**「A (人) の B (罪など) を許す」□**punish A for B**「B のことで A (人) を罰する」□**reward A for B**「B のことで A (人) に報償 [ほうび] を与える」

Group 2 (8)　他動詞＋ A ＋ into ＋ B　〈変化〉

レベル1 □**change A into B**「A を B に変える」□**translate A into B**「A を B に翻訳する」□**turn A into B**「A を B に変える」

レベル2 □**classify A into B**「A を B に分類する」□**convert A into B**「A を B に転換する」□**divide A into B**「A を B に分ける」□**make A into B**「A (材料) を B (製品) にする (=make B from A)」□**transform A into B**「A を B に変形させる」

Group 2 (9)　他動詞＋ A ＋ as ＋ B　〈思考・認識〉

レベル1 □**regard A as B**「A を B とみなす」□**see A as B**「A を B とみなす」□**view A as B**「A を B とみなす」□**think of A as B**「A を B とみなす」□**look on [upon] A as B**「A を B とみなす」

レベル2 □**acknowledge A as B**「A を B と認める (=acknowledge A to be B)」□**appoint A as B**「A を B に任命する (=appoint A B)」□**count A as B**「A を B と考える (=count A B)」□**define A as B**「A を B と定義する」□**describe A as B**「A を B だと言う」□**identify A as B**「A を B であると確認する」□**imagine A as B**「A が B であると想像する (=imagine A to be B)」□**know A as B**「A を B だと考える (=know A to be B)」□**recognize A as B**「A を B として認める (=recognize A to be B)」□**refer to A as B**「A を B と呼ぶ (=call A B)」□**strike A as B**「A (人) に B という印象を与える (=impress A as B)」□**treat A as B**「A を B とみなす」

Group 3　go ＋形容詞

レベル1 □**go bad**「(飲食物が) 腐る, (計画などが) うまくいかない」□**go blind**「目が見えなくなる (=lose *one's* eyesight)」□**go sour**「すっぱくなる, (食べ物などが) 腐る」□**go wrong**「失敗する, うまくいかない」

レベル2 □**go astray**「迷子になる」□**go bankrupt**「倒産 [破産] する」□**go blank**「(頭が) 真っ白

になる，（表情が）うつろになる」□go broke「文なしになる，破産する」□go crazy「気が狂う」□go flat「(タイヤが) パンクする，（炭酸飲料の）気がぬける」□go mad「気が狂う」□go missing「行方不明になる」

Group 4　他動詞＋ A ＋ to *do*

レベル1 □advise **A to *do***「A に…するよう忠告する」□allow **A to *do***「A が…するのを許す，A が…するのを可能にする」□cause **A to *do***「A に…させる，A が…する原因となる」□enable **A to *do***「A が…することを可能にする」□get **A to *do***「(説得して) A に…させる」□lead **A to *do***「A に…させる」□order **A to *do***「A に…せよと命令する」□permit **A to *do***「A が…するのを許す，A が…するのを可能にする」□tell **A to *do***「A に…するよう言う」□want **A to *do***「A に…してもらいたい」□would like **A to *do***「A に…してほしいと願っている」□help **A (to) *do***「A が…するのを助ける，A が…するのに役立つ」

レベル2 □command **A to *do***「A に…するよう命令する」□compel **A to *do***「A に無理やり…させる」□encourage **A to *do***「A に…するよう勧める」□force **A to *do***「A に…することを強制する」□induce **A to *do***「A に…するよう勧める」□invite **A to *do***「A に…するよう勧める」□oblige **A to *do***「A に余儀なく…させる，A に義務として…させる」□push **A to *do***「A に…するよう強要する」□require **A to *do***「A に…するよう要求する，A が…することを必要とする」□tempt **A to *do***「A に…する気にさせる」□urge **A to *do***「A を…するよう説得する」□wish **A to *do***「A に…してほしいと願う」

Group 5　by 以外の前置詞を用いる受動態

レベル1 □be caught in **A**「A (嵐や渋滞など不快な状況) にあう」□be covered with **A**「A で覆われている」□be filled with **A**「A でいっぱいである」□be interested in **A**「A に興味をもっている」□be known as **A**「A として知られている」□be known for **A**「A で知られている，A で有名である (=be famous for A)」□be known to **A**「A に知られている」□be made from **A**「A (原料) から作られる」□be made into **A**「A (製品) に作り替えられる」□be made of **A**「A (材料) でできている」□be surprised at [by] **A**「A に驚いている」□be tired from **A**「A で疲れている」□be tired of **A**「A に飽きている，A にうんざりしている」

レベル2 □be absorbed in **A**「A に夢中である (=be lost in A / be deeply involved in A)」□be amazed at **A**「A にびっくりする，A にとても驚く (=be astonished at A)」□be astonished at **A**「A にひどく驚いている (=be amazed at A)」□be astounded at **A**「A にびっくり仰天する」□be disappointed at [with / by] **A**「A に失望する」□be excited about [at] **A**「A に興奮している，A にわくわくしている」□be involved in **A**「① A に関わりがある (=be engaged in A)，② A の巻き添えになっている，③ A に夢中である (=be absorbed in A)」□be pleased with **A**「A に喜んでいる，A に満足している」□be satisfied with **A**「A に満足している」

Group 6　to *doing* となる慣用表現

レベル1 □be used to ***doing***「…することに慣れている (=be accustomed to *doing*)」□look forward to ***doing***「…することを楽しみに待つ」□What do you say to [about] ***doing?***「…するのはどうですか」

レベル2 □be opposed to ***doing***「…するのに反対する (=object to *doing*)」□come near (to) ***doing***「今にも…しそうになる (=come close to *doing* / be about to *do*)」□devote ***oneself*** to ***doing***「…することに専念する」□object to ***doing***「…することに反対する (=be opposed to *doing*)」□when it comes to ***doing***「…するということとなると」□with a view to ***doing***「…するために，…する目的で (=with the intention of *doing* / for the purpose of *doing*)」

Group 7　(in) *doing* をとる慣用表現

□have difficulty [trouble / a hard time] (in) ***doing***「…するのに苦労する」□be busy (in) ***doing***「…するのに忙しい」□spend **A (in) *doing***「…するのに A (時間) を使う」

Group 8　動名詞を用いた慣用表現

□be worth ***doing***「…する価値がある」□cannot help ***doing***「…しないではいられない，思わず…してしまう (=cannot help but *do* / cannot but *do*)」□feel like ***doing***「…したい気がする」□It goes without saying that S V「…は言うまでもない」□It is no use [good] *doing*「…してもむだである」□of A's own *doing*「A 自身で…した」□There is no *doing*「…できない (=It is impossible to *do*)」

Group 9　不定詞を用いた慣用表現

□形容詞［副詞］+ enough to *do*「～するほど…，…なので～する」□too +形容詞［副詞］+ to *do*「あまりに…なので～できない［しない］，～するには…すぎる」□in order to *do*「…するために (=so as to *do*)」□have no choice [alternative] but to *do*「…するより他ない」

Group 10　独立不定詞

レベル1 □needless to say「言うまでもなく」□not to mention A「A は言うまでもなく (=to say nothing of A / not to speak of A)」□so to speak「いわば (=as it were)」□to be frank (with you)「率直に言うと」□to be honest「正直に言うと」□to make matters [the matter] worse「さらに悪いことには」□to tell (you) the truth「実は，実を言うと」

レベル2 □A, not to say B「B とは言わないまでも A」□strange to say「奇妙なことに」□to be brief「手短に言えば」□to begin [start] with「まず第一に」□to be sure「確かに」□to do A justice「A を公平に評価すれば」□to put it briefly [shortly]「手短に言えば 」□to put it mildly「控えめに言っても 」□to put it in another way「言い換えれば，別の言い方をすれば」□to say the least of it「控えめに言っても」

Group 11　慣用的な分詞構文

レベル1 □frankly speaking「率直に言えば (=to speak frankly)」□generally speaking「一般的に言って，概して (=to speak generally)」□judging from A「A から判断すると」□strictly speaking「厳密に言えば (=to speak strictly)」

レベル2 □assuming (that) S V「…であると想定して」□broadly speaking「大ざっぱに言えば」□considering (that) S V「…であることを考えると」□given (that) S V「…であることを考慮に入れると，…であると仮定すると」□granted that S V「仮に…だとしても (=granting that S V)」□relatively speaking「相対的に言えば (=to speak relatively)」□seeing (that) S V「…という事実からみると，…であるから」□speaking [talking] of A「A と言えば (新たな話題を切り出すときに用いる)，A のことだが」

Group 12　what を用いた慣用表現

レベル1 □what S is [am / are]「現在の S (の姿)，今の S」□what S was [were]「以前の S (の姿)，昔の S (=what S used to be)」□what is more「さらに，そのうえ」□what is better「さらによいことに」□what is worse「さらに悪いことに」□what is called A「いわゆる A」

レベル2 □what S will be「将来の S (の姿)」□what S should be「あるべき S (の姿) (=what S ought to be)」□what S seem to be「見かけの S (の姿)」□what is more important「さらに重要なことに」

Group 13　so / such を用いた慣用表現

□so that S can [will / may] *do*「S が…できるように，…するように〈目的〉(=in order that S can [will / may] *do*)」□so +形容詞［副詞］+ that S V「ひじょうに…なので～〈結果〉，～するほど…〈程度〉」□S is such that S' V'「S は大変なものなので…，S は…するほどのものである」

Group 14　同等比較を用いた慣用表現

□as many A (複数名詞)「(先行する数詞と) 同数の A」□like so many A (複数名詞)「あたかも (同数の) A のように」□as many as A「A ほども (多くの数の) (=no less [fewer] than A)」□as much as A「A ほども (多くの量の) (=no less than A)」□as +原級+ as possible「できるだけ…」□as +原級+ as any A「どの A にも負けないくらい…」□as +原級+ as ever「相変わらず…」□as +原級+ as ever lived「並はずれた…，かつてないほど …」□as good as +形容詞「…も同然である」□go so far as to *do*「…しさえする」□not so much as *do*「…さえしない，…すらしない」

Group 15　ラテン比較級など

レベル1 □**superior to A**「A よりすぐれている」□**inferior to A**「A より劣っている」□**senior to A**「A より年上の，A より地位が上の」□**junior to A**「A より年下の，A より地位が下の」

レベル2 □**posterior to A**「A よりあとの」□**prior to A**「A より前の」□**prefer A to B**「B よりも A を好む（=like A better than B)」□**preferable to A**「A より望ましい」

Group 16　no more than などの慣用表現

□**more than A**「A より多い，A を超える」□**less than A**「A より少ない，A を下回る」□**no more than A**「（数や量の少なさを強調して）A しか…ない（=only A / as few as A（数）/ as little as A（量）」□**no less than A**「（数や量の多さを強調して）A も（=as many as A（数）/ as much as A（量）」□**no fewer than A**「（数の多さを強調して）A も（=as many as A)」□**not more than A**「多くても A，せいぜい A（=at most A)」□**not less than A**「少なくとも A（=at least A)」□**not fewer than A**「少なくとも A（=at least A)」□**no better than A**「A（良くないこと）も同然である」□**no longer**「もはや…でない（=not ... any longer)」

Group 17　比較級を用いた慣用表現

□**否定文 , much [still] less ...**「（否定文に付加して）ましてや…はない」□**more A than B**「B というよりもむしろ A」□**比較級＋ and ＋比較級**「ますます…」□**know better than to *do***「…するほど馬鹿ではない（=be wise enough not to *do* / be not so foolish as to *do*)」□**couldn't be better**「これ以上ないくらいだ［最高だ］」□**more or less**「だいたい，多かれ少なかれ」□**sooner or later**「遅かれ早かれ，いつかは」

Group 18　最上級を用いた重要構文

□**the ＋序数＋最上級**「…番目に～な」□**at *one's* best**「最もよい状態で，真っ盛りで」□**make the most of A**「A を最大限に利用する」

Group 19　it を主語に用いた重要構文

□**It won't [will not] be long before S V.**「まもなく…（=Soon, S V.)」□**It makes no difference（to A）wh 節 .**「…かは（A にとって）どうでもいい［違いはない］」□**It is not too much to say that S V.**「…と言っても過言ではない」□**It follows that S V.**「（必然的に）…ということになる」□**It may be that S V.**「…ということかもしれない」

Group 20　形式目的語の it を用いた慣用表現

□**make it a rule to *do***「…することにしている」□**see to it that S V**「…するように注意する，…になるように取り計らう」□**depend on [upon] it that S V**「…ということを当てにする」□**have it that S V**「（うわさなどが）…だと言う」

Group 21　強意の否定表現

□**by no means**「まったく…ない，決して…ない（=not ... by any means)」□**no ＋名詞＋ whatever [whatsoever]**「少しの…も～ない」□**not ... a bit**「決して［少しも，まったく］…ない」

Group 22　否定語を含まない否定表現

□**far from A**「決して A ではない」□**anything but A**「決して A ではない」□**free from A**「A がない」□**have [be] yet to *do***「まだ…していない」□**remain to be *done***「まだ…されていない」□**be more than S can *do***「S には…できない」

Group 23　省略を用いた慣用表現

□**seldom [rarely], if ever**「たとえあるにしてもめったに…しない」□**little, if any, A / little A, if any**「たとえあるにしてもほとんど A が…ない」□**if any**「もしあれば」□**if anything**「どちらかと言えば，むしろ」□**if possible**「可能ならば」□**What for?**「何のために…／なぜ…」□**Why not *do*?**「…しませんか」

Group 24　複数形を用いた複数表現

レベル1 □**change trains**「列車を乗り換える」□**make friends (with A)**「(A と) 友だちになる」□**shake hands (with A)**「(A と) 握手をする」

レベル2 □**be in high spirits**「上機嫌である」□**be on ... terms (with A)**「(A とは) …の間柄である」□**give A my (best) regards [wishes] / give my (best) regards [wishes] to A**「A によろしくと伝える」□**make ends meet**「収支を合わせる」□**put on airs**「気取る，えらそうにする」□**read between the lines**「行間を読む，言外の意味を読み取る」□**take pains**「苦労する」□**take turns (in [at])** ***doing*** **/ take turns to** ***do***「交替で…する」

Group 25　one / another / other / others などを用いた慣用表現

□**A is one thing, (and) B (is) (quite) another.**「A と B は（まったく）別物である」□**for one thing, ...; for another, ～**「一つには…，もう一つには～」□**A of one sort or another**「何らかの A」□**among others**「とりわけ，（数ある中で）たとえば」□**each other**「お互い（=one another）」□**every other [second] A (単数名詞)**「一つおきの A」□**have nothing to do with A**「A と何の関係もない」□**none other than A**「他ならぬまさに A」□**other than A**「A 以外の」□**nothing but A**「A だけ，A にすぎない（=only A）」□**one A (名詞) after another**「次から次へと A，次々に A（=one A（名詞）after the other）」□**Something is wrong [the matter] with A.**「A はどこかおかしい／A には異常がある」□**something of a A**「ちょっとした A」□**There is nothing like A.**「A にまさるものはない／A に限る」

Group 26　再帰代名詞を用いた慣用表現

レベル1 □**by** ***oneself***「ひとりぼっちで（=alone），独力で（=for *oneself*），ひとりでに（=of *oneself*）」□**for** ***oneself***「独力で（=by *oneself*），自分のために」□**help** ***oneself*** **to A**「自由に A を食べる［飲む］」□**in** ***oneself***「それ自体で」□**of** ***oneself***「ひとりでに，それ自体で」

レベル2 □**beside** ***oneself***「取り乱して，われを忘れて」□**between ourselves**「ここだけの話だが」□**in spite of** ***oneself***「思わず，意に反して」□**keep to** ***oneself***「人付き合いを避ける」□**keep A to** ***oneself***「① A を胸に秘めておく，A を秘密にしておく，② A を自分だけのものにしておく」□**lose** ***oneself*** **in A**「A に夢中になる」

Group 27　他動詞＋ A ＋前置詞＋ the ＋身体の部位

レベル1 □**catch A by the arm**「A の腕をつかむ」□**pull A by the sleeve**「A のそでをひっぱる」□**grab A by the hand**「A の手をつかむ」□**seize A by the collar**「A のえりをつかむ」

レベル2 □**look A in the eye(s)**「A の目をじっと見る」□**stare A in the face**「A の顔をじろじろと見る」□**slap A on the cheek**「A の頬をピシャリとたたく」□**pat A on the shoulder**「A の肩を軽くたたく」□**kiss A on the forehead**「A の額にキスをする」

Group 28　群前置詞

レベル1 □**according to A**「① A（第三者からの情報）によれば，② A に応じて」□**as a result of A**「A の結果として（=as a consequence of A / in consequence of A / in the wake of A）」□**as for A**「A について言えば（=about A / as to A / as regards A / with respect [regard] to A）」□**because of A**「A が理由で（=due to A / owing to A / on account of A / by [in] virtue of A）」□**by means of A**「A を（手段として）用いて」□**by way of A**「① A 経由で（=via A），② A のつもりで」□**for all A**「A にもかかわらず（=despite A / notwithstanding A /with all A / in spite of A）」□**for the sake of A**「A のために〈利益〉（=for A's sake / on [in] behalf of A / for the benefit [good] of A）」□**in addition to A**「A に加えて（=besides A / along with A / on top of A）」□**in case of A**「A の場合には（=in the event of A）」□**in favor of A**「① A に賛成して（=for A / in support of A），② A に有利になるように」□**next to A**「① A の隣に，②ほとんど A で（=almost / virtually / practically）」□**thanks to A**「A のおかげで」□**with a view to A**「A のために〈目的〉（=for the purpose of A）」

レベル2 □**ahead of A**「A の前に，A より先に，A より進んで」□**along with A**「A と一緒に（=together with A）」□**apart from A**「A は別にして（=aside from A）」□**as far as A**「A（場所）まで」□**as of A**「A

時点で」□**at the cost of A**「A を犠牲にして（=at the expense [price / sacrifice] of A）」□**at the mercy of A**「A のなすがままで」□**at the risk of A**「A の危険を冒して」□**beyond the reach of A**「A の及ばないところで」□**contrary to A**「A に反して」□**except for A**「①A を除いて，A は別として（=apart [aside] from A / other than A），②（仮定法で）A がなければ（=without A / but for A）」□**for fear of A**「A を恐れて」□**for [from] want of A**「A の不足のために（=for [from] lack of A）」□**in accordance with A**「A に従って」□**in honor of A**「A に敬意を表して」□**in place of A**「A の代わりに（=in A's place / instead of A）」□**in search of A**「A を探して」□**instead of A**「A の代わりに（=in place of A / in A's place）」□**in terms of A**「A の観点から（言うと）（=from the viewpoint of A）」□**in the company of A**「A（人）と一緒に（=with A / in A's company）」□**in the course of A**「A の間に（=during A）」□**in the eyes of A**「A の目から見れば（=in the sight of A / in A's sight）」□**in the face of A**「①A に直面して，②A にもかかわらず（=despite A / notwithstanding A / for all A / with all A / in spite of A）」□**in (the) light of A**「A を考慮して（=considering A / in view of A）」□**in the presence of A**「A（人）のいるところで」□**in token of A**「A の印として」□**in view of A**「A を考慮して（=considering A / in (the) light of A）」□**in want of A**「A を必要として」□**on [in] behalf of A**「①A を代表して，②A のために（=for the good [sake] of A）」□**on the part of A**「A の側で」□**on [at] the point of A**「A しようとして（=on the brink of A / on the verge of A）」□**prior to A**「A より前に（=before A）」□**regardless of A**「A には関係なく（=irrespective of A / without regard to A）」□**up to A**「①A（時間・地点）まで，②A（水準・基準など）に達して，③A 次第で」□**with [in] regard to A**「A に関して（=regarding A / in respect [relation] to A / as to A）」

Part 2　最頻出の基本熟語

□□1 **differ from A**「A とは異なる」=be different from A
□□3 **look after A**「A の世話をする」= attend to A / care for A / take care of A
□□5 **succeed to A**「A の後を継ぐ」=take over A
□□9 **recover from A**「A（病気・ショックなど）から回復する」=get over A
□□10 **prepare for A**「A に備える」=get ready for A
□□11 **search for A**「A（人・物）をさがす」=look for A
□□12 **participate in A**「A に参加する」=join A / go in for A / take part in A
□□14 **long for A**「A を切望する」=hope for A / wish for A / yearn for A / be anxious for A / be eager for A）
□□15 **run across A**「A（人）に偶然出会う」= come across A / run into A / meet A by chance / happen to meet A ||「A（物）を偶然見つける」=come across A / discover A by chance / happen to discover A
□□16 **stand by A**「A の味方をする」=help A / speak up for A ||「A を支持する」=support A
□□18 **get to A**「A に着く」=reach A / arrive at [in] A
□□19 **look into A**「A（事件・問題など）を調査する」=investigate A / examine A / inquire into A
□□20 **aim at A**「A をねらう」=target A
□□23 **major in A**「A を専攻する」=specialize in A
□□24 **run for A**「A に立候補する」=stand for A
□□26 **derive from A**「（名前やデータなどが）A に由来する」=come from A
□□27 **do without A**「A なしで済ます」=go without A / dispense with A ||「A なしで暮らす」=live without A
□□28 **feed on A**「（動物が）A を餌（えさ）にする」=live on A
□□29 **get over A**「A（困難など）を乗り越える」=overcome A ||「A（病気など）から回復する」=recover from A
□□34 **regard A as B**「A を B とみなす」=see A as B / view A as B / look on [upon] A as B / think of A as B / consider A (as / to be) B

□□36 **tell A from B**「AとBを識別する」= discern A from B / distinguish A from B/ distinguish between A and B
□□38 **prefer A to B**「BよりもAを好む 」=like A better than B
□□40 **turn A into B**「AをBに変える」=change A into B
□□43 **free A from [of] B**「AをBから解放する」=release A from B
□□44 **have a look at A / take a look at A**「Aを見る」=look at A
□□45 **pay attention to A**「Aに注意を払う」=attend to A / take notice of A
□□47 **make fun of A**「Aをからかう」=mock A / ridicule A / poke fun at A / make a fool of A
□□48 **catch sight of A**「Aを見つける」=spot A
□□51 **look out for A**「Aに気をつける」=watch out for A
□□52 **look down on [upon] A**「A（人や言動など）を見下す」=despise A / scorn A
□□53 **take care of A**「Aの世話をする」=attend to A / care for A / look after A
□□54 **catch up with [to] A**「A（人・車など）に追いつく」=overtake A
□□55 **keep up with A**「Aに（遅れずに）ついていく」=keep pace with A / keep abreast of [with] A
□□56 **come up with A**「A（考えなど）を思いつく」=hit on [upon] A / think of A | |「Aを提案する」=propose A
□□57 **feel at ease**「くつろぐ」=feel at home
□□58 **feel ill at ease**「気持ちが落ち着かない」=feel uncomfortable
□□59 **find fault with A**「Aについて文句を言う」=criticize A / complain about A
□□60 **do away with A**「Aを廃止する」=abolish A | |「Aを取り除く」=remove A
□□62 **get in touch（with A）**「（Aと）連絡をとる」=get in contact（with A）
□□63 **take notice of A**「Aに注目する」=notice A / pay attention to A
□□64 **take A into account [consideration]**「Aを考慮する」=take account of A / consider A
□□65 **make use of A**「Aを使う」=use A / utilize A / put A to use / take advantage of A
□□67 **take advantage of A**「Aを利用する」= avail *oneself* of A / make use of A | |「Aにつけ込む」=exploit A
□□69 **be aware of A**「Aに気づいている」=be conscious of A | |「Aを知っている」=know about A
□□72 **be similar to A**「Aに似ている」=be like A
□□73 **be faced with A**「A（問題・困難など）に直面している」=be confronted with A
□□74 **be dressed in A**「Aを着ている」=wear A
□□75 **be sure of [about] A**「Aを確信している」=be certain of [about] A
□□76 **be known for A**「Aで知られている」=be famous for A
□□77 **be famous for A**「Aで有名である」=be known for A / be noted for A
□□78 **be infamous for A**「Aで悪名高い」=be notorious for A
□□81 **be free from [of] A**「A（不快なものなど）がない」=be clear [exempt] from A
□□82 **be ignorant of A**「Aを知らない」=be unaware of A
□□83 **be rich in A**「Aが豊富である」=be abundant in A
□□84 **be lacking in A**「Aが足りていない」=be deficient in A / be short of A
□□85 **be poor at A**「Aが苦手である」=be bad at A
□□86 **be typical of A**「Aの特徴である」=be characteristic of A | |「Aを代表している」=be representative of A
□□87 **be based on [upon] A**「Aに基づいている」=be grounded on A
□□88 **be tired of A**「Aに飽きている」=be sick of A / be fed up with A
□□89 **be sick of A**「Aにうんざりしている」=be tired of A / be fed up with A
□□90 **be proud of A**「Aを誇りに思う」=pride *oneself* on A / take（a）pride in A
□□92 **be engaged in A**「Aに従事している」=be occupied in A / engage *oneself* in A / occupy *oneself* in A
□□94 **be eager for A**「Aを熱望する」=long for A / be anxious for A / be dying for A

□□95 **be anxious about A**「A を心配している」=be concerned about A / be worried about A
□□96 **be anxious for A**「A を切望する」=long for A / be dying for A / be eager for A
□□98 **for free**「無料で」=for nothing / free of charge
□□99 **in a hurry**「急いで」=in haste / in a rush
□□100 **at the moment**「現在のところ」=at present
□□101 **in a sense**「ある意味で」= in a manner / in a way
□□103 **in short**「要するに」=in brief / in conclusion / in sum / in a word / to sum it up
□□104 **as a result (of A)**「(A の) 結果として」=as a consequence (of A) / in consequence (of A)
□□107 **as a matter of course**「当然のこととして」=naturally
□□108 **as a matter of fact**「実際は」=actually / in fact / in reality
□□110 **at any rate**「とにかく」=anyway / in any case / in any event / at all events
□□111 **in any case [event]**「とにかく」=anyway / at any rate
□□112 **at first hand**「直接に」=directly / firsthand / in person
□□113 **in general**「一般に」=generally / usually / on the whole
□□114 **on purpose**「故意に」= deliberately / intentionally
□□115 **by chance**「たまたま」=accidentally / by accident
□□116 **in public**「公然と」=publicly
□□118 **by degrees**「徐々に」=gradually / little by little
□□119 **for sure**「確実に」= certainly / surely / for certain
□□121 **in advance**「あらかじめ」=beforehand / ahead of time
□□123 **for the time being**「当分の間」=for the moment / for the present
□□124 **in detail**「(説明などが) 詳しく」=fully / minutely / at full [great] length
□□126 **in person**「(代理ではなく) 本人で」=personally
□□128 **in the long run**「結局」=in the end
□□130 **under way**「(計画などが) 進行中で」=in progress
□□131 **in turn**「順番に」=by turns ||「(変わって) 今度は」=in *one's* turn
□□132 **on end**「続けて」=continuously / in succession / in a row
□□133 **on the spot**「その場で」=immediately
□□134 **as a rule**「概して」=generally / usually / generally speaking / by and large / as a general rule
□□135 **at a time**「同時に」=simultaneously / all at once
□□136 **without fail**「(約束・命令を強めて) 必ず」=always / inevitably
□□137 **in spite of A**「A にもかかわらず」=despite A / notwithstanding A / for all A / with all A
□□141 **at the cost of A**「A を犠牲にして」=at the expense of A / at the price of A / at the sacrifice of A
□□147 **in place of A**「A の代わりに」=in A's place / instead of A
□□148 **in addition to A**「A に加えて」=besides A
□□151 **in terms of A**「A の観点から (言うと)」=from the viewpoint of A
□□153 **before long**「まもなく」=soon
□□157 **right away**「すぐに」=immediately / at once / right off / on the spot
□□158 **from time to time**「ときどき」= occasionally / sometimes / at intervals / at times / on occasion
□□160 **as it were**「いわば」=so to speak
□□161 **by and large**「概して」=generally / in general / on the whole
□□162 **first of all**「まず最初に」=to begin with / to start with / in the first place
□□163 **for good**「永久に」=forever / permanently / for ever
□□165 **call off A / call A off**「A を中止する」=cancel A
□□166 **put off A / put A off**「A を延期する」=postpone A ||「A を遅らせる」=delay A

□□167 **carry out A / carry A out**「Aをやり遂げる」=execute A / put A into practice ||「A（実験など）を行なう」=perform A
□□168 **find out A / find A out**「A（情報・真相など）を見つけ出す」=discover A
□□169 **point out A / point A out**「Aを指摘する」=indicate A / show A
□□170 **hand in A / hand A in**「Aを提出する」=submit A / turn in A [turn A in] / give in A [give A in]
□□172 **put on weight**「太る」=gain weight
□□175 **set free A / set A free**「A（人）を解放する」=free A / liberate A / release A / let A free ||「Aに自由を与える」=grant freedom to A
□□176 **carry on A / carry A on**「A（仕事など）を続ける 」=continue A / carry on with A / go on with A
□□178 **give up A**「A（悪習など）をやめる」=forsake A / abandon A
□□179 **kill off A / kill A off**「A（生物）を大量に殺す」=wipe out A / exterminate A / eradicate A
□□180 **bring about A / bring A about**「Aをもたらす」=cause A / lead to A / result in A / give rise to A
□□181 **come about**「（予想外のことが）起こる」=happen / occur / take place
□□182 **die out**「絶滅する」=become extinct
□□184 **turn up / show up**「現れる」=appear / come
□□185 **hang up**「電話を切る」=hang up the phone
□□187 **stay up**「夜遅くまで起きている」=sit up
□□188 **go on *doing***「…し続ける」=keep (on) *doing* / continue to *do*
□□189 **get lost**「迷子になる」=lose *one's* way
□□190 **come true**「（夢などが）実現する」=be realized
□□193 **take place**「（行事・試合など予定されていることが）行なわれる」=be held ||「（事が）起こる」=happen / occur
□□195 **gain weight**「体重が増える」=put on weight
□□196 **happen to *do***「偶然…する」=chance to *do*
□□202 **be apt to *do***「…しがちである」= tend to *do* / be liable to *do* / be prone to *do*
□□203 **be to blame for A**「Aについて責任がある」=be responsible for A
□□204 **make up *one's* mind (to *do*)**「（…することを）決心する」=decide (to *do*)
□□205 **that is (to say)**「すなわち」=namely / in other words

※ Part 3以降の暗記シートは研究社のホームページ（https://www.kenkyusha.co.jp/）から音声ファイルと同じ要領でダウンロードできます．ダウンロード手順の詳細はp. x「音声ダウンロード」をご覧ください．なお，印刷環境によっては赤色が赤シートで十分に消えない場合があるため，ダウンロード素材はすべて黒字で作成してあります．

索引

※太字は，Part 1 の囲み内収録熟語，および Part 2 ～ 8 の見出し熟語を，数字は，Part 1 のグループ番号，および Part 2 ～ 8 の見出し番号を示している.

A

B

D

G

H

I

J

K

L

M

N

O

P

T

U

V

W

著者紹介

石橋草侍（いしばし・そうじ）　河合塾英語科講師．慶応義塾大学卒．対面授業と映像授業の両方で活躍．時おり教壇から降りて生徒の理解を１つ１つ確認しながら行われる丁寧な授業は幅広い生徒から好評を得ている．教材作成にも長く携わり，大学受験問題に関する豊富な知識に加えて，日々受ける質問や授業内での反応から受験生がどのような点で躓きやすいのかを念頭に置いて効果的なテキスト作りを心掛けている．著書に『大学入試 英単語 最前線 2500』（研究社・共著）など．「理想は高く，視線は低く」を日々実践中．

里中哲彦（さとなか・てつひこ）　河合塾英語科講師．早稲田大学政治経済学部中退．首都圏を中心に，おもに英作文の授業を担当．河合塾マナビス（映像授業）では，ネイティブスピーカーとともに文法・語法・イディオム・口語などの講座を持ち，全国の受験生から支持をあつめている．著書に『基礎からの英作文パーフェクト演習』（桐原書店），『「英語口語表現」パーフェクト演習』（プレイス），『入試英文法でほんとうに大切なこと』（学研プラス）などがある．

島田浩史（しまだ・ひろし）　河合塾英語科講師．大阪大学歯学部卒．河合塾での対面授業，河合塾マナビスでの映像授業だけでなく，文法テキストチーフや早慶大テキストチーフを歴任し，教材や模試作成，さらには E-learning や AI 教材の研究開発にも精力的に関わっている．『パラグラフリーディングのストラテジー』（河合出版・共著），『Dual Effect 英文法・語法』（河合出版・共著）など著書も多岐にわたり，『全国入試問題正解』（旺文社）の執筆も長年つとめている．

＜大学入試＞ 英熟語 最前線 1515　イディオム＋比喩・ことわざ・口語表現

2024年4月30日　初版発行　　2024年9月30日　3刷発行

著者｜石橋草侍・里中哲彦・島田浩史

発行者｜吉田　尚志

発行所｜株式会社　研究社

〒102-8152 東京都千代田区富士見 2-11-3

電話　営業 03（3288）7777（代）　編集 03（3288）7711（代）

振替　00150-9-26710

https://www.kenkyusha.co.jp/

KENKYUSHA

〈検印省略〉

印刷所｜TOPPAN クロレ株式会社

組版｜朝日メディアインターナショナル株式会社

装幀｜Malpu Design

本文デザイン｜Malpu Design（佐野佳子）＋朝日メディアインターナショナル株式会社

本文イラスト（p.196）｜大原沙弥香

英文校閲｜Kathryn A. Craft

音声編集｜左右田勇志

ISBN978-4-327-76498-2　C7082　　Printed in Japan